HARTWIG HAUSDORF
**Götterbotschaft
in den Genen**

HARTWIG HAUSDORF

Götter-
botschaft
in den
Genen

WIE WIR WURDEN,
WER WIR SIND

Mit 38 Abbildungen

HERBiG

Bildnachweis:
Alle Abbildungen aus dem Archiv des Autors, außer:
BILD-Zeitung 11, Peter Brookesmith 21, Tony Carmody 9, Erich von Däniken
26, 30, 31, Peter Fiebag 12, Reinhard Habeck 35, 36, Marcel Homet 8,
Hildegard Kirner 27–29, Duncan Lunan 16, Gerard O'Neill 37,
Sabine und Werner Rossow 24, 25, Dale Russell 4, »Sagenhafte Zeiten« 1, 6, 17,
Ralph Solecki 7, Paul Wiesner 10

MIX
Papier aus verantwor-
tungsvollen Quellen
FSC
www.fsc.org
FSC® C014496

Besuchen Sie uns im Internet unter:
www.herbig-verlag.de

Umschlaggestaltung: Wolfgang Heinzel
Umschlagmotiv: Shutterstock Images
Satz: EDV-Fotosatz Huber/Verlagsservice G. Pfeifer, Germering
Gesetzt aus der 11,25/14,5 pt Minion
Druck und Binden: GGP Media GmbH, Pößneck
Printed in Germany
ISBN 978-3-7766-2695-7

Inhalt

Vorwort

»In einem Haus des Widerspruchs …«

*»Und des Herrn Wort geschah zu mir: ›Du Menschen-
kind, du wohnst in einem Haus des Widerspruchs; sie
haben wohl Augen, dass sie sehen könnten, und wollen
nicht sehen, und Ohren, dass sie hören könnten, und
wollen nicht hören, denn sie sind ein Haus des Widerspruchs.‹«*

HESEKIEL (AUCH: EZECHIEL), BIBLISCHER
PROPHET IM 6. JH. V. CHR., KAPITEL 12, VERS 1–2

Was dem alttestamentarischen Prophet Hesekiel in der babylonischen Gefangenschaft von seinem Gott über die
wohl beispiellose Ignoranz des Menschengeschlechts unter die
Nase gerieben wurde, ist von ewiger Gültigkeit. Es trifft noch
heute den berühmten Nagel auf den Kopf. Die Bemerkung über
den Widerspruch stimmt ebenfalls – obgleich ich diese Eigen-
schaft hier aus einem etwas anderen Blickwinkel beleuchte.
Denn es gibt nichts Widersprüchlicheres – gleichzeitig aber
auch nichts Spannenderes – als den von ungezählten Rätseln
und Geheimnissen umgebenen Vorgang der Menschwerdung.
Wie ging das im Einzelnen vonstatten, was brachte unsere Vorfahren dazu, ihr bequemes Leben auf den Bäumen aufzugeben
und sich nur noch auf zwei Beinen fortzubewegen? Was löste
eine wahre Kettenreaktion an Veränderungen aus, an deren
vorläufigem Ende wir stehen und uns die Köpfe über das »Woher« und »Warum« zerbrechen?

9

Selbstverständlich gehört zum Menschsein ungleich mehr als nur der aufrechte Gang. Dass wir uns mit unseresgleichen artikuliert austauschen können, ist eine weitere Fähigkeit von so vielen, die den gar nicht so kleinen Unterschied ausmacht zu den noch immer lustvoll im Urwald herumturnenden Affen. Und außerdem: *Warum* wurden nur wir letztendlich zu dem, was wir heute sind?

Früher schien unsere Abstammung so einfach: Man präsentierte uns einige Ur-Ur-Ur-Ahnen, die in schnurgerader Linie zum Homo sapiens führten. Niemand zweifelte daran. Seit ein paar Jahren jedoch überraschen uns Anthropologen und Paläontologen immer wieder aufs Neue mit bis dahin unbekannten Vorfahren. Kaum taucht irgendwo ein Schädel auf, wird gleich der allerneueste Vormensch präsentiert. Einmal stammt er aus Afrika, das andere Mal aus irgendeiner anderen Gegend dieser Welt. Unser einst so übersichtlicher Stammbaum ist längst zum weit ausladenden »Stammbusch« mutiert.

Und einen Augenblick später ist schon wieder alles ganz anders. Hatten wir eben noch Kandidaten en masse für die »Krone der Schöpfung«, pardon: die Spitze der Evolution, so reduziert sich die ganze Population plötzlich aus unerklärlichen Gründen auf eine Handvoll Individuen. Die anfänglich so hoffnungsvolle Menschheit läuft Gefahr, in dieser als »Flaschenhals« bezeichneten Phase ihrer Entwicklung auszusterben.

Irgendwie hat der Mensch überlebt, obwohl alle Chancen ganz entschieden gegen ihn standen. Und ich bin überzeugt, dass jemand »von außen« massiv eingegriffen hat. Was nur weitere Fragen über unseren Weg zum Homo sapiens aufwirft. Wie auch jeder neue Fund, der just in dem Augenblick, da die Forscher sich einig sind, wie alles abgelaufen sein müsse, das ganze Denkgebäude wieder zum Einsturz bringt.

Stets wurde behauptet, der Schädelinhalt und damit die Größe des Gehirns seien ein unbestrittener Maßstab für die Intelligenz. Tatsächlich lässt sich anhand vieler aufgefundener Hominidenschädel eine fortlaufende Vergrößerung, einhergehend mit zunehmenden Fertigkeiten, beobachten. Dumm ist daran nur, dass unser Gehirn nicht das Ende der Fahnenstange markiert. Wahre »Intelligenzbestien«, die beim besten Willen nicht ins gängige Schema unserer Vorgeschichte passen, trieben sich vor 15 000 Jahren an den Küsten Nordafrikas herum. Der Schädelinhalt des rätselhaften »Menschen von Mouillans« betrug in etwa das Anderthalbfache von dem, was wir heute aufweisen können. Deren Existenz ist den Anthropologen derart peinlich, dass sie diese Menschenart unbekannter Herkunft am liebsten totschweigen.

Großer Kopf, großes Gehirn, viel Grips. Kleiner Kopf, kleines Gehirn und wenig Intelligenz: So lautete bisher die Devise der Anthropologen. Dann tauchte, um einmal mehr alles umzuwerfen, zu aller Bestürzung 2004 der *Homo florensis* auf. Es war ein winziges Menschlein, mit gerade mal grapefruitgroßem Kopf, das bis vor 12 000 Jahren die indonesische Insel Flores bewohnte. Das Gehirn nicht größer als bei einem Schimpansen, verfügte der Flores-Mensch nachweislich über ausgeprägte intellektuelle Fähigkeiten. Wie konnte er das den bedauernswerten Evolutionstheoretikern nur antun?

Für sie stellt die darwinistische Idee einer fortlaufenden, zielgerichteten Entwicklung noch immer *das* »Glaubensbekenntnis« schlechthin dar. Es war jedoch nicht nur Mutter Natur, die für die Veränderung von Lebensformen sorgte. Dass nicht von dieser Welt stammende Intelligenzen zu Olims Zeiten wiederholt in den Verlauf unserer Evolution eingegriffen haben, wird immer offensichtlicher. Hierzu manipulierten sie die Gene einer oder mehrerer Unterarten aus der Familie der Hominiden auf diesem Planeten. Was man in vielen Mythen und heiligen Schriften unserer Vorfahren unschwer nachlesen kann.

Bis vor Kurzem klangen solche Behauptungen noch wie ein

Märchen aus 1001 Nacht. Denn erst jetzt, da wir unsere ersten, eigenen Schritte auf dem Gebiet der Erzeugung wie der Manipulation des Lebens gegangen sind, können wir uns eine Vorstellung davon machen, was in ferner Vergangenheit geschehen sein mag. Und weil sich jetzt die Geschichte Ägyptens und Sumers, der Kreter, Hethiter und vieler anderer Völker in unseren Gen-Labors zu wiederholen beginnt, täten wir gut daran, den Wahrheitsgehalt alter Mythen um den Minotaurus und anderer, offenbar einem Albtraum entsprungenen Mischwesen völlig neu zu bewerten.

Was gestern noch wie Science Fiction schien, kann die Wirklichkeit von morgen sein. Der »Genetische Code« ist weitgehend geknackt. Nun kommt der schwierigere Teil der Aufgabe: Den einzelnen Gen-Sequenzen müssen deren Funktionen und Auswirkungen zugeordnet werden. Dann können wir auch im »Buch des Lebens« lesen, anstatt nur darin zu blättern. Vielleicht löst sich dann so manches Mysterium der Vergangenheit, das uns bis dahin ein Buch mit sieben Siegeln war. Darunter auch das spannendste von allen: Wie wir wurden, wer wir sind.

1 Der Weg war nicht das Ziel

Stolpersteine für die auserwählte Spezies

> »So wäre der zum Ichbewusstsein gelangte Mensch nur
> eine Lösung unter den zahllosen Bewusstseinsweisen, die
> das Leben in der Tierwelt versucht hat. Jede von diesen
> ist eine physische Welt für sich, in die einzudringen recht
> schwierig ist, nicht nur, weil das Erkennen dort verwor-
> rener ist, sondern auch, weil es ganz anders funktioniert
> als bei uns.«

PIERRE TEILHARD DE CHARDIN (1881–1955),
PHILOSOPH, ANTHROPOLOGE UND
PALÄONTOLOGE

Nach der von Charles Robert Darwin[1] (1809–1882) postulierten Evolutionstherorie hat sich der Mensch in kleinen
und kleinsten Schritten aus affenartigen Primaten herausgebil-
det. So sei eine Gruppe dieser »Herrentiere« – wie die wörtliche
Übersetzung des Begriffes lautet – auf die glorreiche Idee ver-
fallen, die Bäume zu verlassen, auf denen sie zuvor fröhlich und
munter sowie auf allen Vieren herumgeturnt waren. Am Boden
angekommen, richteten sie sich auf und frönten fortan dem Dasein als Zweibeiner.
Bereits an diesem Punkt offenbaren sich die ersten Zweifel. Wie
kamen die »Baumflüchter« auf die Idee, dem schützenden Lebensraum den Rücken zu kehren und sich nicht nur in eine viel
gefährlichere Umgebung mit allgegenwärtigen Raubtieren zu
begeben, sondern diesen auch noch durch die neue und deshalb ungewohnte Fortbewegungsart als leichte Beute zu dienen? Sollte es überhaupt einen Vorteil aus diesem Wechsel ge-

geben haben, kann man ihn schwerlich erkennen. Und dass es geradezu ein »Sprung ins eiskalte Wasser« gewesen sein muss, erklärt sich schon aus der Tatsache, dass bis auf jene Primaten, aus denen wir hervorgehen sollten, alle anderen Vertreter weiterhin die Bäume vorzogen und trotzig den aufrechten Gang verweigerten. Anstatt sich weiterzuentwickeln wie ihre Verwandten, die aus unerfindlichen Gründen ihren Übermut bis heute überlebt haben.

Paläontologen vermuten, dass sich die Primaten bereits während der Übergangsphase zwischen Kreidezeit und Tertiär, also vor geschätzten 60 Millionen Jahren, von einer einzigen Urform absonderten.[2] Als Vorläufer der damals noch nicht verzweigten Hominidenfamilie gilt der erstmalig im Jahre 1933 in Ostafrika gefundene, etwa 25 Millionen Jahre alte Proconsul, heute Dryopithecus (»Baumaffe«) genannt. Aus ihm sollen alle Menschenaffen hervorgegangen sein. Und wiewohl Ostafrika seit Langem als »Wiege der Menschheit« angesehen wird,[3] grub man Fossilien des Dryopithecus auch in Asien und in Europa aus dem Boden.

Vom Stammbaum zum Stammbusch

Die Anthropologen, fast ausnahmslos der Darwin'schen Evolutionstheorie verschworen, stellen die Entwicklung des Menschen meist als mehr oder weniger verzweigten Stammbaum dar. Es existiert jedoch kein einheitliches Modell, und jedes neue Fossil eines möglichen Vorfahren lässt alle bis zu jenem Zeitpunkt als gesichert betrachteten Erkenntnisse und deren Schlüsse Makulatur werden.

So brachte ein Schädelfund, der 2002 in der Republik Tschad (Zentralafrika) gemacht wurde, einmal mehr unsere Menschheitsgeschichte gehörig durcheinander. Der *Sahelanthropus tchadensis*, wie dieser wissenschaftlich benannt wurde, soll ein

Alter von sechs bis sieben Millionen Jahren haben. Dies würde ihn, zumindest nach jetzigem Stand, zu einem der ältesten Mitglieder der menschlichen Familie machen. Sein ungewöhnlichstes Merkmal ist der Schädel. Dieser gleicht nämlich von hinten dem eines Schimpansen, von vorne dagegen dem Kopf eines Hominiden, der vor etwa 1,75 Millionen Jahren durch die Steppen streifte. Gehört er einer bislang unbekannten Gattung an? Der amerikanische Anthropologe Bernard Wood vertritt die Meinung, dass vor etwa sechs bis sieben Millionen Jahren eine unbekannte Anzahl verschiedener Hominiden-Arten Seite an Seite lebte. Die unbestreitbare Tatsache, dass mit jedem neuen Knochenfund auch die Zahl der Fragezeichen um unsere Abstammung wächst, kommentierte der deutsche Anthropologe Friedemann Schrenk mit den Worten: »Wir wissen jetzt, dass unser Stammbaum eher einem Stammbusch gleicht. Nicht eine einzige Art, sondern eine große, regionale Vielfalt von Arten stand am Beginn unserer Evolution.«[4]

Wer aber traf die Auswahl, welche dieser Arten letztendlich intelligent werden und eine Zivilisation begründen würde? Dass es nur der viel zu oft strapazierte Zufall war, daran kann und will ich nicht einmal unter der Folter dritten Grades glauben!

Die ewige Suche nach dem »missing link«

Ungleich mehr Aufregung verursachte in Fachkreisen der Fund einer vollkommen neuen Urmenschen Art, der Ende 2010 durch die Medien geisterte. Es geht um den Denisova-Menschen, der vor etwa 30 000 Jahren im Altai-Gebirge Zentralasiens lebte, das südlich an das westsibirische Tiefland grenzt. Auf ihn werde ich später genauer eingehen, doch hier noch einmal zurück zum bereits erwähnten Sahelanthropus aus dem zentralafrikanischen Tschad.

15

Bei diesem Vorfahren, dessen Schädel Merkmale des Affen wie auch schon des Menschen in sich vereint, offenbart sich ein ebenso altes wie gewichtiges Problem der Evolutionstheorie. Die Anthropologen fahnden schon seit langer Zeit wie besessen nach dem von Darwin postulierten, fehlenden Bindeglied. Jenem »missing link«, wie es die Paläontologen nennen,[5] in der Ahnenreihe des Menschen. So oft glaubte man schon, auf den ultimativen Urahn gestoßen zu sein, der sozusagen zeitgleich die Linie der Affen verlassen und die des Menschen gerade erst betreten hat. Doch stellte sich dann leider immer wieder die ernüchternde Erkenntnis ein, dass diese so verzweifelt gesuchte Zwischenform nach wie vor ihrer Entdeckung harrt.

Dieses offensichtliche Manko vor Augen, versuchen die Anthropologen, uns trotzdem die Entwicklung vom Affen über zahlreiche Zwischenformen bis hin zum modernen Menschen als gesichertes Wissen anzudrehen. Eng mit diesen fehlenden Zwischenstufen verbunden ist auch der Begriff der Mutation. In der Genetik bezeichnet man damit eine Genveränderung, die auf die Nachkommen vererbt wird. Gehen wir etwas ins Detail (ich möchte hier auf eine Reihe von Begriffserklärungen hinweisen, welche sich im Anhang zu diesem Buch ab S. 225 befinden).

Laut Definition liegt jeder Mutation eine Änderung der DNS – der Desoxyribonucleinsäure, bei jedem Lebewesen Trägermedium der Erbinformationen – in Struktur, Qualität und vor allem Informationsgehalt zugrunde.[6]

Mutationen und fehlende Bindeglieder: Diese beiden »Grundpfeiler« des Darwinismus stehen für die Vorstellung, unzählige kleine und kleinste Schritte hätten die Veränderungen erbracht, die uns heute so deutlich vom Affen trennen. Dies bedeutet folglich, dass es ungezählte Zwischenstufen gegeben haben müsste, denen die Aufgabe zugefallen sei, von einer ursprünglichen Art zum »Endprodukt« der Evolutionsreihe überzuleiten.

Doch die Mehrzahl der Mutationen ist von nachteiliger Art, man spricht von einer günstigen Mutation auf bis zu zwanzig Millionen ungünstiger. Im Klartext bedeutet dies, dass die hierdurch entstandenen Zwischenstufen eigentlich ohne Nutzen sind, keinen Zweck erfüllen. Im ungünstigsten Falle wären sie noch nicht einmal lebensfähig.[7] So weit so gut.

Die Begründungen, aus welchen Notwendigkeiten heraus es zu spontanen Mutationen gekommen sein soll, werden zu veritablen Wackelkandidaten, sobald man sie einmal näher hinterfragt. Weil der Vorfahre des Menschen seine Ernährung umstellte, nunmehr auch Fleisch auf seinem Speiseplan stand, entwickelte er aus dem Stand stärkere Zähne, die ihm prompt wuchsen. Nicht zu Unrecht stellt Erich von Däniken die provokante Frage, ob denn der Vormensch »über parapsychologische oder sonstwie geartete, transzendente Fähigkeiten verfügte, um über das Gehirnkommando die Mutation zu veranlassen.«[8] Aber genau das setzt die gültige Lehrmeinung voraus. Der »genetische Code« in der DNS musste dauerhaft geändert werden, um dem Pflanzenfresser von einst zu der zielgerichteten Mutation, sprich: zu seinen stärkeren Zähnen zu verhelfen.

Schon lange vor Darwin hatte der französische Naturforscher Jean-Baptiste Lamarck (1744–1829) mit seiner Hypothese von der stammesgeschichtlichen Entwicklung der Lebewesen durch Umwelteinflüsse den ideologischen Boden für die Evolutionstheorie bereitet. Nach Lamarck würde die Natur für die Bedürfnisse ihrer Geschöpfe und somit für die Ausbildung der jeweils benötigten, physiologischen Spezialisierung sorgen.[9, 10] Wurde dies zutreffen, dann hätten wir wahrlich allen Grund, stinksauer auf Mutter Natur zu sein. Hat sie uns doch mit einem deutlich zu großen Gehirn belastet, das wir nur zu einem kleinen Bruchteil zu nutzen vermögen. Als »Spitze der Evolution« müssen wir uns mit miserablen Augen herumquälen, die kaum mehr als geradeaus blicken können. In einem Anfall von Großmut spendierte sie den weniger entwickelten Insekten einen komplizierten Sehapparat mit Weitwinkel, bei einigen Spezies mit voller Rundumsicht. Es ist bitter, aber das »Spitzenprodukt« Homo sapiens hat mehr Mängel als ein Straßenköter Flöhe.

Entscheidende Weichen

Dass die Darwin'sche Evolutionstheorie der Weisheit letzter Schluss nicht sein und erst recht die Lösung so vieler Rätsel und Ungereimtheiten auf dem Wege vom Primaten zum Homo sapiens kaum beibringen kann, wird in naturwissenschaftlichen Kreisen zunehmend erkannt.

Stellvertretend für die wachsende Zahl kritischer Gelehrter möchte ich an dieser Stelle die bereits 1985 geäußerte Einschätzung von Professor Bruno Vollmer, Ordinarius an der Universität Karlsruhe, anführen: »Darwinismus ist daher eine Weltanschauung, eine Ideologie, und nicht eine wissenschaftlich bewiesene Theorie ... Ich halte deswegen den Darwinismus für einen verhängnisvollen Irrtum, der seinen beispiellosen Erfolg letztlich einem anthropozentrischen Wunschdenken verdankt.«[11]

Was Professor Vollmert in seinen Ausführungen in erster Linie auf die Entstehung des Lebens in dessen allerersten Anfängen bezogen hat, gilt ohne Einschränkung auch für die Entwicklung des Menschen. Hier wird immer deutlicher, dass noch andere Einflüsse gewirkt haben müssen als das ununterbrochene Eintreten haarsträubender Zufälle, die am laufenden Band für notwendige Veränderungen gesorgt haben sollen.

Die Genforscher, die sich die Entschlüsselung der Erbinformationen des Menschen und seiner Mitbewohner auf diesem Planeten zur Aufgabe gesetzt haben, konnten feststellen, dass unsere Gene zu mehr als 98 Prozent identisch mit jenen von höheren Affen sind.[12] Was ist es dann, das uns so grundlegend von den Primaten unterscheidet? Woher kommen die Unterschiede im Erbgut tatsächlich?

Bevor ich mich mit diesen Fragen beschäftige, möchte ich noch einige mysteriöse Fakten skizzieren, die sich ebenfalls ganz entscheidend auf den Prozess der Menschwerdung auswirkten. Allerdings lange bevor der eigentliche Weg zum Homo sapiens seinen Anfang nahm.

Es wird immer offensichtlicher, dass die auserwählte Spezies eine ganze Menge Stolpersteine zu überwinden hatte, bis das – vorläufige – Endprodukt auf den Füßen stand. Angesichts dieser Hindernisse sollte es uns eigentlich verwundern, dass wir überhaupt existieren. So selbstverständlich ist dies bei näherer Betrachtung der Faktenlage nicht mehr, und ganz allmählich schleicht sich der Verdacht ein, dass »irgendjemand« zur richtigen Zeit ein paar entscheidende Weichen gestellt hat.

Verhängnisvoller Kurzschluss

Eine auch heute noch unglaublich artenreiche, weit verbreitete und somit biologisch beispiellos erfolgreiche Klasse von Lebewesen hätte schon vor vielen Millionen Jahren buchstäblich auf gerader Linie nach »ganz oben« gelangen können. Doch wurde ihnen die Vorherrschaft auf der Erde von anderen Lebensformen streitig gemacht, zumindest nach unserem Verständnis einer dominanten Spezies. Die Rede ist von den Insekten, die rund zwei Drittel der gesamten Tierwelt ausmachen. Da überall tagtäglich neue Arten entdeckt werden, kann man ihre Vielfalt bestenfalls grob schätzen. Es werden aber sicher mehr als eine Million Insektenarten sein, die unseren Planeten bevölkern.

Schon an der Schwelle des Devon zum Karbon (Steinkohlenzeit), vor über 350 Millionen Jahren, kreuchten und flogen sie

19

durch die Steinkohlenwälder. Paläontologen gruben Versteinerungen von Libellen aus mit Spannweiten bis zu 80 Zentimetern, die sich bis in die Jurazeit behaupten konnten.[13] Sie waren bereits da, als von den monströsen Dinosauriern noch nichts zu ahnen war. Die Insekten hatten somit unendlich mehr Zeit als alle anderen Lebensformen, um sich weiterzuentwickeln. Dank ihrer universalen Anpassungsfähigkeit zählen sie zu den erfolgreichsten Organismen. Es bleibt uns nur zu spekulieren, wie weit sie es hätten bringen können, wenn wir einen kurzen Blick auf ihre noch heute staunenswerten Leistungen werfen.

In den Insektengesellschaften existieren so hoch entwickelte Merkmale wie Arbeitsteilung und soziale Hierarchie. Anschauliche Beispiele hierfür bieten ein Bienenstock und noch mehr ein Ameisenhaufen. Es gibt Ameisen, die sich regelrecht als Farmer betätigen und Blattläuse wie Kühe halten. Sie veranlassen ihre »Haustiere«, Blatthonig zu gewinnen und abzusondern, wovon sie sich dann selbst ernähren. Aus »Farmern« werden zuweilen sogar »Agraringenieure«: Einige Ameisenarten bauen aus pflanzlichem Material buchstäbliche »Schutzhüllen« um jene Pflanzenstängel, auf denen ihre Blattläuse grasen. Diese tragen sie von Pflanze zu Pflanze und schützen sogar deren Nachkommenschaft während der Wintermonate, indem sie die Eier in ihre eigenen, unterirdischen Brutkammern mitnehmen. Bei diesen Verhaltensweisen kommt man nicht mehr umhin, den kleinen Krabblern eine hoch ausgeprägte Intelligenz zuzusprechen.

Mehr noch: Selbst übersinnliche Fähigkeiten wie Telepathie und Vorauswissen befinden sich offenbar im Repertoire zahlreicher Insektenarten. Der amerikanische Autor und Naturforscher Ivan T. Sanderson (1911–1973) untersuchte in den tropischen Regionen Afrikas das kommunikative Verhalten von Ernteameisen der Gattung Atta. Die Ameisen unterhalten ein komplexes, stets gründlich gesäubertes Straßennetz, das von ihren unterirdischen Städten aus Hunderte Meter weit zu den Futtergründen führt. Wird eine jener Straßen durch Blätter, Zweige oder andere Hindernisse blockiert, kommt es zur Unterbrechung des Verkehrs, bis eine eigens aufgestellte »Ordnungstruppe« das Hindernis beiseitegeräumt oder sogar eine Umleitung gebaut hat.

Sanderson errichtete eine künstliche Straßensperre und maß dann die Zeit bis zum Eintreffen des »Spezialtrupps«. Zusammen mit seinen Kollegen konnte er nun beobachten, wie sich bereits unmittelbar nach dem Errichten der Sperre eine große Anzahl jener Ordnungshüter im Eiltempo auf das Hindernis zubewegte. Der Naturforscher notierte außergewöhnliche Verhaltensweisen:

»Es war nicht annähernd so viel Zeit vergangen, als dass die Nachricht von Fühler zu Fühler hätte weitergegeben werden können. Zudem wehte der Wind aus der Richtung des Baus und würde jeden Alarmgeruch auf der Stelle zerstreut haben. Es war schon dunkel, und Lautsignale kamen nicht in Frage. Fest steht, dass die Atta-Ameisen ein ganz besonderes Telekommunikationssystem besitzen, und von allen bekannten chemischen und mechanischen Sinnen scheint dieses System unabhängig zu sein. Sie und andere Spezies könnten irgendeine Art von Telepathie recht gut gebrauchen und verwenden sie vielleicht tatsächlich.«[14]

Von Termiten im südlichen Indien ist bekannt, dass diese sich in der Zeit des Monsuns, jeweils kurz bevor die Flüsse anzuschwellen beginnen, in den oberen Teil ihres Baus zurückziehen. Und zwar immer nur um ein paar Zentimeter höher, als das Hochwasser dann auch tatsächlich steigt.[15]

Die hoch entwickelten sozialen Strukturen bei Bienen, Ameisen oder Termiten lassen deutlich Ansätze zu weitaus komplexeren Gesellschaften erkennen, die diese intelligenten Geschöpfe in ihrer Entwicklung hätten vervollkommnen können.[16] Womöglich ist dies bereits auf irgendwelchen lebensfreundlichen Planeten im Universum geschehen, auf denen insektoide Intelligenzen die technologisch entwickelte Spezies darstellen. Auf unserer Erde jedoch muss es in der Evolution der Insekten irgendwann einen verhängnisvollen »Kurzschluss« gegeben haben, der die Entwicklung zum plötzlichen Stillstand gebracht hat. Das war unser Glück – aber nicht das einzige Ereignis in der Erdgeschichte, bei dem eine zunächst dominierende Gattung den Weg frei machen musste, damit eines Tages der Mensch die Bühne des Lebens würde betreten können. Gut möglich ist jedoch, dass das Ganze mit Glück nicht so viel zu tun hatte.

»Sie könnten die heutige Welt beherrschen«

Für unglaubliche 200 Millionen Jahre beherrschten sie unseren Planeten: Vom Beginn der Trias, das gesamte Erdmittelalter hindurch, bis zum Ende der Kreidezeit vor ungefähr 60 Millionen Jahren. Es waren die Dinosaurier, deren zu Stein gewordene Skelette uns noch heute erschauern lassen. Existierten im Karbon und im darauf folgenden Perm nur wenige Reptilienarten, so »explodierte« ihr Artenreichtum vor etwa 240 Millionen Jahren und bescherte ihnen eine alles beherrschende Stellung. Sie bevölkerten Festland und Meere, erhoben sich sogar in die Lüfte und offenbarten in mehr als 100 Unterarten eine schier unübersehbare Vielfalt. Unter den Landsauriern galt noch vor Kurzem der Brontosaurus, mit bis zu 24 Metern Länge, als deren gewaltigster Vertreter. Seit man aber 2007 und 2008 in Argentinien die Skelette zweier bis dato unbekannter Dinosaurierarten ausgrub, rangiert der »Rekordhalter« von einst nur noch im oberen Mittelfeld. Immerhin.
Die Riesenechse *Futalognkosaurus dukei*, aus der Familie der Titanosaurier, ließ die Erde vor geschätzten 88 Millionen Jahren

unter ihren Schritten erbeben. Ihr Skelett, das am Barreales-See in der Provinz Neuquen gefunden wurde, maß unglaubliche 32 Meter.[17] Noch einmal deutlich größer, setzte der *Argentinosaurus huinculensis* die Messlatte nach oben: Jener brachte es sogar auf unfassbare 38 Meter![18] »Fressmaschinen« wie diese hatten wahrscheinlich nichts anderes zu tun, als Pflanzen tonnenweise in sich hineinzustopfen. Sie waren Vegetarier und trotz ihrer Monstrosität wohl recht friedfertig.

Der gefürchtetste Vertreter dieser Urweltmonster jedoch war *Tyrannosaurus rex*, ein aggressiver Räuber und Fleischfresser. Betrachtet man die Rekonstruktionen ihres Aussehens zu Lebzeiten, so drängt sich unwillkürlich die Vorstellung auf, die Dinosaurier seien allesamt einem düsteren Gen-Labor entsprungen, in denen fürchterliche Experimente an der Tagesordnung waren. »Jurassic Park« lässt grüßen.

Und plötzlich, vor etwa 60 Millionen Jahren, fand der ganze Spuk ein jähes Ende. Es scheint, als wäre zur selben Zeit, auf allen Erdteilen, das gleiche Virus ausgebrochen, das vor allem die Saurier befiel. Paläontologen haben bis heute die verschiedensten Hypothesen aufgestellt, um das Rätsel zu lösen. Wie im Fall der gerade aktuellen These um die Erderwärmung, vermutete man auch hier einen globalen Klimaumschwung. Andere gingen von einer Degeneration durch den ungebremsten Riesenwuchs aus, was in diesem Fall aber das Überleben der im Wachstum »gemäßigten« Arten nicht in Frage gestellt hätte.

Für Dr. Dale A. Russell, Direktor der paläobiologischen Abteilung des kanadischen Nationalmuseums in Ottawa, kam das Ende der Dinosaurier so unvorhersehbar, dass er sich darüber und über die Möglichkeit einer Weiterentwicklung im Falle ihres Überlebens wie folgt äußerte: »Es gab nie einen Hinweis darauf, dass die Dinosaurier als Art im Verfall begriffen waren. Wären sie nicht ausgelöscht worden, so hätten sie weitergedeihen können. Mindestens weitere 100 Millionen Jahre hätten sie

die Säugetiere unterdrückt. Ohne Zweifel hätten einige Dinosaurier so große Hirne entwickelt, wie wir sie besitzen. Sie
könnten durchaus die heutige Welt beherrschen.«[19]

Explosive Evolutionsphasen

Die Paläontologen sind sich einig, dass die Säugetiere sich ohne
das Verschwinden der Saurier niemals über das Stadium von
kleinen Nagetieren hätten entwickeln können. Kein Homo sapiens und erst recht keine beherrschende Position auf der Erde,
wenn nicht irgendein Ereignis dem Sauriergeschlecht ein plötzliches Ende bereitet hätte.

Die zur Zeit favorisierte Version eines Untergangsszenarios geht
vom Einschlag eines gewaltigen Meteoriten aus, in dessen Folge
Staubwolken die Erde verfinsterten, saurer Regen niederging
und die Temperaturen in empfindlicher Weise sanken. Durch
solche katastrophalen Umwälzungen sei das Ende der Dinosaurier unvermeidlich gewesen. Seit 1991 ist man fündig geworden,
was die Einschlagstelle des besagten Meteoriten betrifft. Geologen hatten bereits in den Jahren zuvor im karibischen Raum
mächtige Ablagerungen von Schutt sowie geschmolzenem Gestein, in dem ungewöhnlich hohe Konzentrationen des Metalls
Iridium enthalten waren, in der Grenzschicht der Formationen
Kreide und Tertiär gefunden. Die Auswertung von Satellitenaufnahmen der NASA erbrachte die Sensation: Im Gebiet der mexikanischen Halbinsel Yucatan war man auf einen annähernd
200 Kilometer durchmessenden Halbkreis aus Cenoten gestoßen. Dies sind mit Wasser gefüllte Becken, die man früher für
eingestürzte Karsthöhlen gehalten hatte. Heute sind sich die
Geologen darüber einig, dass dieser Ring den Rand einer gigantischen Impaktstruktur bildet, die auf den todbringenden Meteoriten zurückgeht.[20]

Spätestens jetzt sollte ich die – zugegeben gewagte und provokative – Frage ins Spiel bringen, ob es sich bei dem Einschlag vor 60 Millionen Jahren tatsächlich »nur« um ein zufälliges Naturereignis handelte. Möglicherweise »mussten« die Dinosaurier wirklich gehen. Denn die plötzliche und rapide Entwicklung der Säugetiere, die hierauf im Tertiär einsetzte, ist irgendwie verdächtig. Schon in verhältnismäßig kurzer Zeit nach dem Verschwinden der Saurier hatten Säugetiere sämtliche ökologischen Nischen besetzt, welche zuvor durch die Reptilien dominiert worden waren. In »explosiven Evolutionsphasen«, wie sich die Paläontologen ausdrücken, okkupierten sie sofort die frei gewordenen Lebensräume.[21]

»Es könnte ja sein, dass die riesigen Urviecher eine Gefahr für die Erde darstellten, vielleicht, weil sie alles ratzekahl gefressen hätten (…) und so eine vormenschliche Evolution unmöglich machten«, fragt sich Erich von Däniken zu dieser Problematik. »Vielleicht verhinderte *jemand*, dass ein idealer Planet wie die Erde – nicht zu heiß und nicht zu kalt – riesigen, dummen Kreaturen unter die Pranken geriet, welche keinerlei Voraussetzung für Intelligenz und Werkzeugbau boten.«[22]

Vielleicht gehen das große Sauriersterben wie auch der verhängnisvolle »Kurzschluss« in der Entwicklung der Insekten auf ein und dasselbe Konto. Dann waren es keine »Zufälle«, sondern voll beabsichtigte, massive Eingriffe »von außen«. Eine unerwartete »Schützenhilfe«, ohne die es uns mit großer Wahrscheinlichkeit nicht gäbe. Unter Umständen hätte sich dann tatsächlich aus dem Sauriergeschlecht eine reptiloide Intelligenz entwickelt, die statt uns heute den blauen Planeten Erde beherrschen würde. So wenig wir uns als die »Spitze der Evolution« betrachten dürfen, sind wir ebenso niemals der einzige Anwärter auf die Ausbildung von Intelligenz unter unserer Sonne gewesen.

Reptiloide und Insektoide

Der aussichtsreichste Kandidat für diese hypothetische Möglichkeit eines intelligent gewordenen Reptils ist der *Stenonychosaurus*. Der lebte in der späten Kreidezeit, vor ungefähr 80 Millionen Jahren, und besaß bereits ein relativ großes Gehirn. Der bereits zitierte Paläontologe Dale Russell aus Kanada hält es für wahrscheinlich, dass diese Spezies im Falle ihres Überlebens ein noch größeres Gehirn und die Chance zur Entwicklung einer Zivilisation ähnlich der unseren gehabt hätte. Der einem Laufvogel ähnliche *Stenonychosaurus* wäre zu aufrechter Haltung übergegangen, um seinen dann schwerer gewordenen Kopf auszubalancieren. Die ohnehin kürzeren vorderen Extremitäten wären in Arme umgebildet worden, mit Schultern, die ihm das Fortbewegen von Lasten ermöglicht hätten.[23]

Eine figürliche Darstellung, wie dieses intelligent gewordene Reptil sein Äußeres an das Leben als aufrecht gehender Zweibeiner angepasst hätte, präsentiere ich im Bildteil dieses Buches. Doch jetzt wird es unheimlich! Eine nicht unerhebliche Anzahl der vom modernen UFO-Phänomen unserer Tage Betroffenen, Entführungsopfer wie auch solche Personen, die »nur« möglicherweise außerirdischen Wesen begegneten, beschrieben die Protagonisten ihrer unheimlichen Erlebnisse oftmals verblüffend ähnlich. Und wenngleich vor allem beim Entführungsphänomen die sogenannten »Kleinen Grauen« mit 90 Prozent dominieren, kommt es auch hier und da zu Konfrontationen mit Wesen, die als reptiloid respektive riesigen, aufrecht gehenden Eidechsen ähnlich charakterisiert werden. Die Zeugen beschrieben übereinstimmend ihre grünen Augen mit gelben Pupillen.[24]

In den 1970er-Jahren wurde in der Nähe von Wayne im US-Bundesstaat New Jersey ein »Eidechsenmann« gesichtet. Ein Motorradfahrer erblickte im Vorbeifahren einen aufragenden grünlichen Körper mit Schuppen und einem für Reptilien typischen Kopf, der hervortretende Froschaugen sowie einen breiten und lippenlosen Mund aufwies.[25]

Berühmt wurde der Entführungsfall des amerikanischen Autors Whitley Strieber, der immer wieder von insektoiden Geschöpfen in einem abgelegenen Waldgebiet des Staates New York aus einer Blockhütte heraus gekidnappt worden war. In mehreren Sitzungen, durchgeführt von dem Psychiater Dr. Donald Klein, vermochte er sich mithilfe regressiver Hypnose der Gestalten zu entsinnen, deren medizinischen Experimenten er wehrlos ausgesetzt gewesen war: »Ich überlegte, wieso ich sie als insektenartig beschrieben hatte. Denn sie hatten keine Fühler, keine Flügel, und sie waren keine Vierfüßler. Es war vielmehr die Steifheit ihrer Bewegungen (…) und ihre riesigen, schwarzen Augen.[26]

Eines jener Geschöpfe, mit dem er immer wieder konfrontiert wurde, verglich Strieber mit einer Gottesanbeterin (*Mantis religiosa*), einer räuberischen Fangheuschrecke: »Anfangs dachte ich, es sei ein Skelett auf einem Motorrad oder etwas Ähnliches. Es flog …. nein, es flog nicht. Es kam näher und es sah wirklich wie eine Gottesanbeterin aus, aber nur sehr viel größer. Es hatte große Augen, die einen zu Tode erschrecken. Große, große Augen. Es sieht nicht genau wie eine Gottesanbeterin aus. Die haben weiße Augen. Dieses Ding jedoch hat dunkle Augen. Ich dachte, es sei ein Motorrad, weil es zuerst aussah wie ein Typ auf einem Motorrad, der dunkle Brillen trägt.«[26]

Strieber ging sogar so weit, eines jener Wesen mit Ishtar zu vergleichen, der alten akkadisch-babylonischen Venusgöttin. Er beschrieb, wie er die Gestalt in seinem Kopf sprechen hörte – Entführte berichten häufig über offenbar telepathisch geführte Gespräche zwischen den Fremden und ihnen –, und dass diese ihm zu verstehen gegeben habe, dass sie tatsächlich schon sehr alt sei. Die Himmelsgöttin des Zweistromlandes gehörte damals wohl zu jenen Intelligenzen, die seit den frühen Tagen der Menschheit für unzählige genetische Eingriffe verantwortlich waren. Auf den ihr geweihten Tempeln sind Mischwesen dargestellt, absurde Zwitter, wie sie die Evolution nie von selbst hervorgebracht hätte. Wie etwa auf dem Tor des Ishtar-Tempels aus Babylon, dessen Rekonstruktion sich in Berlin befindet. Auf einer blau-gelb-ockerfarbenen Wand aus emaillierten Ziegeln springen dem Betrachter schuppige Fabelwesen mit Löwenpranken, überlangen Hälsen sowie Vogelköpfen ins Auge. Und überhaupt wimmelt es auf den uralten Darstellungen aus Mesopotamien nur so von Chimären, geheimnisvollen Wesen zwischen Mensch und Tier. Die Archäologen indes schreiben sie der Fantasie der damaligen Künstler zu – was ich davon halte, erläutere ich in einem späteren Kapitel dieses Buches.

Der Assyrerkönig Assurbanipal (669–627 v. Chr.) sei ein Sohn der Ishtar gewesen, den diese »unbefleckt« empfangen habe, heißt es. Ein alter Keilschrifttext weiß darüber mehr: »Ihre vier Brüste (!) lagen an deinem Munde, an zweien saugtest du, in zweien bargst du dein Gesicht.«[27]

Future meets past. Wer die Zukunft verstehen will, der muss sich mit der Vergangenheit auseinandersetzen. Ich weiß nicht, wer die unheimlichen Wesen sind, die Whitley Strieber wie auch unzählige weitere Menschen des Nächtens immer wieder aus den Betten zerren. Hypnotische Rückführungen, von namhaften Ärzten und Psychiatern durchgeführt, sprechen eine deutliche Sprache für die beklemmende Realität hinter den Berichten. Kommen die Fremden nicht von dieser Welt oder sind es Geschöpfe, die sich unbemerkt im Schatten der Menschheit entwickelten? Die Antwort auf diese brennende Frage weiß ich nicht. Aber wenn ich jetzt an die evolutionären Möglichkeiten von Reptilien und Insekten denke, bekomme ich eine ordentliche Gänsehaut.

Kleiner Schädel, ganz groß

Kehren wir nach diesem Ausflug in die Welt zweier möglicher Konkurrenten, die unserem Aufstieg hätten enorm gefährlich werden können, zurück zu den größten Rätseln um unsere Menschwerdung. Vor meinem Exkurs hatte ich die Frage anklingen lassen, was uns denn am prägnantesten von unseren Vorfahren ebenso wie von den noch lebenden Affen unterscheidet. Da gibt es tatsächlich mehrere Kriterien, wie Biologen herausfanden: Die Biegung der Wirbelsäule zählt dazu wie auch die Beckenform, die Ausbildung der Gliedmaßen und weitere anatomische Merkmale.

Zwei Faktoren jedoch stellen – sorgfältig aufeinander abgestimmt – die herausragenden Unterscheidungsmerkmale dar, die unser Menschsein im Vergleich zu sämtlicher anderer Konkurrenz ausmachen.

Zum einen ist es die Größe des Schädels, davon abhängig das Volumen der Schädelhöhle, in die unser Gehirn eingebettet ist, gut geschützt gegen allerlei Verletzungsgefahren. Die Ausbildung von Intelligenz ist eng an die maximal mögliche Hirnmasse gekoppelt, die neben der Anzahl der Großhirnwindungen und des Differenzierungsgrades einzelner Gehirnbezirke ausschlaggebender Faktor für die geistig-seelische Leistungsfähigkeit des Gehirnes und somit seines Trägers ist.[2]

Heutige »Menschenaffen« wie der Schimpanse oder der Gorilla besitzen eine Gehirnmasse, die im Allgemeinen zwischen 350 und 500 Kubikzentimetern liegt. Das reicht gerade dazu, zum Schlagen und Werfen Äste und Steine zu gebrauchen, die ihnen in die Quere kommen. Der *Australopithecus*, der, anders als sein Name vermuten lässt, im Süden und Osten Afrikas vor durchschnittlich drei Millionen Jahren lebte, kam auf 400 bis 600 Kubikzentimeter. Erst der *Homo erectus*, vor etwa 1,25 Millionen Jahren unterwegs, steigerte das Volumen seiner grauen Zellen

hinter dem derbwandigen Schädel mit den starken Überaugen-
wülsten. Er hatte zwischen 700 und 1200 Kubikzentimeter Gehirn zur Verfügung. Damit stellte er Faustkeile her und be-
nützte Fallgruben, womit er jagdbarem Wild nachstellte.[2] Und
der Neandertaler, mit 1350 bis 1700 Kubikzentimetern gleich-
auf mit dem heutigen Menschen, war mit absoluter Sicherheit
nicht jener grobschlächtige Waldschrat, als den ihn die Paläontologen und Anthropologen leider viel zu lange dargestellt haben.

Völlig beispiellos mit seinem Gehirnvolumen ist der »Mensch
von Mouillans«, dessen durchschnittliche 2300 Kubikzentimeter bislang noch von keiner anderen Menschenart übertroffen
wurde. Der vor etwa 12 000 Jahren in Nordafrika beheimatete
Typus wird in wissenschaftlichen Veröffentlichungen ignoriert,
ja beinahe totgeschwiegen. Er passt ganz einfach nicht ins gängige Evolutionsschema, das uns und nur uns als Spitzenprodukt
anerkennt. Über dieses unglaubliche Mysterium aus der späten
Altsteinzeit berichte ich in einem der Folgekapitel ausführ-
licher.

Gefährlicher Weg aus der Sprachlosigkeit

Das um ein Mehrfaches seiner ursprünglichen Masse gewachsene Gehirn aber war »nur die halbe Miete«. Einhergehend
mit der Vergrößerung kam es noch zu einem weiteren »Quantensprung« auf dem Weg zum *Homo sapiens*. Es ist ein Phänomen, das im gesamten Tierreich einzigartig geblieben ist: Die
Entstehung einer komplexen, grammatikalisch-syntaktischen
Sprache. Für sie gibt es bei keiner anderen Spezies eine Ent-
sprechung. Auch nicht unter jenen Mitgeschöpfen, die sich
mit Lauten, Mimik und Gestik untereinander zu verständigen
wissen.

Die Intelligentwerdung des Menschen und dessen Fähigkeit zu sprachlicher Artikulation konnte keineswegs getrennt voneinander ablaufen. Die moderne Gehirnforschung kam zur Erkenntnis, dass sich etwa 20 Prozent der Gehirnmasse mit der Sprachverarbeitung befassen. Das wären bei uns im Durchschnitt 300 Kubikzentimeter. Im Umkehrschluss bedeutet dies, dass bei den zeitlich weiter zurückliegenden Vorfahren überhaupt keine Großhirnsubstanz in so ausreichender Menge zur Verfügung stand, um neben dem täglichen Überlebenskampf auch noch die Funktionen der menschlichen Sprache zu gewährleisten.[28] Die Formel »größeres Gehirn ist gleich Zunahme der Intelligenz« ist somit eines der wenigen Teile im Puzzle unserer Entwicklung, das wir mit gutem Grund als Gewissheit betrachten können. Deshalb ist es absolut folgerecht, eine der markantesten Leistungen menschlicher Intelligenz, die Sprache, mit dem Wachstum des Großhirns in Verbindung zu bringen.[29] Das klingt alles recht einfach, logisch und schlüssig, aber der Teufel steckt, wie so oft, im Detail. Denn im Gegensatz zu den Affen und allen anderen Säugetieren ist bei uns der gesamte Hals- und Rachenraum zum hochkomplexen Stimmapparat umfunktioniert. Der menschliche Kehlkopf sitzt außergewöhnlich tief. Erst dies schafft Platz, um einen möglichst voluminösen Stimmtrakt in Form von Rachen-, Mund- und Nasenhöhle zur Verfügung zu haben. Beim Ausatmen streicht die Atemluft an der Stimmritze entlang, die dadurch in Schwingungen versetzt wird. Vokale und Konsonanten werden in der Mundhöhle geformt, und durch die Zunge in den unterschiedlichsten Variationen verändert. Bei allen anderen Säugetieren liegt der Kehlkopf viel höher, und die Zunge liegt flach in einer deutlich längeren Mundhöhle.[28] Der menschliche »Sprechapparat« stellt somit ein in jeder Hinsicht einzigartiges Instrumentarium dar. Der Preis für den Weg aus der Sprachlosigkeit aber ist sehr teuer erkauft. Mit dieser Physiologie muss der Mensch jede Menge

Nachteile in Kauf nehmen. Der verkürzte Mund ist hinderlich beim Kauen: Ein Manko, das ein Hund mit seiner langen Schnauze überhaupt nicht kennt. Es sei denn, wir haben es mit einem Mops oder Pekinesen zu tun. Das Atmen wird durch die enge Stimmritze und die an ihr vorbeiströmende Atemluft beeinträchtigt. Der Kanal zur Luftröhre weist zwei rechte Winkel auf, was im Falle körperlicher Anstrengung das Atmen noch schwerer macht. Selbst das Schlucken ist schwieriger und wird manchmal sogar lebensbedrohlich. Wer sich einmal verschluckt hat und daran fast erstickt ist, weiß, wovon ich hier spreche. Das ist evolutionärer Wahnsinn in Reinkultur: Die menschliche Sprache birgt zu viele Nachteile und Gefahren – eigentlich *dürfte* es sie nicht geben!

Ergebnis einer einzigen Mutation?

Diese schier unlösbare Problematik stets im Blick, sinniert der Wissenschaftsautor Peter Fiebag in einer fundierten Arbeit über die menschliche Sprachentwicklung: »… hätten dann nicht die recht deutlichen Nachteile bei der Stimmtraktentwicklung das Ende dieses ›Experimentes‹ bedeuten müssen? Jeder einzelne Nachteil das Aus für den künftigen Menschen?«[28] Die spannendste Frage aber, welche sich in diesem Zusammenhang stellt, ist jene, wie und wodurch es überhaupt zu all den physiologisch notwendigen Veränderungen gekommen ist. Ganz abgesehen von der Einrichtung eines speziellen Sprachzentrums im Gehirn, wird der Kehlkopf doch nicht einfach eine Etage tiefer in den Hals gerutscht sein, während sich zur gleichen Zeit die bei den Affen deutlich länger geratene Mundpartie schlagartig verkürzte. Geschah dies in lauter kleinen Schritten, woher »wusste« der Kehlkopf dann von der Absicht des Gehirns? Einmal beiseitegelassen, dass diese Zwischenstufen im Grunde vollkommen wertlos und wahrscheinlich nicht einmal (über-)lebensfähig gewesen wären. Oder geschah eine einzige, eine alles umfassende Mutation, die das fertige Ergebnis als sofort gebrauchsbereite Ausführung lieferte? Genau dies wird von manchen Sprachwissenschaftlern angenommen. So postulierte der Amerikaner Derek Sickerton: »Tatsachen bezeugen, dass sich die Sprache nicht graduell aus einer Protosprache entwickelt haben kann und dass es keine Zwischenformen gibt. Demnach muss die Syntax mit einem Mal fertig aufgetreten sein – am wahrscheinlichsten aufgrund einer einzigen Mutation, die die Organisation des Gehirnes verändert hat. Da Mutationen zufällig und selten vorteilhaft sind, wäre es nicht plausibel, mehr als eine einzige Mutation anzunehmen.«[30] Dieser Kommentar wirft eigentlich alles über den sprichwörtlichen Haufen, was den noch immer als Weisheit letzter Schluss hofierten Darwinismus ausmacht. Und trifft, wenn auch eher unbeabsichtigt, den Nagel auf den Kopf. Alle zur Erlangung unserer menschlichen Sprache notwendigen, physiologischen Veränderungen das Ergebnis von nur einer einzigen Mutation? Eine derart grundlegende Änderung im genetischen Programm des Menschen soll plötzlich auf einem zufällig eingetretenen Ereignis beruhen, das – wie ich vorher schon angemerkt habe – der betroffenen Spezies erst einmal einen ganzen Haufen Nachteile und Probleme beschert hat. Dieses verzweifelte Klammern an eine evolutionäre Entwicklung ist schon beinahe rührend und zeigt, wie sehr es sich bei der Evolutionstheorie um eine Glaubensangelegenheit handelt – und nicht um exaktes Wissen. Man muss es zweimal lesen, um die Ungeheuerlichkeit folgender Fakten zu begreifen. Forscher der »German Mouse Clinic« am Helmholtz-Zentrum in München und des Leipziger Max-Planck-Institutes für evolutionäre Anthropologie veröffentlichten im Mai 2009 ihre ersten Ergebnisse, die sie bei der Übertragung ganz bestimmter Gene auf Mäuse erzielten. Es handelte sich dabei um die menschliche Variante eines Steuer-Gens mit der Bezeichnung FOXP2, das die Aktivitäten anderer Gene regelt und bedeutenden Einfluss auf das Sprachzentrum besitzt. Die mit FOXP2 »geimpften« Mäuse zeigten signifikante Änderungen in jenen neuronalen Schaltkreisen der Basisganglien, die beim Menschen vermutlich an der »Evolution des Sprechens« beteiligt waren. Nervenzellen wiesen eine verstärkte Anpassung der Synapsen (Verbindungsstellen zwischen Nervenzellen zur Reizübertragung) auf, welche für Lernen und Gedächtnisbildung wichtig sind.[31] Wenn nun aber mit unseren Vorfahren einst ganz ähnliche Experimente veranstaltet wurden wie mit den »humanisierten Mäusen«?

Ich bin mir sicher: Die Wahrscheinlichkeit, dass es uns heute gibt, würde gegen null tendieren, hätte es nicht im Verlauf der Erdgeschichte und der Menschwerdung zahllose korrigierende Eingriffe und genetische Manipulationen gegeben, die den Lauf der Evolution entscheidend beeinflusst haben. Darum werden wir wahrscheinlich auch das viel beschworene »missing link«, jenes fehlende Bindeglied in unserer Ahnenreihe, vergeblich auf diesem blauen Planeten Erde suchen.

2 Das verkannte Genie

Sind die Neandertaler wirklich ausgestorben?

»Darwins Theorie ist immer noch das Credo der Anthropologie. In wissenschaftlichen Kreisen gilt es als Sakrileg, nicht daran zu glauben. Dabei vergeht kaum ein Jahr, in dem nicht auf einer Pressekonferenz ein noch neuerer Fund bekanntgegeben wird, und dieses jeweilige Fossil gilt dann wieder als allerneuester Vormensch.«

ERICH VON DÄNIKEN,
SCHWEIZER FORSCHER UND BESTSELLERAUTOR

Wenn man die angesprochenen, mit großer Wahrscheinlichkeit durch nicht von dieser Welt stammenden Intelligenzen gesteuerten Eingriffe bei der Intelligentwerdung des Menschen ins Kalkül zieht, ergibt sich automatisch die Frage nach dem »Wann«. Ist es möglich, die Handlungen dieser Fremden auf unserem Planeten zeitlich einigermaßen genau einzugrenzen?

Lassen wir einmal die erdgeschichtlich sehr weit zurückliegenden Korrekturen beiseite, die in ihrer Konsequenz die Vormachtstellung der Säugetiere und vor allem der Primaten zementierten, so ergeben sich tatsächlich ganz vielversprechende Spuren. Sie offenbaren sich in Form plötzlicher Entwicklungssprünge, die buchstäblich aus dem Stand heraus zu »innovativen Schüben« führten, die sich die Anthropologen nur unzureichend oder gar nicht zu erklären vermögen. Dann muss wieder der »Zufall« herhalten.

Einen dieser »Sprünge« in der menschlichen Entwicklung habe ich bereits thematisiert. Es ist die beinahe ad hoc verfügbare Fertigkeit zu artikulierter Sprache. Die dafür notwendige physiologische Weichenstellung soll erst vor ungefähr 250 000 Jahren erfolgt sein, als sich die Schädelbasis veränderte und der Gaumen wölbte sowie die Zunge ein ganzes Stück weiter nach hinten in den Rachen rutschte. Den »modernen« Stimmtrakt, über den wir heute verfügen, finden wir erstmalig beim Cro-Magnon-Menschen (nach einer Höhle im südwestfranzösischen Tal der Dordogne benannt, wo man im Jahr 1868 fünf Skelette dieses Menschentyps entdeckte), der vor ungefähr 35 000 Jahren die Szenerie betrat.[32]

»Kreativer Urknall«

Ich bin davon überzeugt, dass wir diese Entwicklungssprünge in einem direkten Zusammenhang mit Eingriffen durch außerirdische Besucher sehen müssen. Noch deutlich vor der sprachlichen Artikulation steht – neben dem Bewusstwerden des eigenen Ichs – die Erfindung sowie der Gebrauch erster Werkzeuge.[2] Möglicherweise auch der Bau künstlicher Behausungen, doch dem wurde offenbar kein allzu großer Stellenwert beigemessen, da selbst die sehr weit entwickelten Cro-Magnon-Menschen den Schutz natürlicher Höhlen zu schätzen wussten.

Was in jedem Fall im Zusammenhang mit gezielten Manipulationen durch die von den Sternen gekommenen Intelligenzen stehen dürfte, ist das Aufkommen kultischer Handlungen und Religionen sowie die Beschäftigung mit darstellender Kunst. Unverzichtbar für beide kulturellen Ausdrucksformen ist abstrakt-symbolisches Denken. Der vordem zitierte Wissenschaftsautor Peter Fiebag bezeichnet diesen Entwicklungsschritt als einen »kreativen Urknall des Menschen«, wenn er feststellt, dass sich urplötzlich vor 35 000 bis 50 000 Jahren das geistige Potenzial unserer Spezies explosionsartig erhöhte.[33] Nachdem die robust gebauten Neandertaler, auf die ich etwas später noch genauer eingehen werde, mehr als 100 000 Jahre lang unsere alte Welt besiedelten, trat der deutlich grazilere neue Menschentyp in Erscheinung. In der Größe des Gehirnes wie auch in dessen Aufbau unterschied er sich nicht, und trotzdem »brachen« aus ihm Fertigkeiten hervor, die es zuvor so nie gegeben hatte. Er schuf grandiose Höhlenmalereien und figürliche Darstellungen in beeindruckender Detailtreue. Mit jedem Fundstück rätseln die Experten aufs Neue. Und drehen sich im Kreis, denn die Widersprüche sind eminent. So sollen die »Neuen« aus Afrika gekommen und an der Donau in den mitteleuropäischen Raum eingewandert sein. Doch weder im dunklen Erdteil noch im Südosten Europas, durch den sie ihr Treck geführt haben soll, finden sich gleich alte oder ältere Kunstwerke vergleichbar jenen, die sie auf der iberischen Halbinsel, in Frankreich oder Italien geschaffen haben.

Wodurch erwachte in den Menschen jener Epoche, die noch zum Paläolithikum gehörte, der Drang zu künstlerischer Betätigung, jenes Bedürfnis, sich in Bildern und Figuren auszudrücken? Vom evolutionären Standpunkt mit seinem Dogma der vorteilhaften Mutationen tun sich gleichfalls Widersprüche auf. Diese neu entdeckte, »künstlerische Ader« brachte keinen Wettbewerbsvorteil gegenüber dem bis dahin weit verbreiteten Neandertaler.[34] Eine intellektuelle Beschäftigung hätte sich eher hinderlich ausgewirkt im Kampf um das tägliche Überleben, weil sie die Sammler und Jäger von dringlicheren Tätigkeiten abhielt. Ein ums andere Mal keimt der Verdacht auf, irgendjemand hätte diesen großen, geistigen Sprung nach vorne initiiert, weil es dessen explizite Absicht war, einen oder mehrere Ableger des vorzeitlichen Menschengeschlechts gezielt auf einen Weg zu bringen, der seinem eigenen Werdegang entsprach.

Vielleicht haben jene steinzeitlichen Künstler ihre von den Sternen gekommenen Wegbereiter und deren technische Errungenschaften auf etlichen Felsbildern portraitiert. Denn unter den Abbildungen menschlicher Gestalten finden sich seltsame Wesen. Sie haben runde Köpfe und Glotzaugen, tragen sonderbare Helme und Overalls und schweben zuweilen in unnatürlichen Haltungen wie schwerelos im Raum.[2, 33] Mehrere davon wecken sogar Assoziationen zu heutigen Darstellungen von Aliens. In den Höhlen von Les Combareilles unweit von Les Eyzies und Rouffignac bei Fleurac, beide im Departement Dordogne im Südwesten Frankreichs gelegen, finden sich fremdartige, humanoide Köpfe. Einige scheinen die Gesichtszüge jener »kleinen Grauen« wiederzugeben, wie sie von den unfreiwillig Betroffenen heutiger Entführungsfälle beschrieben werden. In den Höhlen von Naux im Departement Ariège sind scheibenförmige Flugobjekte zu sehen. Besonders spektakulär an diesen Felszeichnungen ist, dass sie die Objekte in vollem Flug, mitten aus der Bewegung heraus zeigen. Alle diese Abbildungen entstammen einer jüngeren Epoche der Altsteinzeit, etwa um 13 000 v. Chr.[35] Stehen wir hier vor den frühesten Zeugnissen unheimlicher Begegnungen unserer Altvordern mit unbekannten Sternenwesen, die mit ihren Manipulationen am Erbgut für den so plötzlich ausgebrochenen intellektuellen und kulturellen Fortschritt sorgten?

Erfahrungsgemäß tun sich die Vertreter des offiziellen Wissenschaftsbetriebes recht schwer, die bei den krassen Sprüngen in unserer Entwicklung zutage tretenden Widersprüche mit ihrem eigenen Weltbild in Einklang zu bringen. Da fallen vorsichtige Formulierungen wie: »Eine Veränderung im Schaltplan des Gehirns« habe zu einem ungeahnten Kreativitätsschub geführt.[36] Die überfällige Frage jedoch, wer diesen »Schaltplan« so nachhaltig verändert hat, dass das menschliche Gehirn buchstäblich in die Zukunft geschleudert wurde, fällt geflissentlich unter den

Tisch. Der New Yorker Archäologe Randall White formulierte es leicht überspitzt: »In den ersten fünf Minuten dieser Epoche gab es mehr technische Neuerungen als in der gesamten vorausgegangenen Menschheitsgeschichte.«[37] Warum fehlt dem »wissenschaftlichen Establishment« so konsequent der Mut, auch unkonventionelle Gedanken aufzugreifen?

Bei den schwindelerregenden Fortschritten, die unsere eigene Gentechnik macht, sollte der Gedanke an Eingriffe durch außerirdische Intelligenzen deutlich größere Akzeptanz erfahren. Vielleicht sind wir vom endgültigen Beweis nicht mehr so weit entfernt, da das menschliche Genom inzwischen entschlüsselt ist. Sollte es zudem bald möglich sein, Sequenzen in unserer DNS »auszulesen«, welche auf gezielte Genmanipulationen hinweisen, dann müssten auch die Skeptiker der härtesten Sorte ihre Waffen strecken.

Sensation aus dem Altai

Er war der »Newcomer« des Jahres 2010, obwohl die Geschichte seines Fundes bereits ein paar Jahre zuvor ihren Anfang genommen hatte. Die Denisova-Höhle über dem Flusstal des Anui, an den bewaldeten Hängen des Altai-Gebirges, wurde von Urmenschen seit ungefähr 100 000 Jahren als Schutz und Zuflucht benutzt. Ein russisches Archäologenteam um Michail Shunkov und Anatoli Derevianko vom Naturkundemuseum in Novosibirsk stieß im Jahre 2000 auf einen menschlichen Backenzahn, 2008 dann auf ein fossiles Knöchelchen. Jenes stellte sich als das Endglied vom kleinen Finger einer Frau oder eines jungen Mädchens heraus. In denselben Sandsteinschichten konnten auch Klingen aus Feuerstein, künstlerische Ornamente und aus Knochen gefertigte Werkzeuge geborgen werden. Datiert wurden die Sedimente, in welchen diese neuen Funde ans

Licht kamen, auf ein Alter zwischen 30 000 und 50 000 Jahren.[38] Das war, nebenbei bemerkt, genau jene Epoche, in der es zum »kreativen Urknall« im Gehirn der Spezies Mensch gekommen war.[33] Aber noch ahnten die Forscher nicht, auf welch sensationelle Spuren sie da gestoßen waren. Dies sollte sich wie so oft erst hinterher im Labor zeigen.

Im Leipziger Max-Planck-Institut für evolutionäre Anthropologie (EVA) nahmen sich die Spezialisten für Genetik, Johannes Krause und Svante Pääbo, eine winzige Menge pulverisierter Knochensubstanz des aufgefundenen Fingergliedes vor. Pääbo hatte übrigens schon in den 1980er-Jahren große Erfolge mit der Isolierung von DNS aus der Mumie eines vor 2400 Jahren verstorbenen Kindes. Mittels Klonen hatte er 1000 Kopien hergestellt und an verschiedene Institute zu weiteren Untersuchungen gegeben.[39] Aus der Probe von nur 30 Milligramm des aus der Denisova-Höhle stammenden Knochens konnten die Forscher so viel DNS gewinnen, um das vollständige Erbmaterial zu rekonstruieren und mit dem des modernen Menschen wie auch anderer Urmenschen vergleichen zu können.

Kurz vor Weihnachten 2010 meldeten dann die Medien die Entdeckung einer bis dahin nicht bekannten Menschenart. Die Überraschung konnte wirklich nicht größer sein: Vor rund 30 000 bis 40 000 Jahren existierte im eurasischen Raum neben dem *Homo sapiens* und dem Neandertaler eine dritte, unabhängig von beiden Arten dorthin eingewanderte menschliche Population.[40] Übereinstimmungen mit dem Erbgut des Neandertalers deuten zwar darauf hin, dass jener und der neuentdeckte Denisova-Mensch einen gemeinsamen Vorfahren haben. Doch nach allen bisherigen Analysen kann man davon ausgehen, dass die »Aliens aus dem Altai« etwas vollkommen Neues darstellen.[38] Ein weiteres Mal müssen wir die Geschichte des Menschengeschlechts wohl umschreiben.

Lebensbedrohliche Reaktionen

Dieser unverhoffte »Familienzuwachs« lässt nur eine logische Schlussfolgerung zu: Dass nämlich die Menschheit nicht aus nur einem einzigen Vorfahren entspross. Lässt sich unsere Herkunft also auf eine Vielzahl von Ahnen zurückführen, die, unabhängig voneinander, auf verschiedenen Vorformen basieren? Bezogen auf die Möglichkeit einer von außen beeinflussten Entwicklung kann man vermuten, dass fremde Intelligenzen von vornherein mehrere Untertypen schufen. Sei es, weil sie wie in einem großen Laborversuch herausfinden wollten, welche Art sich besser ans Leben in unserer Biosphäre anpassen würde. Oder suchten sie die Gefahr der Inzucht zu minimieren und legten daher einen größeren Genpool an? Ebenso vorstellbar wäre aber auch, dass verschiedene Gruppen voneinander getrennte Projekte starteten, deren gemeinsamer Nenner die Erschaffung einer dominanten und intelligenten Spezies auf diesem Planeten war.

Als weiteren möglichen Hinweis hierauf könnte man neben den Funden immer neuer Vormenschen auch die schwer erklärbaren Unverträglichkeitsreaktionen verschiedener Gruppen menschlicher Blutseren deuten. Gemeint ist hier vor allem das Auftreten eines dominant-rezessiv vererbbaren Antigens, das 1940 von dem Bakteriologen Karl Landsteiner (1868–1943) und dem Hämatologen Alexander Wiener (1907–1976) entdeckt wurde. Nach einer Unterart der Makaken-Affen (*Macacus rhesus*) benannt, stellt der Rhesus-Faktor ein dominantes Erbmerkmal roter Blutkörperchen dar, das nicht bei der gesamten Menschheit vorhanden ist.[41] Lebensbedrohlich wird es, wenn Blut positiven Rhesus-Faktors mit Rhesus-negativem Blut zusammenkommt und agglutiniert, also verklumpt. Diese Komplikation kann seltener bei Bluttransfusionen, aber weitaus häufiger bei Schwangerschaften auftreten, und zwar wenn Mutter und Vater verschiedene Rhesus-Faktoren besitzen. Eine Rettung für das Kind ist nur durch eine Austauschtransfusion möglich, welche sofort nach oder besser noch vor der Geburt erfolgen muss. Die Frage jedoch, wie Artgenossen gleichen Ursprungs, als die wir Menschen nun mal gelten, Antikörper gegen das Blut von ihresgleichen bilden, als würde es sich um vollkommen artfremdes Eiweiß handeln, ist bis heute ungeklärt.

Ähnliche Probleme treten auch bei den sogenannten Autoimmunkrankheiten auf. Hierbei handelt es sich um meist entzündliche Krankheitsprozesse, die dadurch hervorgerufen werden, dass der Organismus plötzlich und ohne erkennbare Gründe auf das eigene Gewebe allergisch reagiert. Dazu gehören eine Reihe von Nervenentzündungen, allen voran Multiple Sklerose (MS), aber genauso Entzündungen des Herzmuskels nach einem Infarkt, Magenentzündungen mit Abbau der Magenschleimhaut und vieles mehr. Bei all diesen Krankheitsbildern erkennt der Körper seine eigenen Proteine nicht mehr.[42] Oh, ihr Götter: Es ist wahrhaftig lebensgefährlich, ein Mensch zu sein!

Kommen wir noch einmal ganz kurz zurück zu jenen unverträglichen Bluteigenschaften, die auf eine ganze Vielzahl von Menschenarten in unserem Stammbaum hindeuten. Bereits 1970 untersuchte der deutsche Serologe Jakob Schmitt von der Universität Gießen die Blutgruppenzugehörigkeit samt Rhesus-Faktoren einer Reihe von Affenarten wie auch menschlicher Hauptrassen im Hinblick auf eine evolutionsgenetische Verzweigung der Primaten.

Sein Vergleich der Blutbilder sprach ganz definitiv für einen polyphyletischen Ursprung der Hominiden.[41] Im Klartext: Unter Polyphilie versteht man die stammesgeschichtliche Herkunft aus nicht miteinander verwandten Vorformen.[6] Quod erat demonstrandum: Der heutige Mensch stammt nicht nur von einem Affen ab. In grauer Vorzeit wurden wahrscheinlich mehrere Arten ganz gezielt intelligent gemacht.

Der Idiot, der keiner war

Ein Vorfahre, der genetisch noch mehr mit dem heutigen *Homo sapiens* gemeinsam hat als der Denisova-Mensch, ist der Neandertaler. Seinen Namen erhielt er von einem schluchtartigen Talabschnitt des Flüsschens Düssel bei dessen Austritt aus dem Bergischen Land, der heute zum südlichen Stadtgebiet von Mettmann gehört. Zwei Arbeiter waren 1856 damit beschäftigt, Abraum aus der Grotte »Feldhofer Kirche« in der Mitte des Neandertales zu räumen, als sie urplötzlich auf Teile eines Skeletts stießen. Die Männer glaubten anfangs, es handle sich um die sterblichen Überreste von Braunbären, die noch bis weit ins Mittelalter in ganz Deutschland verbreitet gewesen waren. Erst als der Eigentümer der Grotte den Realschullehrer und Paläontologen Johann Carl Fuhlrott (1803–1877) aus dem nahen Wuppertal-Elberfeld kommen ließ, damit dieser die Knochen begutachten konnte, wurden sie als eindeutig menschlichen Ursprungs erkannt.

In jenen Tagen standen die Naturwissenschaften noch auf der Grundlage des biblischen Schöpfungsberichtes. Sie verleugneten vehement, dass der Mensch einen anderen Ursprung haben könnte, als in der Genesis beschrieben stand. Eine der größten Autoritäten der Epoche, der französische Naturforscher Georges Cuvier (1769–1832), hatte sein Credo kategorisch verlauten lassen: »L'homme fossile n'existe pas!« – »Den fossilen Menschen gibt es nicht!«[43] Stattdessen glaubte er fest an das globale Wirken einer gewaltigen Flutkatastrophe nach Art der biblischen Sintflut. Und der seinerzeit berühmteste deutsche Arzt und Pathologe, Professor Rudolf Virchow (1821–1902), zögerte keinen Augenblick, den Neandertaler als einen »rachitischen Idioten« abzustempeln, der sich zum Sterben in der Höhle niedergelegt hatte. Das alles war mächtig viel Gegenwind für den Elberfelder Realschullehrer. Doch Fuhlrott hatte die besonderen Merkmale jenes Fundes – Knochenwülste über den Augen sowie ungewöhnlich dicke Grate und Leisten als Ansatzpunkte von kräftigen Muskeln – auf Anhieb als die eines fossilen Menschentypen erkannt. Ohne sich von den Anfeindungen der »Kapazitäten« beirren zu lassen, legte er ein knappes Jahrzehnt später seine Überzeugung, es handle sich um eine bis dahin unbekannte Menschenart, ausführlich in einem Buch vor.[44]

Es sollte noch ein weiter Weg werden, bis der Neandertaler, von dem in den folgenden Jahrzehnten weltweit Fossilien gefunden wurden, zum *Homo sapiens neanderthalensis* wurde. Denn viel zu lange wurde in ihm ein ungelenker und grunzender Tölpel gesehen, dessen intellektuelle Fähigkeiten weit mehr einem unbewussten Dahindämmern entsprochen hätten denn einer menschlichen Existenz.

Dieses verzerrte Bild basiert auf der Rekonstruktion des Neandertalers durch den Paläontologen Marcellin Boule vom französischen »Museum für Nationale Geschichte«, aus einem Skelettfund von 1908. Dabei unterliefen ihm gröbste Fehler en masse. So setzte er die Fußknochen derart stümperhaft zusammen, dass sein Konstrukt zum o-beinigen Affen geriet, der auf den Außenseiten seiner Füße ging. Die Wirbelsäule wurde zu einem so krummen Elend, dass überhaupt kein aufrechter Gang möglich gewesen wäre. Diese und viele weitere Fehler sorgten für den Eindruck, dass der Neandertaler niemals ein Vorfahre unserer heutigen Menschheit gewesen sein könne: »Die (…) Überreste liefern uns ein klares Bild von einem plumpen und abstoßenden Wesen. Seine schweren Knochen und sein grob gebauter Körper, der von kurzen, halb gekrümmten Beinen getragen wird, ist ein Ausbund an Hässlichkeit. Das große derbe

Gesicht mit dem fliehenden Kinn vervollständigt diese widerwärtige Erscheinung.«[45]
Ein unbeholfener Kretin und eine Beleidigung für das Auge des Ästheten: Dies war das Bild, das lange Jahre in den Köpfen von Anthropologen und Paläontologen herumspuken sollte.

Erkenntnisse aus der Höhle

Doch nichts von alledem ist zutreffend. Ebenso wenig, wie er unbeholfen durch die Altsteinzeit taumelte, musste er sich bei seiner Verständigung auf primitive Grunzlaute beschränken. Das Gegenteil ist der Fall: Neueste Untersuchungen an den Schädeln von Neandertalern haben ergeben, dass auch diese die physiologischen Voraussetzungen für eine komplexe und wohlartikulierte Sprache erfüllen. Aufgrund des Ausbildungsgrades des Stimmtraktes waren lediglich ein paar sprachliche Variationsmöglichkeiten leicht eingeschränkt. Dies betraf beispielsweise die Fähigkeit der unterschiedlichen Artikulation von kurzen oder langen Vokalen, wie »i« oder »ie«.[32] Eine Einschränkung, die sogar in unserem heutigen Sprachgebrauch kaum hinderlich sein würde.
Heute wissen wir darüber hinaus: Der Neandertaler besaß eine hoch entwickelte Kultur. Er pflegte die Kranken, bestattete die Verstorbenen mit viel Liebe und Sorgfalt und glaubte vielleicht sogar an Wiedergeburt oder ein Leben nach dem Tode.
Der Boden für dieses grundlegende Umdenken wurde durch aufwendige Grabungen bereitet, die 1951 im nördlichen Irak begannen. Dort war der amerikanische Anthropologe Ralph Solecki auf die ungefähr 400 Kilometer von Bagdad entfernte Shanidar-Höhle aufmerksam geworden. In mehreren Ausgrabungsabschnitten wurden 1500 Tonnen Ablagerungen aus der Höhle geräumt. Eine Reihe von Schächten musste durch die bis

zu 13 Meter mächtigen Sedimente aus Schotter getrieben werden, bis die Forscher am Grund des Gerölls den gewachsenen Fels erreichten. Eine abenteuerliche Zeitreise hatte begonnen, die 100 000 Jahre in die Vergangenheit zurückführte, und vor zirka 35 000 Jahren mit dem unerklärlichen Verschwinden der Neandertaler endete.

In knapp fünf Metern Tiefe bargen die Archäologen die Überreste eines im Säuglingsalter verstorbenen Kindes. Das geschah im Jahre 1953. Vier Jahre später grub Solecki die Skelette von drei Erwachsenen aus, 1960 dann noch einmal die Gebeine dreier weiterer Neandertaler. Die Shanidar-Höhle konnte als eine vorgeschichtliche Begräbnisstätte ausgemacht werden, angelegt von Menschen, die bis dahin als grunzende und tölpelhafte Gesellen ohne jede Kultur gegolten hatten.

Die hier gefundenen Artefakte beweisen ohne jeden Zweifel, dass die Neandertaler verletzte oder kranke Gefährten nicht einfach ihrem grausamen Schicksal überließen, ihnen vielmehr durch Pflege und Fürsorge das Überleben ermöglichten. So weist der Fund »Shanidar 1« die Spuren dramatischer Verwundungen auf. Die linke Augenhöhle war durch ein stumpfes Trauma teilweise eingebrochen, und der Mann wahrscheinlich auf diesem Auge erblindet. Der rechte Unterarm war kurz über dem Ellenbogen amputiert und eine Reihe von Knochenbrüchen geschient worden. Der Mann muss all diese schweren Verletzungen um Monate, wenn nicht gar um Jahre überlebt haben.[46, 47]

Das Pflegen ihrer Kranken hat unter den Neandertalern lange Tradition: Der älteste nachgewiesene Fall datiert unglaubliche 175 000 Jahre zurück. In dieser Zeit fielen einem Mann, der im französischen Departement Vaucluse gefunden wurde, nach einer Zahnfleischentzündung sämtliche Zähne aus. Das wäre eigentlich ein sicheres Todesurteil gewesen, weil er ohne Gebiss nicht in der Lage war, feste Nahrung zu sich zu nehmen. Dass er dem Hungertod trotzdem nicht zum Opfer fiel, verdankte er seiner Sippe, die ihn gepflegt und spezielle weiche Nahrung für ihn vorbereitet haben musste.[48]

Doch zurück in den Nord-Irak. Ihre wohl größte Überraschung erlebten die Ausgräber von Shanidar bei einem der im Jahr 1960 freigelegten Skelette, dessen Alter auf 50 000 bis 60 000 Jahre datiert wurde. Der Verstorbene war von seinen Angehörigen aufwendig bestattet worden. Gebettet auf einen Rost aus Ästen und Zweigen, hatte er viele Blumen in sein Grab gelegt bekommen. Botanische Untersuchungen ergaben Unmengen von Blütenpollen von insgesamt neun Pflanzenarten, die alle zwischen Mai und Anfang Juli blühen. Das Vorhandensein dieser ausgeprägten Begräbniskultur bei den Neandertalern beweist, dass diese offenbar schon religiöse Vorstellungen über Tod und Jenseits sowie einen ausgeprägten Sinn für Ästhetik besaßen.[45, 47]

Einige der den Verstorbenen ins Grab gelegten Pflanzen gelten auch in unseren Tagen als heilkräftig. Die Mehrzahl der aufgefundenen Arten wird von den Einwohnern der Regionen rund um den Fundort noch immer für medizinische Zwecke eingesetzt. Man kann daraus schließen, dass die ehemals als stumpfsinnig und primitiv gescholtenen Urmenschen bereits um die heilende Wirkung bestimmter Pflanzen und Kräuter genau Bescheid wussten.

In der Kebara-Höhle in Israel fanden sich vergleichbare Spuren. Dort wurden neben Resten von Neandertaler-Skeletten mehr als 4000 verkohlte Früchte und Samen verschiedener Pflanzenarten entdeckt. Forscher sind sich einig, dass mehrere davon als Heilpflanzen Verwendung fanden, so etwa wilder Wein, Linsenwicke und Eicheln zur Reinigung des Blutes oder bei Durchfallerkrankungen.[48]

Doch nicht allein auf diesen Gebieten lassen die Neandertaler einen immensen Entwicklungsstand erkennen. Vor kurzer Zeit entdeckten russische und österreichische Anthropologen Höhlen in Usbekistan, die vor rund 50 000 Jahren bewohnt waren. Dieser Fund war nicht sonderlich überraschend, denn schon früher wurden in dieser Region Ansiedlungen von Neandertalern gefunden. Doch bei den neuerlichen Grabungen stieß man auf eine regelrechte Steinwerkzeugindustrie, welche in dieser fortgeschrittenen Herstellungsweise erst viel später den »modernen« Menschen vom Typ Cro-Magnon zugeschrieben wird. Neben Knochen und Schädelfragmenten entdeckte das russisch-österreichische Ausgrabungsteam im Jahre 2003 »moderne« Klingen, die bei der Holzverarbeitung und zum Häuten von Tieren Verwendung gefunden hatten. Auch hier gingen die Anthropologen stets davon aus, dass die Neandertaler niemals zu solchen Leistungen fähig gewesen seien.

Für Bence Viola, den Grabungsleiter vom Wiener Institut für Anthropologie, ist das alles ein großes Rätsel: »Normalerweise würde man sagen, sie haben sich das vom modernen Menschen abgeschaut. Nur gab es in dieser Gegend und zu dieser Zeit, vor mindestens 50 000 Jahren, weit und breit noch keine modernen Menschen.«[49]

Diese »Feuersteinindustrie« passt nicht zu der Vorstellung, die wir bislang von der Steinzeit haben. Wie auch der Fund von Schmuckgegenständen im südöstlichen Spanien. Erst 2010 stießen Archäologen in den Höhlen von Aviones auf vier bis neun Zentimeter große Muscheln, die gelocht sowie mit rötlichen und gelben Farbpigmenten verziert waren. Das Alter wird auch hier auf mindestens 50 000 Jahre geschätzt.[33] Nach all den anderen staunenswerten Funden und daraus folgenden Schlüssen wäre ich echt verwundert, hätte der Neandertaler *nicht* auch Schmuck angefertigt, was auf einen ausgeprägten Grad an künstlerischen Fähigkeiten sowie hohes Abstraktionsvermögen schließen lässt.

Friedlich zusammengelebt

Obwohl er ohne Zweifel eine sehr erfolgreiche Spezies dargestellt hat – immerhin überlebte er, vor allem während der Eiszeit, über 200 000 Jahre unter teilweise extremsten Klimabe-
dingungen – soll der Neandertaler in etwa vor 35 000 Jahren
ausgestorben sein. Sein Lebensraum erstreckte sich von der At-
lantikküste bis nach Usbekistan, von den Britischen Inseln über
Südeuropa bis nach Nordafrika und den Nahen Osten. Doch
die meisten Anthropologen betrachten ihn noch immer als eine
Sackgasse der Evolution. Als einen unwichtigen Seitenzweig des
Menschen, der einfach ausstarb, weil eine viel spezialisiertere
und neue Menschenart seinen Platz eingenommen hatte. Doch
selbst unter Fachleuten ist diese Einschätzung nicht unumstrit-
ten, und eine Reihe konträrer Erkenntnisse stellt manches in
Frage, was bislang als gesichertes Wissen galt.

Es ist durchaus möglich, dass der neu auf den Plan getretene
Cro-Magnon-Mensch den Neandertaler nicht verdrängt und
erst recht nicht ausgerottet hat. Der Psychologe Stan Gooch ist
der Überzeugung, dass sich beide Arten vereint und eine Mischrasse begründet haben.[50] Für diese Annahme würde ein Skelett-
Fund sprechen, der im Jahre 2000 in Portugal gemacht wurde.
Die Gebeine gehören zu einem noch sehr jungen Menschen
und sie wurden als »Kind von Lapedo« bekannt.

Aufsehen erregte dieser Fund in wissenschaftlichen Kreisen dadurch, dass er deutliche Merkmale sowohl des Neandertalers
aufweist als auch des modernen Menschen. Aber ebenso durch
sein Alter, das auf rund 24 000 Jahre ermittelt wurde.[51] Doch zu
diesem Zeitpunkt hätte – zumindest nach herrschender Lehrmeinung – kein Neandertaler mehr existieren dürfen. Hatten
sie mit den Cro-Magnons lebensfähige Nachkommen gezeugt?
Bereits 1935 waren in einer Kiesgrube bei Swanscombe in der
Grafschaft Kent, südöstlich von London, Skelette von Urmen-

schen gefunden worden, die möglicherweise Kreuzungsprodukte aus nebeneinander lebenden Neandertalern und den mo-
derneren Menschentypen darstellen.[2]
Und in den 1960er-Jahren fand ein israelisch-französisches
Grabungsteam in der Höhle von Oafzeh, unweit von Nazareth,
die Schädel von Cro-Magnon-Menschen und Neandertalern,
welche dort zur gleichen Zeit friedlich zusammengelebt haben
müssen. Auch die Datierung dieser Funde wirft das mühsam
errichtete Denkgebäude unserer Vorgeschichte über den Haufen. Sie sollen 70 000 Jahre alt sein.[52] Zu dieser Zeit wiederum
soll der Cro-Magnon-Mensch noch gar nicht existiert haben,
denn der trat offiziell ja erst vor 50 000 bis 40 000 Jahren auf.
Bahnbrechende Fortschritte in dieser Frage kommen aus der
Genforschung. Sie lassen gleichfalls durchscheinen, dass die
Neandertaler nicht sang- und klanglos untergegangen sind. Vor
wenigen Jahren gelang es zwei Forschergruppen, größere Abschnitte aus den Genen der Urmenschen zu analysieren und sie
mit Teilen des Erbgutes von Schimpansen wie auch von heutigen Menschen zu vergleichen. Dabei stellte sich heraus, dass die
genetische Übereinstimmung zwischen dem Neandertaler und
dem Menschen unserer Zeit extrem hoch ist: Diese liegt zwischen 99,5 und 99,9 Prozent.[53] Damit solche Analysen aber
echte Aussagekraft bekommen, muss es erst zur endgültigen
Entschlüsselung des Genoms kommen. Wir benötigen die genaue Zuordnung, welche Gen-Sequenz explizit für welche Eigenschaften verantwortlich ist. Darum trifft der folgende Vergleich ins Schwarze: Wir vermögen zwar immer mehr Seiten im
»Buch des Lebens« aufzuschlagen, aber noch immer nicht den
Text darin zu lesen und zu verstehen.[51] Erst wenn wir dazu fähig
sind, rückt auch die Frage nach dem Schicksal der Neandertaler
ihrer Klärung näher. Und wir können uns gezielt auf die Suche
nach eindeutigen Beweisen für Genmanipulationen in grauer
Vorzeit durch außerirdische Intelligenzen begeben.

Atavismen

In schöner Regelmäßigkeit hört man die Behauptung, dass Neandertaler, sauber rasiert, mit adrettem Haarschnitt und moderner Kleidung, in unserem Alltag überhaupt nicht auffallen würden. Im Düsseldorfer Neandertal-Museum steckte man eine Figur in legere Klamotten unserer Tage. Und es ist wirklich unglaublich: So manches Original aus der Hippie-Zeit seligen Angedenkens hinterließ einen viel bizarreren Eindruck! Umgekehrt aber tauchen von Zeit zu Zeit reichlich seltsame Geschöpfe auf, deren körperliche Merkmale frappierend an jene Altvorderen erinnern.

Gelegentlich wurde auch der Yeti, der scheue »Schneemensch« aus dem Himalaya, um dessen Existenz schon die heftigsten Kontroversen tobten, als überlebender Neandertaler betrachtet. So ließ der Moskauer Professor Boris Porschnev, ehemals Direktor des dortigen Anthropologischen Instituts, einst verlauten:»Man glaubte, dass die Neandertaler nach dem Erscheinen des Menschen vom heutigen Typ ausgestorben seien; es tauchen immer mehr Tatsachen auf, die das Gegenteil bezeugen. (…) Doch nicht nur das: Die Neandertaler sind nicht verschwunden, sondern der Menschheit im Laufe ihrer gesamten Geschichte wie Schatten gefolgt. Die einen haben sich mit dem Menschen vermischt und die anderen haben sich als Tiere weiterentwickelt.«[54]

Der belgische Forscher Bernard Heuvelmans (1916–2001), welcher sich als Begründer der jungen Wissenschaft der Kryptozoologie einen Namen gemacht hat, kam vielleicht auf die richtige Spur. Wie einige andere Wissenschaftler, die ihn nicht einfach als Phantasiegebilde abtun, sah auch er im Yeti einen Nachkommen des fossilen Riesenaffen *Gigantopithecus*. Der lebte vor 12 Millionen Jahren im asiatischen Raum, bis er vor 50 000 Jahren ausstarb. Endgültige Gewissheit werden wir erst dann bekommen, wenn es uns gelingt, einen dieser scheuen Riesen, die sich bis heute erfolgreich unserem Zugriff entziehen konnten, in seinem Rückzugsraum aufzustöbern. Grundsätzlich tendiere auch ich dazu, den Yeti eher als »Schneeaffen« zu sehen denn als »Schneemensch«, da die Neandertaler über eine ungleich höhere Intelligenz verfügten als die zottigen Wesen vom Himalaya.

Noch mysteriöser war die Existenz eines Mannes namens Hassu, auch Azzo genannt, dem »lebenden Neandertaler«, dessen Geheimnis nie geklärt werden konnte. Im Jahre 1931 stieß man im südmarokkanischen Flusstal des Dadès, etwas außerhalb von Skoura, auf einen seltsamen Einsiedler. Er schlief in den Bäumen oder in Höhlen, ernährte sich von Datteln, Beeren und Insekten und lief vollkommen nackt herum. Die Bewohner Skouras, einer malerischen Oase östlich von Ouarzazate, bezeichneten ihn als »wilden Idioten«, nicht zuletzt wegen seines fremdartigen Aussehens. Hassus Gesichtszüge ließen sich nämlich keiner uns heute bekannten Menschenrasse zuordnen. Seine fliehende Stirn mit den stark gewölbten Brauenbögen erinnerte vielmehr an einen leibhaftigen Neandertaler (s. Bildteil). Anders als diese jedoch benutzte er nicht einmal Werkzeuge und war nur in der Lage, ein paar meist unverständliche Worte zu stammeln.

Immer wieder suchten ihn Amateurforscher auf, die wie elektrisiert waren von der Idee eines unter uns lebenden Urzeitwesens. Einer der wenigen, die sich seriös mit dem rätselhaften Geschöpf befassten, war der deutsch-französische Ethnologe und Archäologe Professor Marcel Homet (1898–1986). Er suchte Hassu im Kriegsjahr 1942 auf und verfasste noch im gleichen Jahr eine siebenseitige Abhandlung über ihn.[55] Später veröffentlichte Homet Fotos und ein paar Zeilen in seinem Hauptwerk *Die Söhne der Sonne*[56].

Im August 1971 rüstete die italienische Forschungsorganisation

»Associazione Studi Preistorici Internazionale« (ASP) eine Expedition aus, die mehr über Hassu herauszufinden suchte. Deren Mitglieder Mario Zanot, Renzo Franco, Roberto Czeppel und Marco Marchetti nahmen an dieser Forschungsreise teil, ebenso der Anthropologe Dr. Alfres Guillet. Leider kamen sie zu spät. Der »letzte Neandertaler« hatte inzwischen das Zeitliche gesegnet. Immerhin fanden sie heraus, wo er seine letzte Bleibe gefunden hatte. Der Weg führte sie in die Oase von Sidi Fillah am Rande der Sahara, wo die Temperatur im Sommer bis zu 50 Grad Celsius beträgt. Dort erfuhren sie vom Dorfältesten, dass Hassu in der Oase begraben liege. Seine sterblichen Überreste seien jedoch »unantastbar«[57]; es war zu erwarten, dass die Dorfgemeinschaft streng darüber wachen würde. Das dürfte noch heute so sein und eine Exhumierung zum Zweck genetischer Untersuchungen – die ja vor einem halben Jahrhundert noch undenkbar waren – an dem Tabu scheitern, das über Hassus Grab hängt.

Wer, oder besser gefragt, was war dieser mysteriöse Hassu? War er nur ein schwachsinniger Idiot, der auch körperlich aus dem Rahmen des »Normalen« gefallen war, wie der Dorfälteste aus der Oase Sidi Fillah den Forschern aus Italien erzählte?[57] Brachen bei ihm verschüttete Gene hervor, die sein Erscheinungsbild prägten?

Biologen sprechen vom Phänomen des Atavismus (von lat. Atavus, der Urahne): Atavismus äußert sich durch das Wiedererscheinen körperlicher Eigenschaften von entfernten Vorfahren, respektive im Rückfall in urtümliche oder primitive Zustände.[6] Oder war Hassu am Ende wirklich ein Nachfahre der Neandertaler – der jedoch kaum über die Intelligenz und die Fertigkeiten verfügte, die diese schon vor über 50 000 Jahren an den Tag legten? Klarheit würde einzig und alleine eine genetische Untersuchung bringen.

Wo die Urzeit weiterlebt

In einem früheren Buch, in dem ich zum Thema Kryptozoologie geschrieben habe, charakterisierte ich Australien als einmaliges Erhaltungsgebiet archaischer Lebensformen. In geologischen Zeiträumen gemessen, trennte sich Australien an der Grenze der Kreidezeit zum Tertiär, also vor ungefähr 60 Millionen Jahren, von der asiatischen Festlandsmasse. Gemeinsam mit dem heutigen Neuguinea bildete es einen Kontinent, der als »Sahul« bezeichnet wird. Diesem Umstand ist zu verdanken, dass dort eine ungewöhnliche, altertümliche Fauna existiert, die andernorts längstens ausgestorben ist. Vertreter dieser einmaligen Fauna wie Schnabeltiere, Lungenfische und zahlreiche Beuteltiere konnten in diesem isolierten Ökosystem ohne grundlegende Weiterentwicklung überleben.

Erst Anfang des 21. Jahrhunderts entdeckte man, nur eine Autostunde von Sydney entfernt, einen Wald, dessen Pflanzen sich seit dem Erdmittelalter nicht verändert haben. Man stelle sich vor: Dieser Wald und dessen Flora erzitterten bereits, als die kolossalen Dinosaurier hindurchtrampelten. Voller ungläubigem Staunen katalogisierten die Forscher Pflanzen- und Gehölzarten, die 65 Millionen Jahre überdauert hatten.[58]

Welche Erkenntnisse über die Entwicklung des Menschen könnte uns der »Fünfte Kontinent« liefern? Hält er für uns am Ende Informationen bereit, mit deren Hilfe die ungelösten Rätsel um die Neandertaler erhellt werden?

Wie es aussieht, machen manche Funde das Mysterium nur noch größer. So erweist sich das, was man heute über die Besiedlung Australiens zu wissen glaubt, als höchst widersprüchlich. Eine erste Besiedlungswelle soll bereits vor über 100 000 Jahren den Kontinent erreicht haben, doch sei diese Population vor 75 000 Jahren einer Katastrophe zum Opfer gefallen. Einwanderungswelle Nummer zwei sei dann vor gut 60 000 Jahren gefolgt.[59] Neuere Untersuchungen an einem 1974 ausgegrabenen Skelett ergaben ein Alter zwischen 56 000 und 68 000 Jahren v. Chr. Für Dr. Alan Thorne von der Australian National University ist die logische Konsequenz aus diesem Fund, den Zeitraum deutlich zurückzudatieren, in dem es den Menschen erstmals gelang, große Entfernungen über die Ozeane hinweg zu überwinden.[60]

Schon um das Jahr 1880 herum wurden menschliche Fossilien aus dem Boden des australischen Bundesstaates Victoria geborgen, deren eindeutig archaische Züge an den *Homo erectus* erinnern. Jener war, nach aktuellen Erkenntnissen, ein gemeinsamer Vorfahr sowohl des Neandertalers als auch des modernen Menschen vom Typ Cro-Magnon. Homo erectus aber soll längstens vor 500 000 Jahren die Bühne des irdischen Lebens verlassen haben. Man bezeichnet diese australischen Urmenschen nach der bekanntesten Fundstätte als *Kow-Swamp-Typ*. Vollkommen widersprüchlich an den Funden ist, dass sie von der Altersbestimmung äußerst jung sind – sie wurden auf nur 10 000 bis 30 000 Jahre datiert. Sie ähneln zudem in ihrem Erscheinungsbild dem Neandertaler.[51] Dieser aber soll sich, nach derzeit gültiger Lehrmeinung, schon vor 35 000 Jahren vom Acker gemacht haben.

Um die Verwirrung komplett zu machen: Das bereits erwähnte, 1974 entdeckte und auf ein Alter zwischen 56 000 und 68 000 Jahren datierte Skelett entspricht – obwohl viel älter – dem grazilen, modernen Menschentyp. Nach seinem Fundort am Lake Mungo in New South Wales benannt, gilt »Mungo Man« derzeit als ältester in Australien gefundener Mensch. Als man ihn im Jahr 2000 genetisch untersuchte, stellte sich heraus, dass er mit keiner der heute lebenden Menschenarten verwandt ist.[51] Wieder einmal stehen wir vor Tatsachen, die uns die Unzulänglichkeit unseres »gesicherten« Wissens überdeutlich unter die Nase reiben!

»Traumzeit« ist gleich »Götterzeit«

Wenden wir unser Augenmerk nun den Aborigines zu, jenen Ureinwohnern des »Roten Kontinents«, die bis vor wenigen Generationen buchstäblich noch in der Steinzeit lebten. Es hat nicht viel zu ihrem Untergang gefehlt: Noch bis weit nach der Mitte des 20. Jahrhunderts wurden sie von der Regierung zwangsweise umgesiedelt, ihre Kinder zur Adoption freigegeben oder in Heime gesteckt, viele sogar unter Zwang sterilisiert. Es war fast ein schleichender Völkermord im Gange. Erst vor kürzester Zeit haben die australischen Behörden die Ureinwohner für das ihnen angetane Leid und Unrecht um Verzeihung gebeten. Und endlich werden denen, die schon seit über 60 000 Jahren dort leben, dieselben Rechte zugestanden wie jenen, die den Kontinent erst seit wenigen Generationen besiedeln.

Wie wir von den Funden aus der nordirakischen Shanidar-Höhle wissen, bestatteten die Neandertaler dort bereits vor 50 000 Jahren und früher ihre Toten mit sehr viel Respekt.[47] Die australischen Ureinwohner machen mindestens genauso lang dasselbe mit ihren Verstorbenen. Könnte man vielleicht in den Aborigines heute noch lebende Nachfahren der Neandertaler vermuten, zumal deren Körperbau deutlich erkennbar ähnlich robuste Merkmale aufweist, wie die angeblich vor 35 000 Jahren spurlos verschwundenen Urmenschen?

Diese Möglichkeit ist zumindest nicht ganz auszuschließen. Hat doch die Besiedlung Australiens lange Zeit vor dem Auftreten des »modernen« Menschentyps begonnen, der nach offizieller Gelehrtenmeinung den Neandertaler ablöste. Erbgutanalysen ergaben, dass die DNS von Aborigines große Übereinstimmungen mit jener von Menschen zeigt, die vor über 70 000 Jahren aus Afrika ausgewandert waren. Für mindestens 50 000 Jahre sollen sie sich so gut wie nicht mit anderen Völkern vermischt haben.[61] Unsere Vorstellungen der gesamten Menschheitsgeschichte sind dringend korrekturbedürftig. Zeigen doch schon die Funde vom Kow Swamp, dass eine dem Neandertaler entsprechende Physiognomie dort vor nur 10 000 Jahren noch »aktuell« war.[51]

Mit letzter Sicherheit lässt sich die Frage, ob die Ureinwohner Australiens als »Erben« der Neandertaler in Betracht kommen, erst bejahen oder ausschließen, wenn wir das menschliche Genom vollständig entschlüsseln und zuordnen können. Und sie tritt sowieso in den Hintergrund, wenn wir uns mit der geheimnisvollen Götter- und Mythenwelt befassen, die von der Urbevölkerung in langer, mündlicher Überlieferung bewahrt wurde. Ihre Vergangenheit beschreiben die Aborigines mit dem Ausdruck »Traumzeit«, wobei diese Übersetzung des Aborigines-Begriffs wahrscheinlich auf einer unabsichtlichen Verwechslung beruht. Ende des 19. Jahrhunderts lebte der deutsche Missionar und Ethnologe Carl Strehlow (1871–1922) mehrere Jahre unter den Ureinwohnern und erlernte mehrere ihrer Sprachen und Dialekte. Nie hörte er sie von einer »Traumzeit« erzählen, vielmehr von einer »Zeit der Götter«. Seiner Meinung nach wurde das Wort für »Götter« – »altjiranga mitjina« im Aranda-Dialekt – mit dem Wort für »Traum« – »altjirérinda« – verwechselt und seither unhinterfragt verwendet.[62] Mit einem sprichwörtlichen Bumerang-Effekt: Denn die Aborigines unserer Tage, welche längst die englische Sprache benutzen, sprechen nun ihrerseits von einer legendären »Traumzeit«.[63]

Schwirrholz und Regenbogenschlange

Ersetzen wir die Vokabel »Traumzeit« durch solche Begriffe, die eine »Ära der himmlischen Besucher« beschreiben, dann wird ganz plötzlich einiges klarer. In dieser »Zeit ohne Anfang und Ende«, lange vor unserer Geschichtsschreibung, stiegen fremde

Wesen in »großen leuchtenden Vögeln« vom Himmel herab und lebten eine Weile unter den Eingeborenen. Einer von diesen Kulturbringern war Birramee (in anderen Dialekten auch: Baiame), der »Vogelmensch«. Auf vielen alten Felsmalereien ist er als humanoides Geschöpf abgebildet, das in seltsame Gewänder gekleidet Erinnerungen an die Astronauten unserer Zeit wachruft.[64] Nachdem er den Menschen Gebräuche und Lebensregeln, kurzum: Kultur beigebracht hatte, kehrte der Gott in den Himmel zurück. Dabei soll ihm eine »Regenbogenschlange« als himmlisches Vehikel gedient haben.[63]

Überlieferungen von Göttern, die vom Himmel herabkamen, den Menschen Wissen, Regeln und Gesetze vermittelten und hernach wieder in den endlosen Weiten verschwanden, begegnen uns an allen Ecken dieser Welt. Die Maya haben den Besuch ihres Gottes Kukulkan in einem beispiellosen Licht- und Schattenspiel, das sich Jahr für Jahr an der gleichnamigen Pyramide im mexikanischen Chichen Itza wiederholt, für die Nachwelt dokumentiert. Bei den Hopi-Indianern waren es die Kachinas, die zur Erde herniederkamen und sie Dinge des täglichen Lebens lehrten, bei den Phrygiern kam deren Göttin Cybele aus dem Sternbild des Löwen.

Die australische Fluggesellschaft QANTAS hat einige ihrer Flugzeuge mit farbenprächtigen Darstellungen der Aborigines, welche die Regenbogenschlange symbolisieren, vom Heck bis zum Bug verziert. Eine ungewöhnliche Art, an viele 1000 Jahre alte Mythen zu erinnern. Und vielleicht kommt dies einer phantastischen Realität näher, als man denkt.

Wann immer die Regenbogenschlange erschien, soll deren Auftauchen von einem »brausenden Windgeräusch« begleitet gewesen sein, das mit Zeichen für das Näherkommen eines Gottes gleichgesetzt wurde.[65] Dieses Geräusch muss großen Eindruck bei den Menschen hinterlassen haben. Denn in der Kultur der Aborigines spielt seit Urzeiten ein merkwürdiges Instrument eine bedeutende Rolle. Es ist das Schwirrholz: Ein flaches, meist ovales Stück Holz von 15 bis 20 Zentimetern Länge, an dem eine bis zweieinhalb Meter lange Schnur befestigt ist. Schwingt man nun das Holz im Kreis am Seil, so wird es in Rotation um sich selbst versetzt, wobei ein tiefer, auf- und abschwellender Ton erzeugt wird, welcher bei einer weiteren Steigerung der Geschwindigkeit in unheimliches Sirren übergeht. Schwirrhölzer sind weltweit schon seit der Altsteinzeit in Gebrauch, was ein Exemplar aus der Ukraine belegt, das etwa 17 000 Jahre v. Chr. angefertigt wurde. Sie gelten gleichsam als Kommunikationsmittel, die zur Verständigung über weite Distanzen geeignet sind, wie auch als einfache Musikinstrumente. Noch heute verwenden die Aborigines das Schwirrholz, neben dem viel bekannteren Didgeridoo, bei Initiationsriten, weil es das Geräusch der Regenbogenschlange imitiert.[63]

Oder soll man besser sagen, dass man mit dem Instrument die Geräusche eines herannahenden Flugobjekts der aus dem Weltraum gekommenen Götter täuschend echt nachahmen kann? Nicht weniger häufig als Birramee/Baiame taucht Himmelsgöttin Wondjina in ihrem leuchtenden Strahlengewand auf. Felsbilder in den unwirtlichen Kimberley Mountains zeigen sie als ein Geschöpf mit riesigen Augen, schmaler Nase und keinem oder nur sehr schmalem Mund –was uns ganz frappierend an jene unheimlichen »Kleinen Grauen« bei heutigen UFO-Entführungsfällen erinnert. Wie so viele Götter rings um den Globus versprachen auch die der Aborigines, eines Tages wiederzukehren. Diese warten wie Menschen in aller Welt und in allen Religionen sehnsüchtig darauf, dass das »göttliche« Versprechen endlich eingelöst wird.[66]

Indes vergeht kaum ein Tag, an dem man nicht in abgelegenen Regionen Australiens auf Darstellungen astronautenähnlicher Götter stößt. Auf einer meiner Reisen durch »Down Under« traf ich den Hubschrauberpiloten Tony Carmody aus Noosa an der schönen Gold Coast. Der zeigte mir einige Fotos, die er auf seinen Rundflügen durch den »Gregory National Park« in den Northern Territories gemacht hatte. Darunter waren auch Aufnahmen von alten Petroglyphen der Aborigines, auf denen eine ganze Crew rätselhafter Wesen zu erkennen ist (s. Bildteil). Gut möglich, dass sie schon in der »Zeit der Götter« für unheimliche Begegnungen der dritten und vierten Art sorgten.[67]

Um zum Schluss noch einmal auf den Neandertaler, unseren so lange verunglimpften Vorfahren, zurückzukommen: Vielleicht ist er in den Genen nicht nur der Aborigines präsenter als man gemeinhin glaubt. Genauere genetische Untersuchungen werden ganz bestimmt Klarheit bringen. Doch sicher bekam auch er den »Funken der Intelligenz« von den Göttern aus dem All. Die hielten an ihm fest, bis sie sich anderen Menschentypen zuwandten, die sie vielleicht als zukunftsträchtiger einschätzten.

Es sollten aber noch einige »Exoten« auf der Bühne des Lebens auftauchen und uns mehr ungelöste Rätsel hinterlassen, als wir vielleicht je zu lösen im Stande sein werden.

3 Wer war der »Mensch von Mouillans«?

Von Zwergen, Riesen und wahren Intelligenzbestien

> »*Zu jener Zeit und auch später noch, als die Gottessöhne zu den Töchtern der Menschen eingingen und sie ihnen Kinder gebaren, wurden daraus die Riesen auf Erden. Das sind die Helden der Vorzeit, die hochberühmten.*«

1. BUCH MOSE, KAP. 6, VERS 4

Wahrscheinlich ist das Einzige, was wir mit Gewissheit über unsere Vorgeschichte sagen können, dass diese nicht so abgelaufen ist, wie sich dies die Anthropologen und die Paläontologen vorstellen. Da werden Gebeine von Neandertalern aus einer Zeit gefunden, in der sie nach gängiger Expertenmeinung schon lange von unserem Planeten hätten verschwunden sein sollen. Als Kontrastprogramm tauchen Überreste des »modernen« Menschen in einer Epoche auf, in der jener überhaupt noch nicht präsent sein konnte. Und immer wieder finden sich Vertreter von Spezies, die offenbar gar nichts mit unserem Stammbaum zu tun haben, der ohnehin längst zum »Stammbusch« mutiert ist.[4]

Vor nahezu unlösbare Rätsel stellen uns die »Zwerge«, wobei ich hier nicht einzelne Menschen mit hormonellen Wachstumsstörungen meine, sondern ganze Populationen, deren Kleinwüchsigkeit wahrscheinlich genetisch festgelegt ist. Ich denke da an die Pygmäen, von denen auch heutzutage noch ein halbes

Dutzend Stämme im zentralafrikanischen Tropenwald des Kongo leben. Und sie sind keineswegs die Einzigen. Auf der zu Indien gehörenden Inselgruppe der Andamanen, auf den Philippinen und der malaiischen Halbinsel leben die Negritos, im Urwald von Venezuela die Perija. Alle mit einer Durchschnittsgröße, die 120 bis 130 Zentimeter kaum übersteigt. Nach wie vor sind sich die Anthropologen nicht einig, ob es sich um Rückbildung ehemals größer gewachsener Arten, um erstarrte Entwicklungsstufen aus vergangenen Zeiten, um abgezweigte Entwicklungsformen oder auch eigenständige Entwicklungen gesonderten Ursprungs handelt.[2]

Das Dorf der Zwerge

Ein noch größeres Geheimnis umgibt eine Population, die am Ende des 20. Jahrhunderts entdeckt wurde und als das »Dorf der Zwerge« große Schlagzeilen machte. In der chinesischen Provinz Sichuan hatte man 120 ungewöhnlich kleinwüchsige Wesen gefunden: Der Größte unter ihnen maß 1,15 Meter, der kleinste – *Erwachsene* – gerade einmal 63,5 Zentimeter! Die Experten waren und sind noch immer ratlos. Einige von ihnen vermuten Gifte, andere machen ein spezielles Gen für den Zwergwuchs verantwortlich.[68, 69]

Huilong, wie das Dorf heißt, dessen Existenz von den chinesischen Behörden zwar nicht verschwiegen, aber zu dem der Zutritt für Ausländer streng untersagt ist, liegt weitab von den größeren Städten und Industrie-Standorten. So kommen Umweltgifte nicht in Frage: Chinesische Wissenschaftler hatten nämlich vermutet, dass eine massive Quecksilbervergiftung im Trinkwasser der Region für den mysteriösen Zwergenwuchs verantwortlich sei. Doch Quecksilber kann nicht des Rätsels Lösung sein, wie der Münchner Toxikologe Dr. Norbert Felgenhauer 1997 ausführte: »Quecksilber führt zu Störungen im zentralen Nervensystem, schädigt Nieren, Magen und Darm. Je nach Dosierung kann auch der Tod eintreten. Auf keinen Fall aber kann die Aufnahme von Quecksilber die Veränderung der Chromosomen bewirken, was bedeutet, dass Quecksilber sich nach westlichen Erkenntnissen nicht auf das Wachstum auswirkt.«[70]

Ob dies auch im Fall der Bewohner des »Dorfes der Zwerge« zutrifft, können letztlich nur genaue Untersuchungen an den kleinen Menschen klären.

Auch der viel zu oft strapazierte Zufall kann nicht für die Existenz der winzigen Geschöpfe verantwortlich gemacht werden. Mediziner geben als statistische Wahrscheinlichkeit für Zwergwuchs 1 zu 20 000 an. Dies bedeutet, dass gerade mal ein Kind unter 20 000 Normalwüchsigen klein bleibt. Bei den genannten 120 Personen aber stoßen wir an die Grenzen mathematischer Berechenbarkeit. Denn Wahrscheinlichkeiten addieren sich nicht – sie multiplizieren sich. Dies sollte jedem bekannt sein, der schon mal einen Lottoschein ausgefüllt hat. Denn drei Richtige sind bedeutend leichter zu bekommen, als mit dem beinahe unerreichbaren Sechser mit Superzahl den Jackpot zu knacken. Wie lösen wir das Rätsel um die kleinen Wesen? Ich bringe das »Dorf der Zwerge« und vor allem dessen Bewohner in Verbindung mit einem wirklich großen Mysterium. Denn das Gebiet, in dem die Zwerge entdeckt wurden, liegt nicht weit entfernt von den Bergen von Baian Kara Ula, beinahe an deren östlichen Ausläufern. Jenes Gebirge in der westchinesischen Provinz Qinghai steht im Mittelpunkt eines kontrovers diskutierten Geschehens. Archäologen fanden dort im Jahre 1938 in Felsenhöhlen zahlreiche Reihengräber mit Skeletten, die höchstens 1,20 Meter groß waren. Sie trugen sehr voluminöse Köpfe bei gleichzeitig feingliedrigem Körperbau. Als eigentliche Sensation sollten sich jedoch 716 aus Stein gearbeitete Scheiben erweisen, die den Verstorbenen in die Gräber gelegt worden waren. Die Steinscheiben waren einen Zentimeter dick, 30 Zentimeter im Durchmesser und hatten in der Mitte ein rundes, fingerdickes Loch. Von diesem ausgehend, zogen sich doppelspurige Rillen spiralförmig bis an den Rand der Scheiben. Zwischen den Doppelrillen waren Zeichen einer fremdartigen Schrift eingraviert.

Erst Anfang der 1960er-Jahre konnten ein paar wenige Passagen dieser Schrift entziffert werden. Die Rillen-Hieroglyphen enthüllten die dramatischen Erlebnisse auf der Erde gestrandeter, außerirdischer Raumfahrer vor ungefähr 12 000 Jahren. Nach den unbekannten Chronisten, die ihre Mitteilungen für künftige Generationen den runden Scheiben anvertraut hatten, sei eine Gruppe ihrer Rasse auf den dritten Planeten dieses Sonnensystems verschlagen worden. Bei der Notlandung in dem unwegsamen Gebirge seien ihre Raumschiffe zerstört worden, deshalb habe es keinen Weg mehr zurück gegeben. Auf sich allein gestellt in einer für sie vollkommen fremden Welt, seien sie gezwungen gewesen, sich in den Bergen von Baian Kara Ula anzusiedeln.[71]

Dabei habe es wiederholt tragisch verlaufende Konfrontationen der auf den Scheiben als »Dropas« bezeichneten Fremden mit einem lokalen Bergstamm namens »Kham« gegeben. Aber auch umgekehrt sei es für die Neuankömmlinge alles andere als ungefährlich gewesen. Erbarmungslos seien sie von »Männern mit schnellen Pferden« gejagt und getötet worden.[72] Vielleicht waren damit (in einem späteren Berichtszeitraum) die Krieger der Mongolen oder deren Vorfahren gemeint.

Verständlicherweise betrachteten viele diese Geschichte als reinen Unsinn, und sie wird auch heute noch kontrovers diskutiert. Denn viele Jahre lang war es überhaupt nicht möglich, ihren Wahrheitsgehalt zu überprüfen, geschweige denn, Artefakte in die Hand zu bekommen. Erst 1974 stieß dann der österreichische Ingenieur Ernst Wegerer im Banpo-Museum von Xian auf zwei der aus den Felsenhöhlen stammenden Steinscheiben. Bei meinen Recherchen vor Ort in dem kleinen Museum offenbarte sich ein regelrechter »Wissenschaftsthriller« um diese Fundstücke. Der dortige Museumsleiter, Professor Wang Zhijun, berichtete mir vom plötzlichen und bis heute ungeklärten Verschwinden seiner Vorgängerin und der beiden steinernen Scheiben kurz nach dem Besuch des österreichischen Ingenieurs. Auch die Entdeckung der 120 Zwerge östlich des Baian-Kara-Ula-Massivs – sind sie wirklich Nachkommen der Havaristen aus dem All? – spricht nach meiner Einschätzung eher zu Gunsten der im ersten Augenblick ziemlich »abgefahren« klingenden Story um ein »chinesisches Roswell«.[71]

Aufstand der Pampelmusenköpfe

Noch neueren Datums ist die Entdeckung zwergenhafter Wesen, die wahrscheinlich gerade ausgestorben waren, als sich der Absturz der Fremden über den Bergen im Westen von China ereignet haben soll. Auch sind die Überreste dieser jüngst entdeckten Vormenschen zahlreicher und greifbarer, als dies derzeit im Falle der Steinscheiben-Affäre möglich ist.
In der Höhle von Liang Bua, an den Hängen des Vulkans Kelimutu auf der Sundainsel Flores, haben Paläontologen eines indonesisch-australischen Forscherteams menschliche Gebeine ausgegraben. Das Besondere an diesen Geschöpfen, die dort bis vor ungefähr 12 000 Jahren lebten, ist deren Körpergröße: Diese erreichte nur 90 bis 100 Zentimeter. Und noch etwas, das weitaus schwerer wiegt als das kompromisslose »Downsizing« jener als Nachkommen des *Homo erectus* gehandelten und mit dem Spitznamen »Hobbits« bedachten Zwerge. Der Kopf der Bewohner der Insel Flores besaß gerade einmal die Größe einer Grape-

fruit, das Volumen des darin befindlichen Gehirns wurde mit annähernd 400 Kubikzentimetern ermittelt. Dies entspricht in etwa der durchschnittlichen Größe eines Schimpansengehirns! Und doch verfügten die als *Homo florensis* klassifizierten Wesen, wie Werkzeugfunde und andere Spuren klar belegen, über stark ausgeprägte intellektuelle und kulturelle Fertigkeiten. In der Fachwelt war somit gewaltiger Ärger vorprogrammiert.[73, 74] Denn die Flores-Menschen mit ihrem grapefruitgroßen Schädel hatten gegen elementare Regeln der Evolutionstheorie verstoßen und damit gewissermaßen einen Aufstand gegen den fast wie eine religiöse »Wahrheit« verehrten Darwinismus angezettelt. Bis zu diesen Funden galt das unangezweifelte Credo, dass die Steigerung der menschlichen Intelligenz untrennbar mit der ständigen Vergrößerung des Gehirns verbunden ist. Wie konnten dann Wesen mit solch geringer Gehirnkapazität Fähigkeiten entwickeln, die ihnen bis dato nicht zugestanden worden waren?[74, 75] Vor allem eingedenk der Tatsache, dass unsere Verwandten unter den Primaten, die drolligen Schimpansen, bei ungefähr gleichem Gehirnvolumen buchstäblich Welten davon entfernt sind, was der winzige *Homo florensis* in dessen Alltag zu leisten vermochte.

Gnadenlos degradiert

Oder umgekehrt gefragt: Wenn ein so kleinformatiger Denkapparat ausgereicht hat, wozu braucht es dann eigentlich Gehirne von der bis zu vierfachen Größe, wie sie der *Homo sapiens* mit sich herumschleppt? Wer soll das verstehen?
Da bekanntlich nicht sein kann, was nicht sein darf, kam es bald zu einem Disput unter den Forschern, ob man die winzigen »Hobbits« überhaupt zur Gattung Mensch rechnen dürfe. So wurde der *Homo florensis* gnadenlos degradiert: Die einen

sahen darin ein eher den Affen zuzurechnendes Geschöpf,[76] andere sagten ihm gar nach, dass er unter krankhafter Verkleinerung des Schädels gelitten habe. Diese Krankheit ist bekannt unter der Bezeichnung Mikrozephalie. Hierbei kommt es durch den viel kleineren Schädel zu einer entsprechend verminderten Gehirnkapazität bei ansonsten normalem Körperbau. Als die Denkverbote hervorbringende Ideologie der *Political Correctness* noch nicht geboren war, nannte man als Begleiterscheinung Idiotie, nun spricht man von »verminderter intellektueller Kompetenz« und meint mit gesalbten Worten dasselbe.

War man also einmal mehr auf einen armseligen, rachitischen Schwachsinnigen gestoßen, der sein stumpfsinniges Dasein in einer Höhle verbrachte? Und kennen wir diese unselige Klugscheißerei nicht schon von einer anderen Entdeckung her – nämlich von der des Neandertalers?

Die in der Höhle von Liang Bua auf Flores gefundenen Skelette beweisen eindeutig, dass dort eine ganze Population extrem kleinwüchsiger Zweibeiner mit Köpfen, die ebenso groß waren wie eine Grapefruit, Jahrtausende lang lebten. Und dass sie nicht nur zum Werkzeugbau fähig waren, sondern auch zielgerichtet planen und ihre Ziele verfolgen konnten, zeigt die Tatsache, dass sie die Insel irgendwann per Boot erreicht haben mussten.[74] Indessen geht der Disput munter weiter, er bietet ein Beispiel par excellence, wie der Wissenschaftsbetrieb, ohne zu zögern, sein ureigenes Instrumentarium einsetzt, um nicht ins gängige Schema passende Funde erfolgreich zu diskreditieren.

Ende in der Flammenhölle?

Vielleicht lebten diese Zwerge noch viel länger, als es die Fossilienfunde vermuten lassen. Nicht weit vom Fundort des *Homo florensis* entfernt berichteten die Dorfältesten einer Reihe von

Siedlungen, dass noch vor ein paar Generationen sehr klein gewachsene Menschen an den Hängen des Vulkans Kelimutu gehaust hätten. Die letzten von ihnen seien zu Beginn des 19. Jahrhunderts gesichtet worden, bevor Indonesien wieder zur niederländischen Kolonie wurde. Die Bewohner der Dörfer nannten die Geschöpfe »Ebu Gogo«, was so viel bedeutet wie »die Ahnen, die alles essen«. Den Berichten zufolge verzehrten die kleinen Wesen alles, was ihnen vorgesetzt wurde: Fleisch, Früchte und Gemüse wurden roh und ohne jede Zubereitung verspeist. Und selbst die Schalen der Kürbisse, von den Einheimischen für gewöhnlich als Töpfe verwendet, verschmähten die Winzlinge nicht. Sie ernährten sich wirklich von allem, was sich ihnen bot.

Die »Allesesser« waren zwar behaart wie Affen und verfügten wie diese über flache Schädel mit deutlichen Augenwülsten, sie gingen jedoch aufrecht auf zwei Beinen wie Menschen. Ihre Arme waren verhältnismäßig lang und die Hände groß, und ihre gesamte Körpergröße soll nur einen Meter betragen haben – alles Eigenschaften, die auch auf den fossilen *Homo florensis* zutreffen. Dem Vernehmen nach waren die »Ebu Gogo« in der Lage, sich murmelnd zu unterhalten, und konnten auch Worte der Eingeborenen wiederholen. Als ein Reporter der Zeitung *Daily Mail* den Einheimischen Fotos mit Zeichnungen des *Homo florensis* vorlegte, gerieten diese vollkommen aus dem Häuschen. Denn die Übereinstimmung mit den Zwergen aus der jüngeren Vergangenheit sei schlichtweg verblüffend gewesen.[77]

Eines Tages aber war es mit dem friedlichen Miteinander unter den ungleichen Vertretern der Spezies Mensch vorbei. Zuvor recht umgänglich, hatten sich die Zwerge gegen ihre Gastgeber erhoben, deren Gärten geplündert und sogar ein Kleinkind entführt. Die aufgebrachten Bewohner setzten ihnen nach, stürmten das Gebiet am Vulkan Kelimutu und setzten die Höhle der Miniaturmenschen in Brand, die hierauf in den Flammen umkamen. Dies sei das Ende der »Ebu Gogo« gewesen. In anderen Berichten seien die Kleinen nicht getötet worden, sondern in Richtung Westen zu den Höhlen von Liang Bua entkommen – dort, wo dann 2004 die Fossilienfunde gemacht wurden.[78] Von Anthropologen wie Ethnologen wurden die Berichte natürlich sogleich ins Reich der Fabeln und Märchen verwiesen. Nicht anders, als dies mit Geschichten und Informationen über Wesen geschah, die am entgegengesetzten Ende der Größenskala angesiedelt sind. Und weil bekanntlich nicht sein kann, was nicht sein darf, müssen auch diese in einer Grauzone des Mystischen dahindämmern, welcher von jeher der Ruch des Obskuren anhaftet.

»... es seien Schädel riesiger Fabelwesen«

Sie hinterließen ihre überdimensionierten Fußabdrücke nicht nur in Märchen – obwohl ich mich oft frage, ob nicht selbst in diesen Geschichten mehr als nur ein sprichwörtliches »Körnchen Wahrheit« steckt. Die Rede ist von den Riesen, Giganten, Titanen und wie immer wir die Wesen von enormer Körpergröße nennen, die dereinst neben dem Menschen auf der Erde gelebt haben sollen.
Eine Erklärung, wie es zum Glauben an die gewaltigen Geschöpfe gekommen sein mag, fand großen Zuspruch unter Wissenschaftlern wie Laien. So soll der Mensch bereits seit frühgeschichtlichen Tagen Fossilien aus der Erde geholt haben: Riesige Schädel und Gebeine von Ur-Elefanten, Höhlenbären und anderen heute ausgestorbenen Tieren des Tertiärs und der Eiszeit, die er für die Überreste von Zyklopen und Zentauren hielt. In den Knochen von fossilen Zwergelefanten, die auf Sizilien ans Tageslicht befördert worden waren, glaubte beispielsweise der griechische Philosoph Empedokles (etwa 490–430 v. Chr.) das

Skelett des einäugigen Riesen Polyphem aus Homers Odyssee zu erkennen.[21]

Der österreichische Paläontologe und Begründer der Paläobiologie Othenio Abel (1875–1946) schrieb hierzu: »Verirrten Seefahrern der homerischen Zeit, die derartige Schädel in Höhlen an der Küste Siziliens fanden, war der Elefant vollkommen unbekannt. So kamen sie auf den Gedanken, das seien Schädel riesiger Fabelwesen, denen ein einziges großes Auge mitten auf der Stirne saß. So ist wahrscheinlich die Sage von den einäugigen Zyklopen entstanden, wie ja die meisten Riesensagen auf Funden vorzeitlicher großer Säugetiere beruhen.«[79]

Wenn mich diese Erklärung befriedigen würde, könnte ich das Thema – kaum begonnen – auch gleich wieder abschließen. Die Spurenlage gibt jedoch eindeutig mehr her. Folgen wir erst einmal den Fährten, welche die Riesen in den Überlieferungen der Völker hinterlassen haben.

Schon im »Buch der Bücher«, der Bibel, gibt es eine ganze Menge Hinweise auf die Existenz riesenwüchsiger Menschen. Hartnäckig wird dort versichert, diese Riesen seien Abkömmlinge von »Gottessöhnen« (!), wie etwa im 1. Buch Mose: »Zu jener Zeit und auch später noch, als die Gottessöhne zu den Töchtern der Menschen eingingen, und diese ihnen Kinder gebaren, wurden daraus die Riesen auf Erden. Das sind die Helden der Vorzeit, die hochberühmten.« (1. Buch Mose, Kapitel 6, Vers 4)[80]

Auch der erwähnte Polyphem sowie die anderen Riesen auf der Insel der Zyklopen waren ausnahmslos Gottessöhne. Doch irgendwann scheinen die »normalen« Menschen ihrer überdrüssig geworden zu sein: Die Riesen mussten weg! Um nicht die allseits bekannte Geschichte von David und Goliath zitieren zu müssen, in deren Verlauf der größen- und kräftemäßig deutlich unterlegene David dem riesenhaften Philister den Garaus machte, stelle ich hier – aus dem 2. Buch Samuel des Alten Testaments – eine weitere Kampfhandlung vor, bei der die »Langen« erwiesenermaßen den Kürzeren zogen: »Danach erhob sich noch ein Krieg bei Gob mit den Philistern. Da erschlug Sibbechai, der Huschathiter, den Saph, der auch einer vom Geschlecht der Riesen war. (…) Und es erhob sich noch ein Krieg bei Gath. Da war ein langer Mann, der hatte sechs Finger an seinen Händen und sechs Zehen an seinen Füßen, das sind 24 an der Zahl, und auch jener war vom Geschlecht der Riesen. Und als er Israel hohnsprach, da erschlug ihn Jonathan, der Sohn Schimas, der ein Bruder Davids war. Diese vier stammten vom Geschlecht der Riesen in Gath und fielen durch die Hand Davids und seiner Kriegsleute.« (2. Buch Samuel, Kapitel 21, Vers 18–22)[80]

Nicht nur in der Bibel, auch in zahlreichen anderen Überlieferungen und Chroniken rund um den Globus ist von Riesen die Rede. So erzählte der Schriftsteller und Historiker Pausanias aus Kleinasien – nicht zu verwechseln mit dem gleichnamigen Feldherrn aus Sparta –im 2. Jahrhundert n. Chr. in einem Reisebericht über einen Fund von mehreren etwa fünf Meter großen, menschlichen Skeletten im heutigen Syrien.[81] Die Eingeborenen der melanesischen Insel Tongatapu südöstlich von Fiji verehrten ihren Helden Matandua, der dort im Zweikampf einen Riesen besiegt hatte, der über das Meer gekommen war. Und die Indianer von Tolu im Norden von Kolumbien berichten, dass in ihren Jagdgründen einst Riesen gelebt hätten, die die dreifache Größe eines normal gewachsenen Menschen erreicht hätten.[2]

Nimmt man die Durchschnittsgröße der Indianer mit annähernd 1,60 Meter an, so wären dies tatsächlich fast fünf Meter. Beispiele dieser Art könnte ich ad infinitum zitieren. Doch wie sieht es mit etwas »handfesteren« Hinweisen auf die einstige Existenz eines Geschlechts von Riesen auf Erden aus? Kann man hier den Skeptikern den Wind aus den Segeln nehmen?

Auf großem Fuß

Immer wieder tauchen in den unterschiedlichsten Ländern und Regionen menschliche Fußabdrücke mit ungewöhnlicher Schuhgröße auf, deren Träger selbst Hünen unserer Tage ohne große Mühe in den Schatten stellen. Ohne Zweifel sind immer wieder Fälschungen im Spiel, und eine Reihe dieser Trittspuren können genauso gut auf einer puren Laune der Natur beruhen. Aber müssen darum gleich *alle* Spuren dieser Art falsch sein?

Im Jahr 1908 riss eine Springflut das Kalkgestein des Paluxy River bei Glen Rose südwestlich von Dallas (Texas) auf und legte die Fußabdrücke von Dinosauriern frei. Man fand die Spuren mehrerer Saurierarten, doch ebenso entdeckte man auch eine große Anzahl weiterer Fußabdrücke. Diese waren ungefähr 35 Zentimeter lang und wiesen unverkennbare Eigenschaften menschlicher Füße auf. Bei einigen konnte man alle fünf Zehen erkennen. Aus der Größe der Abdrücke schloss man auf Humanoide, die eine Größe von über zwei Metern besessen haben mussten. Weitere Abdrücke kamen über die Jahre hinzu, deren Länge bis zu einem halben Meter ausmachte. Der amerikanische Paläontologe Dr. C. N. Dougherty untersuchte die Spuren, die neben den Saurierabdrücken verliefen. Gegen die Annahme einer plumpen Fälschung spricht, dass eine Anzahl dieser Abdrücke noch nicht entdeckt war, jedoch durch die Abfolge der Schritte vorausgesagt werden konnte. So trug man dort vorsichtig den Fels ab, und die nächsten Fußabdrücke befanden sich tatsächlich an der bezeichneten Stelle.[82]

Die Vertreter der etablierten Wissenschaften stehen solchen Funden nach wie vor meist skeptisch gegenüber. Auf der anderen Seite nehmen sich fundamentalistische Kreationisten des Themas an, bibeltreue Sekten, welche die im 1. Buch Mose verzeichnete Schöpfungsgeschichte als einzige Wahrheit ansehen. Wiederum andere denken an untergegangene Zivilisationen, da

Saurier und Menschen unter keinen Umständen hätten gemeinsame Wege gehen können. Wirklich nicht? Ich persönlich könnte mich auch gut mit der umgekehrten Schlussfolgerung anfreunden. Vielleicht wurden bei dem großen »Sauriersterben« vor 60 Millionen Jahren doch nicht sämtliche dieser gewaltigen Reptilien dahingerafft, doch diese Überlegung nur am Rande.[58]

Aus neuerer Zeit stammt der Fund mehrerer monströser Fußabdrücke im Südwesten von Kyushu, der drittgrößten Insel Japans. In einer Gesteinsablagerung aus dem mittleren Miozän (dies ist die älteste Stufe des Jungtertiärs) stieß der Anthropologe Professor Dr. Holger Preuschoft von der Bochumer Ruhr-Universität 1986 auf die rätselhaften Artefakte. Der unbekannte Riese, welcher seine Abdrücke im Stein hinterlassen hatte, besaß 44,3 Zentimeter lange Füße.[83]

Der Professor, der dies urzeitliche Geschöpf mit dem Namen *Pedimpressopithecus japonicus* bedachte, ist dabei wahrlich kein unbedeutender Zeitgenosse. Langjähriger Auslandsbeauftragter der Medizinischen Fakultät an seiner Universität und nach seiner Pensionierung im Jahre 1997 weiterhin ehrenamtlich in seinem Bereich tätig, wurde ihm schließlich im Juli 2006 die Ehrendoktorwürde der Université Louis Pasteur in Straßburg verliehen.[84] Für alle, die wieder einmal einen ausgemachten Schwindel wittern, wird es also richtig schwierig, dem honorigen Mediziner einen Irrtum oder gar arglistige Täuschung zu unterstellen.

Der australische Archäologe Dr. Rex Gilroy, lange Jahre als Direktor des »Mount York Natural History Museum« weit über die Grenzen Australiens bekannt, befasst sich schon Jahrzehnte mit ungeklärten Fragen aus den Grenzgebieten der Naturwissenschaften. Gilroy entdeckte vor einigen Jahren bei Ausgrabungen nahe der Stadt Bathurst, in den Blue Mountains westlich von Sydney, die versteinerten Spuren riesenhafter Hominiden. Die

Größe der unbekannten Riesen schätzte er auf mindestens vier Meter. Auch hier befanden sich Trittspuren von Sauriern in der Nähe. Zudem fand Gilroy Werkzeuge, die nur von Riesen benutzt werden konnten, sowie ein menschliches Wirbelsäulenskelett von recht beachtlichen Ausmaßen, dazu einen Backenzahn von 5,8 Zentimetern Länge und 4,5 Zentimetern Breite.[85] Auch wenn die zeitgenössische Lehrmeinung das Gegenteil behauptet: Es wurden schon zu viele Skelette ausgegraben, um die Existenz von Riesen weiter ins Reich der Fabel zu verweisen.

Die Mounds von Ohio

Ich will an dieser Stelle keineswegs verschweigen, dass zuweilen Fälschungen oder von Spaßvögeln zurechtgemachte Objekte aus dem Boden gegraben wurden. Ein Beispiel ist der »Riese von Cardiff«, ein angeblich versteinerter Mann von 3,16 Meter Länge, der 1869 in einem Acker bei Cardiff im Staate New York gefunden wurde. Auf diesen Schabernack, der sich als Werk zweier Bildhauer entpuppte, fielen mehrere Kapazitäten herein. Unstrittig unter Paläontologen ist dagegen die Existenz riesenwüchsiger Formen unter den Vorfahren des Menschen, die allerdings zu den Affen gerechnet werden. Gegen Ende der 1950er-Jahre fanden die Paläontologen Pei und Li in der südchinesischen Provinz Guangxi den Unterkiefer eines weiblichen *Gigantopithecus*. Der Riese unter den Affen lebte bis vor 50 000 Jahren im asiatischen Raum und ernährte sich von Pflanzen. Aus der Größe des Kiefers, der aufgrund diverser anatomischer Besonderheiten dem menschlichen Kiefer näher steht als dem der heutigen Menschenaffen, schloss Li auf eine Körpergröße von über drei Metern. Ein weiterer Unterkiefer dieser riesenhaften Menschenaffenart wurde ein wenig später auf dem indischen Subkontinent gefunden.[2]

Mir erscheint es unerklärlich, warum zwar die Existenz ausgestorbener Riesenaffen ohne lautes Zähneknirschen akzeptiert wird, nicht jedoch das Vorkommen menschlicher Riesen. Weiß man doch um eine Vielzahl gut dokumentierter Funde aus vielen Ländern der Welt. Eine große Fülle davon stammt aus dem amerikanischen Bundesstaat Ohio, der sich im Norden der USA mit Kanada den Lake Erie teilt. Dort befinden sich zahllose »Mounds« – künstliche Erdhügel von konischer, geometrischer oder tierähnlicher Gestalt –, die auch als Grabhügel verwendet wurden. Der bekannteste unter ihnen ist der »Great Serpent Mound« in Adams County, Ohio. Über eine gesamte Länge von 365 Metern windet er sich schlangenförmig entlang eines Höhenrückens oberhalb eines kleinen Flüsschens. Die durch den Mound symbolisierte Schlange wirkt verblüffend lebensgetreu: Den Schwanz zur Spirale eingerollt und den Körper gewunden, scheint ihr weit aufgerissenes Maul ein Ei zu verschlingen. Das Bauwerk bildet heute den Mittelpunkt eines Nationalparks. Und obgleich die Archäologen den Bau dieser überdimensionalen Landschaftsbilder meist den Indianern zuschreiben, wurden darin zahlreiche Wesen beerdigt, die mit den stolzen und tapferen Kriegern der Prärien herzlich wenig zu tun haben.

In der Umgebung des Städtchens Brush Creek im County Muskigum wurden im späten 19. Jahrhundert mehrere dieser Mounds geöffnet. Einer dieser Hügel, der 1880 durch Mitglieder der örtlichen Historischen Gesellschaft genau unter die Lupe genommen wurde, maß an dessen Oberseite 64 mal 35 Fuß (das sind etwa 19 mal 10,50 Meter) und fiel nach allen Richtungen hin sanft ab. Fast hätte man ihn für eine natürliche Erhebung halten können. Darin fand man zuerst in einem Sarg aus Lehm das Skelett einer 2,40 Meter großen Frau, die gemeinsam mit einem Kind bestattet war, das etwa einen Meter maß. In einem weiteren Grab entdeckte man die Skelette von einem Mann und einer Frau: Während letztere 2,40 Meter groß war, maß der Mann stolze 2,70 Meter. Und auch ein drittes Grab beinhaltete Gebeine von vergleichbarer Größe. Noch weitere sieben Riesenskelette gab das Innere dieses Mounds frei. Deren kleinstes hatte wiederum 2,40 Meter, andere jedoch erreichten eine Größe knapp über drei Meter. Sie waren jeweils in separaten Grabstellen beigesetzt worden. Bei einem der Särge fand man eine steinerne Tafel mit eingeritzten Zeichen, die später nach Cincinnati gebracht wurde. Über die Funde berichtete seinerzeit auch die Zeitschrift *Scientific American*. Heute jedoch werden sie von den meisten Archäologen und Anthropologen als Fälschungen betrachtet oder bestenfalls ignoriert.[86]

Bereits im Jahre 1800 wurden im Ashtabula County, ebenfalls in Ohio, bei der Kultivierung von Ackerflächen schätzungsweise zwei- bis dreitausend Gräber entdeckt. Sie waren durch Mulden an der Erdoberfläche erkennbar, in geraden Reihen ausgerichtet und bedeckten eine gewaltige Fläche. Ein gewisser Aaron Wright führte umfassende Grabungen durch und stieß dabei auf Schädel von erschreckenden Dimensionen. Sie waren so riesig, dass man sie bequem über den Kopf eines normal gewachsenen Mannes stülpen konnte; allein die Kieferknochen hätten das Gesicht beinahe völlig verdeckt. Auch die Knochen der Extremitäten passten größenmäßig exakt zu den gefundenen Schädeln.[87]

Aus der Werkzeugkiste

Leider sind viele der aufgefundenen Riesenskelette auf oftmals ungeklärte Weise abhanden gekommen oder wurden womöglich absichtlich zerstört. Auf einer Hotelbaustelle in Chesterville (Ohio) wurde 1829 ein riesiges Skelett gefunden. Genaue Untersuchungen erbrachten etliche anatomische Übereinstimmungen mit heutigen Menschen, jedoch wiesen die Kiefer mehr Zähne auf als bei uns. Nachdem man das Skelett nach Mansfield geschickt hatte, verlor sich seine Spur.[87] Mehr Glück hatte man da schon mit Artefakten, die in jüngerer Zeit wieder in den Mittelpunkt des Interesses rückten. Der Wiener Autor und Forscher Reinhard Habeck berichtete über eine Sammlung des vor wenigen Jahren verstorbenen Paters Carlos Vaca aus Ecuador. In derselben befanden sich riesige menschliche Knochen, die in der Provinz Loja entdeckt worden waren. In einer Expertise aus dem Jahr 1993 bezeugten mehrere Forscher aus Ecuador die Echtheit dieser Funde. Anatomen der Wiener Universität konnten eines jener Gebeine als menschlichen Hinterhauptsknochen identifizieren. Der musste zu einem Menschen gehört haben, der zu Lebzeiten unfassbare 7,60 Meter gemessen hatte![88]

Es wurden aber nicht nur Knochen gefunden, die die Existenz einer Rasse von Riesen möglicherweise sogar bis in historische Zeiten belegen. Ein Blick in die »Werkzeugkiste« jener Urzeitrecken bringt ebenfalls Staunenswertes an den Tag.

In der Umgebung von Agadir im südlichen Marokko grub Hauptmann Lafenechère von der französischen Armee ein ganzes »Arsenal« an Werkzeugen aus, welche bestimmt nicht für den Gebrauch durch Menschen normaler Größe gemacht waren. Darunter befanden sich an die 500 Doppeläxte, deren jede gut acht Kilogramm wog. Dass es sich um Gerätschaften handelte, die gezielt für Riesen bestimmt waren, ergibt sich auch daraus, dass Menschen wie wir die Griffe gar nicht umfassen können. Dazu müsste man nämlich die Hände einer mindestens vier Meter großen Person sein Eigen nennen.[89]

Nicht weit entfernt, im Osten von Marokko, bei Ain Fritissa, fand man Faustkeile von 32 Zentimetern Länge, die je mehr als vier Kilogramm auf die Waage brachten. Vergleichbare Monsterwerkzeuge tauchten auch unweit der syrischen Stadt Safita, bei dem Dorf Sasnych auf[90] und an vielen anderen Orten dieser

Welt. Gemeinsames Merkmal all dieser Funde ist, dass Menschen von normalem Wuchs keineswegs mit ihnen hantieren können.

Das Totschlag-Argument, alle diese Artefakte seien nichts als Fälschungen, kann doch eigentlich niemand mehr ernsthaft in Betracht ziehen. Es entzieht sich meiner Kenntnis, wer erstmals auf die perfide Vorstellung einer global agierenden »Fälschermafia« gekommen ist. Doch schon die bloße Vorstellung, irgendjemand hätte (siehe obiges Beispiel) Hunderte von acht Kilogramm schweren Doppeläxten in Serie fabriziert, um sie für den höchst ungewissen Fall einer späteren Entdeckung im Wüstensand zu verbuddeln, ist ein Ausdruck hochgradiger Paranoia. Sonst nichts.

Dass es Riesen auf Erden gab, dürfte nach Lage der Dinge eigentlich nicht mehr in Zweifel stehen. Wie und wodurch es aber zum Entstehen einer solchen Rasse kam, darüber lässt sich trefflich spekulieren. Waren natürlich aufgetretene Mutationen der Grund oder hatten einmal mehr fremde Intelligenzen ihre Hände im Spiel? Waren sie vielleicht direkte Nachfahren riesenhafter, von den Sternen gekommener Besucher? Die bereits erwähnte Textstelle der Bibel, derzufolge die »Gottessöhne« zu den Töchtern der Menschen eingingen, könnte den sprichwörtlichen Nagel auf den Kopf treffen. Und sollte das moderne UFO-Phänomen in einem Zusammenhang mit der einstigen Präsenz außerirdischer »Götter« stehen, würde sich das Bild noch mehr abrunden. Wollen wir daher nun eine kleine Zeitreise unternehmen.

Der Ring des Riesen

Im Jahr 1862 befand sich das dänische Segelschiff *Christine* auf dem Weg ums Kap der Guten Hoffnung direkt nach Indien. An Bord befand sich der junge Seemann Ole Oleson, dem wir auch die Geschichte um folgende Vorfälle verdanken. Als die *Christine* den Indischen Ozean erreicht hatte, zogen dunkle Wolken am Himmel auf. Kurz darauf brach ein mächtiger Sturm mit aller Gewalt über den Segler herein. Das Schiff wurde hin- und hergeworfen, gegen die Klippen einer kleinen Insel geschleudert, wo es leck schlug und sank.

Ein paar Überlebende, unter ihnen auch Ole Oleson, klammerten sich mit letzter Kraft an die Felsen der rettenden Insel. Doch die Freude, dem sicheren Tod durch die Wellen entronnen zu sein, wich bald der bitteren Erkenntnis, dass die Insel nur aus kahlen Felsen bestand. Hier gab es nichts, und sie würden elends verhungern und verdursten, sollte ein anderes Schiff sie nicht zufällig rechtzeitig entdecken. Leider befand sich der Flecken Land abseits der großen Schiffsrouten.

Einige Tage hatten sie dort schon ausgeharrt und gegen den immer stärker werdenden Durst Meerwasser getrunken. Dann tauchte urplötzlich, wie aus dem Nichts, ein gewaltiges fliegendes Objekt am Himmel auf und kam direkt auf die entkräfteten Männer zugeflogen. Das »Luftschiff« stürzte förmlich aus den Wolken, drehte erst im allerletzten Moment ab und schlug explodierend ein paar hundert Meter entfernt in die Felsen.

Dann herrschte gespenstische Stille. Nach ein paar Schrecksekunden kletterten die Matrosen zu dem völlig zerstörten, teils noch brennenden, teils ins Wasser gerutschten Wrack hinüber. Was sie sahen, war grauenvoll. Alle Besatzungsmitglieder waren durch den Aufprall getötet worden. Es waren jedoch keine Menschen. Sie waren etwa vier Meter groß, ihre Haut besaß die Farbe von dunkler Bronze und ihre Kleidung war von einer Machart, wie sie die Seeleute nie zuvor gesehen hatten. Einer der Schiffbrüchigen war so entsetzt, dass er in Panik lauthals schreiend ins Meer sprang und ertrank.

Ole Oleson und die verbliebenen Männer untersuchten das offenbar nicht von dieser Welt stammende Wrack. Sie fanden

Werkzeuge von gewaltigem Ausmaß, die Menschen nur sehr schwer hätten benutzen können. Sie fanden auch metallene Kästen und eine Art Nahrung, die sie nicht identifizieren konnten. Doch gerade diese fremdartige Nahrung sicherte schließlich ihr Überleben.

Es gelang den letzten Überlebenden der *Christine*, aus verschiedenen Teilen des UFO-Wracks ein kleines Boot zusammenzubauen. Jeder nahm sich auch ein Erinnerungsstück mit. Ole Oleson streifte einem der toten Riesen einen Ring vom Finger, der mit zwei seltsamen feurigen Steinen besetzt war. Dann verließen sie den unheimlichen Ort des Geschehens. Wie lange sie danach auf dem Wasser getrieben waren, wusste Oleson später nicht mehr zu sagen. Unterwegs waren zwei weitere Männer an Entkräftung gestorben, bis sie endlich von einem russischen Handelsschiff auf dem Weg nach Australien entdeckt und gerettet wurden.

Sein weiterer Weg führte Oleson in die Vereinigten Staaten, nach Texas. Ab und zu erzählte er im kleinen Kreise von seinem seltsamen Erlebnis. Als dann zum Ende des 19. Jahrhunderts die rätselhafte »Luftschiffwelle« grassierte, die häufig als »Vorläufer« des modernen UFO-Phänomens betrachtet wird, entschloss sich Oleson, seine Geschichte der Presse mitzuteilen. Im April 1897 veröffentlichte die Tageszeitung *Houston Post* den Bericht und führte als Beweis auch den Ring an, den der Däne jenem toten Riesen aus dem abgestürzten Fluggerät vom Finger gestreift hatte. Seit seiner Rettung 1862 war er damit bei verschiedenen Juwelieren gewesen, doch keiner von ihnen war in der Lage gewesen, das Metall und die Steine zu identifizieren. Auch nicht die Redakteure der *Houston Post*, denen er das außergewöhnliche Stück im Laufe des Interviews gezeigt hatte.

Leider ist nicht bekannt, was aus dem Seemann und dem »Ring des Riesen« geworden ist. Ebenso konnten keine weiteren, überlebenden Augenzeugen aufgetrieben werden – was allerdings nach 35 Jahren, die zwischen den Ereignissen und dem Zeitungsinterview vergangen waren, kaum verwunderlich sein dürfte.[91]

Ich habe diesen kleinen Exkurs in die Thematik des modernen UFO-Phänomens gemacht, um einen Gedankengang herauszuarbeiten: Fremde, riesenhafte Wesen in grauer Vorzeit, die von den Sternen kamen und mithilfe von medizinischem und genetischem Wissen »Ebenbilder« von sich erschufen. Auf der anderen Seite die Insassen vermutlich nicht von der Erde stammender Flugobjekte, deren Riesenwuchs die Zeugen zu Tode erschreckt. Schließt sich hier der Kreis? Versprachen die alten »Götter« nicht in allen Religionen, eines schönen Tages wiederzukommen? Wer kann diese Möglichkeit schon mit letzter Sicherheit ausschließen? Begeben wir uns aber wieder zurück in eine Vergangenheit, die noch manch unglaubliche Überraschung für uns bereithält.

Der Mensch, der gar nicht existieren dürfte

Auch er wird von den meisten Anthropologen am liebsten ignoriert, in wissenschaftlichen Veröffentlichungen fast niemals erwähnt. Denn er passt noch weniger ins gängige Schema der Entwicklung zum *Homo sapiens* als der zwergwüchsige Mini-Mensch von der Insel Flores. Selbst im Vergleich zum heutigen Menschen muss er eine wahre »Intelligenzbestie« gewesen sein. Eigentlich dürfte es ihn überhaupt nicht geben, denn alle seine anatomischen Eigenschaften sind ultramodern. Das Dumme an der Sache ist, dass von ihm nur mehr Funde und Fossilien übrig sind. Denn das Corpus delicti existierte zwischen 15 000 und 10 000 Jahren v. Chr.

Die Rede ist vom »Menschen von Mouillans«, dessen Spuren an den Küsten der Mittelmeerländer Algerien und Marokko ausgegraben wurden. An mehreren Orten fand man kleine Ansiedlungen von nicht mehr als einhundert Individuen, welche dort auch bestattet sind. Dieser Menschentyp erschien so unvermittelt auf der Bildfläche, dass seine Herkunft mehr als ungewiss ist. Er verfügte zudem über eine beispiellos fortschrittliche Bearbeitung von Werkzeugen des täglichen Bedarfs, wie sie für diese Periode nirgendwo sonst auf der Erde nachweisbar ist. Doch weder seine Werkzeugkreationen noch die Tatsache, dass zusammen mit seinen Überresten auch die von Tieren aufgefunden wurden, die nicht vom afrikanischen Kontinent stammten, machen ihn so geheimnisvoll. Der »Mensch von Mouillans« weist nämlich die größte Gehirnmenge auf, die je bei einem Vertreter unserer Spezies gemessen wurde. Verfügt der moderne Mensch über durchschnittlich 1500 bis 1600 Kubikzentimeter »grauer Zellen«, waren dies bei den unbekannten Bewohnern der Gestade Nordafrikas satte 2300 Kubikzentimeter – das sind 2,3 Liter!

Noch erstaunlicher als sein unglaubliches Gehirnvolumen, ja geradezu unheimlich fremdartig, präsentiert sich das Größenverhältnis von Schädel und Gesicht. Die Schädelbasis des »Menschen von Mouillans« war rundlicher als die des heutigen *Homo sapiens*, aus dem Grund behielt er auch im Erwachsenenalter die Schädelform eines Kindes bei. Sein Hirn lag auf einer über alle Wachstumsphasen gleich groß bleibenden Schädelbasis. Weil es in die Höhe, also nach oben wuchs, bildeten sich eine hohe Stirn und tiefliegende Augen heraus, was dem Gesicht ein dauerhaft kindliches Aussehen verlieh.

Auch der Unterkiefer war deutlich kleiner ausgelegt als bei uns, ebenso die Zähne. Und bei allen gefundenen Schädeln fehlte der dritte Molar: Jene auch als »Weisheitszähne« bekannten Backenzähne brechen meist zwischen dem 16. und dem 35. Lebensjahr durch, fehlen zuweilen aber auch. (Ich selbst bin nie in den zweifelhaften Genuss von Weisheitszähnen gekommen, was mir durch bei vielen Menschen auftretende Lageanomalien verursachte Schmerzen und Zahnarztbesuche erspart hat.) Nach Ansicht von Kraniologen – dies sind Biologen, welche sich mit dem menschlichen Schädel befassen – sind die Weisheitszähne vollkommen atavistisch und werden im Laufe unserer künftigen Entwicklung wohl endgültig ausbleiben. Das Verhältnis von Gehirn- zu Gesichtsschädel beträgt beim heutigen Menschen etwa *drei zu eins*, beim »Mensch von Mouillans« *fünf zu eins*. Trotzdem waren seine Gesichtszüge sehr feingliedrig und wirken ausgesprochen »modern«. Von ihrer Physiognomie her entsprechen all diese Details viel eher einem weit entwickelten Menschen aus noch ferner Zukunft als einem Menschentyp, der während der ausgehenden Altsteinzeit existierte.

Mensch der Zukunft oder gestrandete Aliens?

Die erwähnten Verhältniszahlen dienen als Indikator für den Prozess des Gehirnwachstums. Und jene den kindlichen Entwicklungsstadien ähnelnden Merkmale im Erwachsenenalter (beim »Menschen von Mouillans« in so deutlicher Ausprägung festzustellen) gelten unter der Bezeichnung Pädomorphismus als nicht zu unterschätzendes Merkmal des heutigen *Homo sapiens*. Die Anthropologen sind überzeugt, dass die Entwicklung des Gehirns durch eine verlängerte Kindheit begünstigt wird. Bei manchen Naturvölkern setzt die Geschlechtsreife bereits im Kindesalter ein, so nimmt man an, dass eine Zivilisation umso höher entwickelt ist, je länger die Kindheit bei ihren Nachkommen andauert.

Der »Mensch von Mouillans« war auf einmal da. Keine Anzeichen einer Vorgängerkultur, nichts in seiner Umgebung vermochte eine Erklärung für sein plötzliches Auftauchen zu geben. Wer und was immer er gewesen sein mag, er bewohnte ausschließlich diesen Küstenabschnitt in Marokko und Algerien. Und er verschwand so unvermittelt, wie er dort erschienen war.[92, 93]

Beinahe hat es den Anschein, als hätte dieser Menschentypus unseren Planeten überhaupt verlassen. War er eine evolutionäre »Laune der Natur«, die zum Aussterben verurteilt war? Oder ein Mensch der Zukunft, ein vorgezogenes Experiment, das um einige hunderttausend Jahre zu früh zur Welt kam? Oder lebte eine Kolonie fremder Intelligenzen eine Zeit unter uns Erdenmenschen, da ihnen aus irgendeinem Grunde der Rückweg zu den Sternen verwehrt blieb? Sein damaliges Schicksal wird womöglich für immer ungeklärt bleiben, weil seine heutige Bestimmung zu sein scheint, von den etablierten Wissenschaften hartnäckig nicht zur Kenntnis genommen zu werden.

Die Konsequenzen, die man aus seiner bloßen Existenz ziehen müsste, wären wahrscheinlich verheerend für unser gesamtes althergebrachtes Weltbild.

4 Konkurrenz für Methusalem

Biblisches Alter nur für die »Götter«?

>*»Wir müssten alle über hundert Jahre alt werden, denn
die durchschnittliche Lebensdauer aller Säugetiere beträgt die fünffache Länge der Zeit ihres Wachstums. Da
der Mensch sein Reifestadium zwischen 18 und 25 Jahren erreicht, müsste er also 90 bis 125 Jahre alt werden,
um seine natürliche Lebensspanne zu erreichen.«*
>
> MARIE JEAN PIERRE FLOURENS (1794–1867),
> FRANZÖSISCHER PHYSIOLOGE

Von Zeit zu Zeit geistern sie immer wieder durch Boule-
vard-Magazine und Massenblätter: Der (angeblich) älteste
Mann oder die (angeblich) älteste Frau der Welt. Ohne Ausnahme weit jenseits der 100 Jahre und bestens dafür prädestiniert, weise und gütig lächelnd das Etikett einer Dose bulgari-
schen Joghurts zu zieren.

Bis zu ihrem Tod 1997 galt die Französin Jeanne Calment als
ältester Mensch, dessen Geburtsdatum zuverlässig überprüft
werden konnte: 122 Jahre und 164 Tage lebte sie auf dieser Erde.
Sieben Jahre älter soll Miguel Carpio aus dem Andendorf Vilca-
bamba gewesen sein, als man 1972 im Verlauf einer Volkszählung auf den 129-Jährigen aufmerksam wurde.[94] Im März 2009
stießen die Behörden von Kasachstan auf Sakkhan Dosova, die
schon 1926 in den Aufzeichnungen der ersten Volkszählung unter dem Diktator Josef Stalin registriert war. Ihr damaliges Alter
habe 47 Jahre betragen, sodass sie 2009 offenbar ihren 130. Ge-
burtstag feiern konnte.[95] Ein Jahr davor soll im indischen Jaipur

der zu jenem Zeitpunkt älteste Mann der Welt im sprichwörtlichen »biblischen Alter« von 138 Jahren das Zeitliche gesegnet haben. Allerdings besaß Habib Miyan, so der Name dieses Jubelgreises, keine Geburtsurkunde, die sein Alter hätte zweifelsfrei belegen können. Miyan selbst hatte sein Alter zuletzt mit stolzen 138 Jahren angegeben – nach dessen 70 Jahre zuvor ausgestellten Rentenbescheinigung zählte er hingegen »nur« 129 Jährchen.[96] Immerhin ein Alter, das neidisch macht, wären da nicht jede Menge Beschwernisse und Wehwehchen zu ertragen.

Die Jagd nach dem »Methusalem-Gen«

Natürlich fehlt es auch nicht an den ebenso unvermeidlichen wie unfehlbaren »Geheimtipps«, die unverzichtbar zum Erreichen eines möglichst hohen Alters sein sollen. »Kein Alkohol, keine Zigaretten«, schallt es laut aus der Ecke der Gesundheitsapostel. »Und kein Fleisch«, setzen eilig die Vegetarier dazu. Die Tatsache ignorierend, dass so mancher Raucher, Weintrinker und Fleischesser steinalt geworden ist. Sicher spielen Ernährungsgewohnheiten eine nicht geringe Rolle, wie man gut am Beispiel von Japan erkennt. Einige der dortigen traditionellen Lebensmittel gelten inzwischen auch bei westlichen Ernährungsmedizinern als förderlich für unsere Gesundheit, wenn auch der rohe Fisch vom Sushi-Band dem Zeitgeist geschuldet sein mag. Trotzdem kann kein anderes Land der Welt auf einen derart hohen Anteil an über Hundertjährigen verweisen wie Japan. Aus der südwestlichen Provinz Fukuoka stammen sogar zwei Menschen, welche vor kurzer Zeit mit 111 respektive 114 Jahren einen Eintrag in das »Guinness-Buch der Rekorde« schafften.[97]
Aber man sollte die Ernährung auch nicht überbewerten – bei den vielen widersprüchlichen Aussagen seitens der Uralten kann man gar kein allgemeingültiges Patentrezept erstellen. Und mit

Sicherheit warten eine Anzahl Regionen auf diesem Planeten mit einem außergewöhnlich hohen Anteil an neuzeitlichen Methusalemen auf. Leider entpuppen sich Meldungen über solch gerontologische Wunder zuweilen als sehr zweifelhaft, geht man daran, den Wahrheitsgehalt zu hinterfragen. Da fehlen dann Dokumente wie Geburtsurkunden und vieles mehr. Geburtsangaben, die noch aus dem 19. Jahrhundert stammen, gelten ohnehin als notorisch unzuverlässig. Die Uroma hatte erzählt, und der Dorfvorsteher zustimmend genickt ...

Schon länger hegen indes einige Forscher die Vermutung, dass für eine ungewöhnliche Langlebigkeit auch ein »genetischer Faktor« von Bedeutung ist. Untersuchungen des Gerontologen Dr. Alexander Leaf belegten, dass beinahe alle Hundertjährigen aus seinen Testreihen einen Elternteil oder einen Verwandten besaßen, der älter als hundert Jahre geworden war.[94] Inzwischen hat die medizinische Forschung diese Herausforderung angenommen und sucht nun gezielt auf diesem Sektor nach Antworten. Und obgleich der Alterungsprozess weit komplexer ist, als dass wir ihn an einigen wenigen Kriterien festmachen können, wurden in den letzten Jahren beachtliche Erfolge erzielt.

An der Boston University macht eine Forschergruppe um Paola Sebastiani und Thomas Perls Jagd nach »Methusalem-Genen«, welche offenbar ausschlaggebend für ein langes Leben sind. Im Zuge von Genom-Analysen, an denen 1055 Menschen im Alter von 95 bis 119 Jahren teilnahmen, konnten sie 150 verschiedene, alterungsrelevante Merkmale in deren Genen identifizieren. Zu Kontrollzwecken stellten sie den Hochbetagten mehrere Gruppen von insgesamt 1267 Personen gegenüber, deren Eltern oder Verwandte nicht annähernd so alt geworden waren.

Jene »Hundertjährigen«, wie die Forscher ihre Probanden bezeichneten, besaßen tatsächlich etwas, worüber die Menschen in den Kontrollgruppen nicht verfügten. Je mehr der erwähnten 150 Genvariationen sie in ihrem Erbgut hatten, desto länger lebten sie auch, und dies bei erstaunlich robuster Gesundheit. Innerhalb der Versuchsteilnehmer waren es die über 110-Jährigen, die die meisten dieser »Methusalem-Gene« aufwiesen.[98] Was in diesem Zusammenhang auch logisch erscheint.

Programmierte Lebensdauer

Die Forscher von der Bostoner Universität beabsichtigen mit diesen neuen, 2010 veröffentlichen Erkenntnissen nicht nur die Rätsel um die Frage zu lösen, wer warum wie alt wird. Sie hoffen ebenso, für viele im Alter vorkommende Leiden wie Alzheimer und Parkinson oder auch Herzerkrankungen genetische Muster erstellen zu können, die gezieltere Therapiemöglichkeiten oder sogar eine effektive Vorbeugung eröffnen.[98]

Dass anfänglich für Utopien gehaltene Ideen oft schnell zur Realität werden, erleben wir gar nicht so selten. Doch begeben wir uns wieder, gestärkt mit frischem Wissen, schnurstracks in die Vergangenheit zurück. Welche Lebensspanne ist dem Menschen eigentlich von alters her zugedacht? Sind jene Uralten weit jenseits des hundertsten Geburtstags nur zufällige »Ausrutscher« oder können wir uns in Zukunft alle auf ein längeres Erdendasein freuen?

Der medizinische Fortschritt sowie einige weitere Faktoren haben in den vergangenen 200 Jahren die natürliche Altersgrenze immer weiter nach oben verschoben. Nach unserem derzeitigen Wissensstand gesteht die aktuelle Altersforschung dem Menschen ein Maximum von 110 bis 120 Jahren zu. Seltsam: Bereits in der Bibel ist explizit von derselben Lebenserwartung die Rede: »Da sprach der Herr: Mein Geist soll nicht immerdar im Menschen walten, denn auch der Mensch ist Fleisch. Ich will ihm als Lebenszeit geben 120 Jahre.« (1. Buch Mose, Kap. 6, Vers 3)[80]

Die moderne geriatrische Medizin hat nun bestätigt, was vor Jahrtausenden – in den Büchern Moses sollen verschiedene Texte aus dem 2. Jahrtausend v. Chr. subsummiert sein – bereits Stand der Erkenntnisse war. Ist es immer noch eine Frage der Courage, solche Dinge aus einem neuzeitlichen Blickwinkel heraus zu interpretieren? Im Klartext: Es war wohl nicht der »liebe Gott«, der für uns Menschen eine begrenzte Lebensspanne vorsah. Waren es von den Sternen gekommene Intelligenzen, deren fortschrittliche Kenntnisse der Gentechnik ihnen erlaubten, unser Erbgut gemäß ihren Vorstellungen zu programmieren?

Contradictio in res!

Wenn folglich jene 120 Jahre die Spanne definieren, die uns laut Bibel und moderner Wissenschaft zukommt, dann stehen die nächsten Fragezeichen schon auf Abruf bereit. Über die biblischen Urväter sind nämlich ganz andere, phantastische Altersangaben im Umlauf. So soll Stammvater Adam mit 130 Jahren seinen Sohn Seth gezeugt und danach noch 800 Jahre gelebt haben, bis er mit 930 Jahren das Zeitliche segnete. Seth tat es dem Vater nahezu gleich – er schaffte 912 Jahre. Der geheimnisumwitterte Henoch, auf welchen ich im Zusammenhang mit seinem mysteriösen Verschwinden noch zurückkommen werde, erreichte vergleichsweise bescheidene 365 Jährchen. Sodann »nahm ihn Gott hinweg, und er ward nicht mehr gesehen«. (1. Buch Mose, Kap. 5)[80] Dessen Sohn wiederum war Methusalem (hebr.: Methuschelach), der mit seinen unübertroffenen 969 Jahren die Gruppe der Uralten anführt. Und so weiter und so fort, denn die komplette Liste der biblischen Urväter umfasst immerhin 40 Häupter.

Und nur ein paar Absätze nach der Stelle über Methusalem wird des Menschen Zeitspanne mit gerade noch 120 Lenzen beziffert. Contradictio in res – wie sollen wir diesen Widerspruch erklären? Bauten die Götter, die uns schufen, ganz bewusst eine Art Sperre ein, einem Drehzahlbegrenzer ähnlich, der den Vorwärtsdrang bremst? Und wird es uns dank der rasenden Fortschritte unserer eigenen Gentechnik einst gelingen, diese Sperre zu deaktivieren? Gibt es noch andere Erklärungen für diese offenkundige Diskrepanz?

Die unglaublich hohen Altersangaben für Methusalem und seine alttestamentarische Kollegenschaft – und nicht nur für diese – geben Historikern wie Religionsgelehrten schon lange eine harte Nuss zu knacken. Um diese unmöglichen Daten auf ein »vernünftiges« Maß zurückzuführen, zieht man Schreib- und Übersetzungsfehler ins Kalkül. Oder auch, dass von einem ursprünglichen Mondkalender auf eine Zeitrechnung in Sonnenperioden übergegangen wurde, ohne dass die Zahlenangaben eine substantielle Änderung erfuhren.[99]

Am Beispiel von Methusalem wird also spekuliert, dass statt der heute gebräuchlichen Sonnjahre die Monate eines Mondkalenders zugrunde gelegt wurden. Sein derart bereinigtes Lebensalter würde sich bei einem Umrechnungsfaktor von 0,08 auf nicht mehr als 78 Jahre reduzieren. Das klingt im ersten Augenblick plausibel. Die Logik erhält indes einen empfindlichen Dämpfer, sobald man das Alter einiger Patriarchen just zu jenem Zeitpunkt errechnet, als sie für Nachwuchs sorgten. Henoch und Mahalalel wurden beide mit 65 Jahren Vater. Bei der nun durchexerzierten Umrechnung mit dem Faktor 0,08 ergäbe dies eine Zeugungsfähigkeit im zarten Knabenalter von gerade einmal fünfeinhalb Jährchen.[99] Und die ganze mühselige Erklärerei und Rechnerei ginge nochmals von vorne los.

Also wieder: Contradictio in res. Auf der einen Seite nimmt man die 120 Jahre Lebensdauer für bare Münze, aber auf der anderen versucht man, sich – wie hier eindrucksvoll gezeigt – mit zweifelhaften »Mond-Monaten« aus der peinlichen Schusslinie zu rechnen. Bevor ich eine, zugegeben gewagte, Erklärungsmöglichkeit ins Spiel bringe, werde ich noch zeigen, dass die Urväter aus der Bibel wahrlich keinen Einzelfall darstellen.

Von fliegenden Urkaisern und Königslisten

Auch andere Kulturen dokumentieren Lebensspannen, welche in unseren Augen geradezu aberwitzig erscheinen müssen. Im Norden des Irak, und zwar in Khorsabad unweit von Mossul im Flusstale des Tigris, fanden Archäologen 1932 einen 20 Zentimeter hohen, vierkantigen Steinblock. Dieser war auf allen Seiten mit Keilschriftzeichen bedeckt. Die Sumerologen verfielen in helle Begeisterung, als sich die im Stein verewigten Schriften als eine höchst detaillierte Herrscherchronik entpuppten. Seither wird der Block als »Altbabylonische Königsliste WB 444« in der einschlägigen Literatur geführt.

Die Ernüchterung folgte rasch, als man sich die Regierungszeiten jener lückenlos verzeichneten blaublütigen Herrschaften etwas genauer ansah. Gemäß »Königsliste WB 444« regierten zehn Urkönige von der Erschaffung der Welt an bis zur Sintflut insgesamt 456 000 Jahre lang. Nach der großen Flut »stieg das Königtum abermals vom Himmel hernieder«. Und dann folgten weitere 23 Könige, die es immerhin zusammen auf eine Regierungszeit von etwas mehr als 24 510 Jahren brachten.[100] Zweifellos sorgten die Daten für größte Verwirrung im Lager der Sumerologen, was sich im folgenden Kommentar sehr deutlich niederschlägt: »Was in WB 444 vorher liegt, gehört auf das Gebiet der Sage, und braucht uns hier nicht zu beschäftigen, wie interessant insbesondere die vorsintflutlichen Dynastien auch für die Religionsgeschichte sind.«[101] Die einfachen Lösungen sind nicht immer die besten. Die Königslisten sind teilweise auch Götterlisten. Es stehen Könige, die von den Sumerern gleichermaßen als Götter wie Lehrmeister verehrt wurden, darauf: Gilgamesch, Enkidu und Etana sind die Helden berühmter, nach ihnen benannter Epen. Diverse Herrschernamen fand man auch auf Tontäfelchen und in Ziegel gebrannt wieder. Das beweist, dass die Königslisten keineswegs »auf das Gebiet der Sage« gehören. Die Könige haben existiert, ihr Wirken im Alltag wurde für die Nachwelt auf Keilschrifttäfelchen dokumentiert.[102]

Gehen wir noch ein Stück weiter nach Osten. Schon mehrmals zog es mich nach China, das noch immer mit vielen unerklärlichen Funden und Rätseln unser Interesse weckt. Eines dieser Mysterien dreht sich um die legendären Urkaiser aus dem frühen Reich der Mitte. Diese herrschten den Überlieferungen nach vor den ersten geschichtlich verifizierten Dynastien, wie der Xia (ca. 2100–1600 v. Chr.), der Shang (ca. 1600–1100 v. Chr.) sowie der Zhou-Dynastie (ca. 1100–221 v. Chr.).

Es waren fünf dieser vordynastischen Urkaiser, die etwa vom 5. bis zum 3. Jahrtausend v. Chr. regierten. Der erste war der sogenannte »Gelbe Kaiser« Huang Di, nicht zu verwechseln mit dem späteren »Einiger des Reiches«, dem Kaiser Qin Shi Huangdi (259–210 v. Chr.). Auf den ersten Urkaiser Huang Di folgten dessen Sohn, Shao Hao, sowie die weiteren Herrscher Yan Di, Xianong Di und Ciyou Di. Alle diese Herren waren im Vergleich zu »normalen« Regierenden außergewöhnlich lang an der Macht, wie wir das auch schon von der »Königsliste WB 444« aus dem Zweistromland kennen.

In alten Überlieferungen aus dem Reich der Mitte erfahren wir mehr über jene Urkaiser. Ihnen wurde nicht nur die Fähigkeit des Fliegens nachgesagt. Sie selbst wurden nicht müde, ihre nichtirdische Herkunft zu betonen. Nicht von menschlichen Vorfahren würden sie abstammen, sondern vielmehr von den »Söhnen des Himmels«, die auf metallenen und Feuer speienden Drachen aus den Tiefen des Weltalls kamen.[67]

Grabstätte eines »Gottessohnes«?

Die Sache mit den Drachen bedarf noch einer kurzen Erläuterung. Im alten China scheint der Begriff eher auf ein fliegendes, technisches Gerät hinzudeuten, denn auf ein mystisch-verklärtes Fabelwesen. Denn in der Mythologie wurden Drachen häufig als metallisch charakterisiert, sie kamen röhrend und wild Feuer speiend zur Erde herab.[103] Den Ort, der von altersher als Begräbnisstätte einer dieser Urkaiser gilt, habe ich schon drei Mal besucht. Man findet ihn in der chinesischen Provinz Shandong, südöstlich von Beijing, unweit der alten Konfuzius-Stadt Qu'fu. Inmitten einer idyllischen Gartenlandschaft mit einem künstlich angelegten See passiert man zunächst den »Geburtsort des Gelben Kaisers«. Jedoch gelangten, den Mythen zufolge, Urkaiser Huang Di, dessen Sohn Shao Hao und die anderen drei Berufskollegen keinesfalls durch eine natürliche Geburt auf diese Welt. Sie kamen buchstäblich schon »regierungsfähig« zur Erde herab. Ein weiteres Mal zitiere ich aus der »Königsliste WB 444«: »Da stieg das Königtum abermals vom Himmel hernieder.«

Geht man von jenem »Geburtsort des Gelben Kaisers« ein paar hundert Meter weiter, so gelangt man zu der einzigen aus Stein erbauten Pyramide in ganz China. Etwa zwölf Meter hoch und mit Quadern aus Granit verkleidet wird sie als die Begräbnispyramide des zweiten Urkaisers Shao Hao angesehen. Der folgte im 4. Jahrtausend v. Chr. auf Vater Huangdi und wurde zunächst in einem aus Erde bestehenden Grabhügel bestattet. Erst im 11. Jahrhundert n. Chr. erinnerte man sich wieder an ihn, und sein bescheidener Grabhügel wurde mit einer steinernen Pyramide überbaut. Auf deren abgeflachter Oberseite thront eine kleine Pagode, die eine annähernd 1,50 Meter große Steinfigur beherbergt. Selbige stellt wohl den Urkaiser Shao Hao dar. Leider fand ich sie bei meinem jüngsten Besuch im Oktober

2007 von zerstörungswütigen Vandalen geschändet vor. Man hatte ihr den Kopf abgeschlagen.[67] Wer diese Freveltat begangen hat, lässt sich wohl nicht mehr herausfinden. Aber im Zusammenhang mit den Urkaisern, den »unmöglichen« Regierungszeiten und der von ihnen behaupteten Herkunft tut sich hier eine ungleich spannendere Frage auf. Liegt unter dieser Steinpyramide ein direkter Abkömmling einer nicht von dieser Welt stammenden Intelligenz, die auch im »Reich der Mitte« ihre Spuren hinterlassen hat? Nur eine Ausgrabung und eine Gen-Analyse seiner sterblichen Überreste könnten letztendlich dieses Rätsel lösen.

Himmelfahrt mit Kollateralschaden

Dass ich mir einen Patriarchen des Alten Testaments noch genauer vorknöpfen müsse, habe ich bereits angekündigt. Es geht um Henoch, eine mysteriöse Gestalt, die im 1. Buch Mose in ein paar wenigen Sätzen abgehandelt wird. Als Vater des Methusalem, der mehr als doppelt so alt geworden sein soll wie sein Erzeuger, sei Henoch bereits mit 365 Jahren vom »Herrn« hinweggenommen worden, und »ward nicht mehr gesehen«. (1. Buch Mose, Kap. 5, Vers 21–24)[80]
Über Henoch ist aus der Bibel beim besten Willen nicht mehr herauszulesen. Doch es gibt ja noch die Apokryphen – nicht in den kirchlichen Kanon aufgenommene, altjüdische Schriften, deren Inhalte den Kirchenobersten bestimmt heftige Kopfschmerzen bereitet haben. Dazu gehört auch das Buch Henoch, von dem man heute zwei Versionen kennt. Eine aus dem Fundus der abessinischen (äthiopischen) Kirche sowie eine slawische Variante der orthodoxen Ostkirche. Beide Religionsgemeinschaften fühlen sich nicht an Weisungen der Amtskirche in Rom gebunden. Henochs Buch ist Sprengstoff – wir finden

darin recht aufschlussreiche Informationen über das geheimnisvolle Verschwinden des aus der Bibel ausgeschlossenen Schreibers. Und alles ist in der Ich-Form verfasst.[104]

So weiß die slawische Version des Buches Henoch von den Ereignissen um dessen »Entrückung« zu berichten: »Als ich 365 Jahre alt geworden, war ich an einem Tage des zweiten Monats in meinem Hause allein, (…) und es erschienen mir zwei sehr große Männer, wie ich solche noch nie auf Erden gesehen. Ihr Antlitz leuchtete wie die Sonne, aus ihrem Munde sprühte Feuer, ihre Kleidung und ihr Gesang waren herrlich und ihre Arme wie goldene Flügel. (…) Da sprachen die beiden Männer zu mir: Sei getrost, Henoch! Fürchte dich nicht! Der Ewige Herr hat uns zu dir gesandt, du sollst heute in den Himmel mit uns gehen. Gib deinen Söhnen und deinem Gesinde Anweisung für das, was sie in deinem Hause tun sollen. Keiner aber soll dich suchen, bis der Herr dich wieder zu ihnen führt.«[105]

Noch Genaueres berichten die altjüdischen Sagen von Henochs Aufbruch nebst »Kollateralschäden«, wie man heute sagen würde: »Aber es geschah zu selbiger Zeit, als die Menschen um Henoch saßen und Henoch zu ihnen sprach. Da erhoben die Menschen ihre Augen und sahen die Gestalt eines Rosses vom Himmel herabsteigen, und das Ross fuhr im Sturme zur Erde hernieder. Da sagten es die Leute Henoch, was sie sahen, und Henoch sprach zu ihnen: Um meinetwillen ist dies Ross herabgestiegen. Und die Zeit ist gekommen und der Tag, da ich von euch gehe und euch nicht wiedersehe. Da war auch schon das Ross da, und alle Menschenkinder sahen es deutlich.«[106]

Henoch warnte die Menschen, die um ihn herumstanden und die Ereignisse nicht verpassen wollten. Einige Unverdrossene schlugen jede Warnung in den Wind, was ihnen zum Verhängnis wurde. Denn am folgenden Tag fand man nur noch die Leichen all derer, die Henoch hartnäckig auf den Fersen geblieben waren: »Und sie suchten an jenem Ort, an welchem Henoch zum Himmel gefahren war. Als sie zu dem Platz kamen, fanden sie die ganze Erde voll Schnee an diesem Ort, und auf dem Schnee waren große Steine von der Art der Schneesteine. Da sprach einer zum anderen: Wohlan, lasset uns den Schnee wegscharren, wir wollen sehen, ob nicht die Menschen, die mit Henoch mitgegangen waren, unter dem Schnee liegen. Und sie scharrten den Schnee weg und fanden die Menschen, die mit Henoch mitgegangen waren, tot daliegen. Sie suchten auch nach Henoch, fanden ihn jedoch nicht, denn er war in den Himmel gefahren ...«[106]

Ich bin mir sicher: Weder lagen die bei Henochs Abreise gen Himmel getöteten Sensationslustigen unter einem Haufen Schnee, noch waren da gewöhnliche Pferde »im Sturme zur Erde herniedergefahren«. Schnee gehört bekanntlich zu den selteneren Wetterkapriolen in diesem geographischen Raum, folglich muss wohl auch die Bezeichnung »Schneesteine« ganz anders interpretiert werden. Steine am Boden, die beispielsweise einer gewaltigen Hitze ausgesetzt gewesen wären, würden eine bröselige, weiße Masse bilden, deren Aussehen an das von Schnee erinnert. Dies würde voraussetzen, dass irgendein »Vehikel« unter immenser Hitzeentwicklung gen Himmel, sprich: in den Weltraum gestartet war. Die altehrwürdigen »Sagen der Juden von der Urzeit« sprechen hier Bände: »Und da geschah es, dass Henoch im Wetter in den Himmel fuhr, auf feurigen Rossen in feurigen Wagen.«[106]

66 Jahre wie im Schlaf

In den apokryphen Schriften, welche dem normalen Bibelleser wissentlich vorenthalten werden, finden sich zahlreiche weitere unverblümte Hinweise auf Erfahrungen, die »unheimlichen Begegnungen« unserer Tage verblüffend ähneln. Vermutlich haben jene Fremden aus den Weiten des Alls nicht viel Federlesens gemacht mit ihren Schützlingen: Bei Väterchen Henoch kreuzten nur zwei Fremde auf und eröffneten ihm lapidar, dass er jetzt mit ihnen in den Himmel zu gehen habe.

Im altjüdischen Schrifttum gibt es das Buch »Rest der Worte Baruchs«, man bezeichnet es auch als »Nachtrag zum Propheten Jeremia«. Darin wird die Geschichte von einem jungen Äthiopier mit Namen Abimelech erzählt, der von Jeremia geschickt worden war, um ihm außerhalb von Jerusalem einen Korb frischer Feigen zu holen. Während Abimelechs Abwesenheit wurde die Stadt durch die Truppen Nebukadnezars II. (605–562 v. Chr.) eingenommen und deren Bevölkerung nach Babylon in die Gefangenschaft verschleppt. Abimelech bekam von den dramatischen Ereignissen nicht das Geringste mit: Auf dem Rückweg wurde ihm auf einmal schwindelig und er schlief mit dem Korb frischer Feigen ein.

Als er wieder erwachte, fiel ihm sofort sein Auftrag ein, in der Gewissheit, von Jeremia einen ordentlichen Rüffel verpasst zu bekommen. So ging es im Laufschritt zurück nach Jerusalem. Doch die Stadt war plötzlich ganz verändert, auch Menschen und Häuser waren ihm total unbekannt. Verwirrt verließ er die ihm fremde Stadt, hockte sich vor den Toren auf den Boden. Als ein alter Mann des Weges kam, fragte er, welche Stadt dies sei und bekam zu seiner grenzenlosen Verwunderung die Auskunft *Jerusalem*. Und es seien inzwischen 66 Jahre vergangen, dass das Volk nach Babylon verschleppt worden war.[107]

Was war geschehen? Hatte der junge Äthiopier die ganze Zeit einfach nur verschlafen oder verbirgt sich etwas ganz anderes hinter dieser »Feigengeschichte«?

Es gibt eine plausible Erklärung für Abimelechs Zeitverlust, der ihn in 66 Jahren offenbar nicht einen Tag älter werden ließ. Anfang des 20. Jahrhunderts überraschte der Gelehrte und spätere Nobelpreisträger für Physik, Albert Einstein (1879–1955), die

Fachwelt mit einer Reihe genialer Ideen, die einen Quantensprung im Wissen der damaligen Zeit auslösten. Einen Generalangriff auf den gesunden Menschenverstand startete Einstein, als er den Begriff der Zeitdilatation in die akademische Diskussion einführte.

Damit definierte er die Auswirkungen eines (hypothetischen) Weltraumfluges mit Lichtgeschwindigkeit (299 792,458 Kilometer in der Sekunde). Demgemäß verliefe die Zeit für den Raumfahrer wesentlich langsamer als für dessen auf der Erde zurückgebliebene Zeitgenossen. Die nachfolgende Aufstellung soll diese Beeinflussung des Zeitablaufes verdeutlichen:

10 Jahre im Raumschiff	25 Jahre auf der Erde
15 Jahre im Raumschiff	80 Jahre auf der Erde
20 Jahre im Raumschiff	270 Jahre auf der Erde
25 Jahre im Raumschiff	910 Jahre auf der Erde
30 Jahre im Raumschiff	3100 Jahre auf der Erde

Nach 35 Jahren unterwegs mit Lichtgeschwindigkeit, sind auf dem Heimatplaneten 10 600 Jahre und zahlreiche Generationen ins Land gegangen. Aber schon nach einem Raumflug, der nur 15 Jahre dauert, wären keine Freunde oder Verwandten mehr da, um die heimkehrende Mannschaft zu begrüßen.[108]
So revolutionär Einsteins Gedankengänge auch Anfang des 20. Jahrhunderts gewesen waren, hatten schon die alten Chronisten ein erstaunlich präzises Wissen um die physikalischen Phänomene, die bei der Annäherung an die Lichtgeschwindigkeit auftreten. So etwas muss auch dem jungen Abimelech widerfahren sein. Zu ähnlich sind sich die Inhalte vieler uns überlieferter Vorfälle, als dass man sie weiterhin einfach ignorieren oder ins Reich der Fabel verweisen könnte.

Erlebte Realitäten

Ein sehr rührendes Beispiel zu den Einstein'schen Erkenntnissen findet man auch in der alten japanischen Legendensammlung Tango-Fudoki. Im Fischerdorf Tsutsukaba, im Distrikt Yosa, lebte vor Zeiten ein Mann, dessen Name »Inselkind« war. Eines Tages fuhr er, wie so oft, ganz alleine aufs Meer zum Fischen hinaus. Dort bekam er unerwartet Besuch von einem wunderschönen Mädchen. Sie bot dem überraschten Mann an, mit ihr in den Himmel zu fliegen, wo sie gemeinsam mit ihm leben wollte. Inselkind plagten Zweifel, doch das schöne Mädchen, das behauptete, vom Himmel herabgekommen zu sein, redete hartnäckig auf ihn ein. Und da er sich bereits in sie verliebt hatte, gab er ihrem Drängen nur zu gerne nach. Auf ihrem Weg in die Heimat des Mädchens passierten die beiden Reisenden die Sternbilder der Plejaden und der Hyaden. Angekommen im himmlischen Refugium, heiratete Inselkind das Mädchen und verlebte eine glückliche Zeit mit ihr. Doch es blieb nicht aus, dass der Mann nach drei Jahren von einer unstillbaren Sehnsucht nach seiner irdischen Heimat befallen wurde. Er bat so lange und flehentlich darum, nur für eine Weile zurückkehren zu dürfen, bis ihm diese Bitte gewährt und er zur Erde zurückgebracht wurde. Dort angekommen, erschienen ihm sein Dorf und dessen Bewohner völlig fremd. Nachdem er eine Weile umhergeirrt war, fragte er einen des Weges kommenden Mann nach seinem Haus und seiner Familie. Der war erstaunt und antwortete, dass vor nunmehr 300 Jahren ein Fischer mit dem Namen Inselkind alleine aufs Meer hinausgefahren und nicht mehr zurückgekommen sei.[109]
Selbst in der europäischen Folklore stolpern wir unablässig über Erlebnisse, deren »harter Kern« der Kontakt mit womöglich außerirdischen Intelligenzen und die erlebten Auswirkungen relativistischer Raumreisen darstellen. Vor allem die im

nordeuropäischen Raum so zahlreichen Geschichten über Elfen, Kobolde und Trolle verbergen hinter einer nach außen hin recht harmlos erscheinenden Maske überraschende Gemeinsamkeiten sowohl mit den »Göttern« aus grauer Vorzeit als auch mit dem UFO-Phänomen unserer Tage.[91]

In Schottland und auf den vorgelagerten Inseln sollen diese sagenhaften Wesen in »Elfenhügeln« gewohnt haben – weitläufige Erdbauten, die bereits seit prähistorischen Zeiten existieren. Dort spielten sie eine geheimnisvolle und unwiderstehliche Musik, die zu bestimmten Zeiten Menschen in die Hügel lockte, um mit den Feen zu tanzen. Wenn die Erdbewohner dann in ihr gewohntes Umfeld zurückkehrten, mussten sie ungläubig zur Kenntnis nehmen, dass in unserer Welt Jahre oder Jahrzehnte vergangen waren, die ihnen wie Augenblicke vorkamen.[110]

Eine Geschichte von den Shetland-Inseln dreht sich um einen Mann, der in einen Elfenhügel eingedrungen war. Im Inneren befand sich ein runder, strahlend hell erleuchteter Raum, in dem er seinem Zeitgefühl nach nur kurze Zeit mit den Elfen tanzte. Doch als er zurückkehrte, bekam er einen Schock: Zwischenzeitlich waren volle 100 Jahre vergangen![111]

Mit ähnlichen Beispielen könnte man ohne große Anstrengung ein umfangreiches Buch füllen. Für die Physik ist das Phänomen der Zeitdilatation Fakt, seit die durch Einstein postulierten Grundlagen 1971 durch den Einsatz hypergenauer Atomuhren experimentell nachgewiesen werden konnten.[6] Bei Flügen rund um den Erdball stellten Physiker fest, dass die an Bord mitgeführten Atomuhren gegenüber denen auf der Erde um 50 Nanosekunden nachgingen. Nach meiner Überzeugung ist diese Auswirkung, die sich viel ausgeprägter bei Raumflügen mit Lichtgeschwindigkeit zeigen würde, in grauer Vorzeit schon einmal erlebte Realität gewesen.

Unabhängig von all den Erkenntnissen hatte ich dieses Kapitel mit der Kernfrage begonnen, wie viel Lebenszeit dem Menschen auf diesem Planeten beschieden sei. Ich bin überzeugt, dass zu manchen in alten Schriften überlieferten Lebensspannen, welche uns geradezu absurd erscheinen, eine »Entrückung« durch fremde Intelligenzen entscheidend beigetragen hat – siehe Urvater Henoch.

Doch damit ist die Möglichkeit einer Art von genetischer Programmierung noch lange nicht aus dem Rennen. Tagtäglich liefern unsere eigenen Fortschritte auf dem Gebiet der Gentechnik ein eindrucksvolles Bild davon, was alles möglich ist und uns in naher Zukunft möglich sein wird. Die größte Überraschung wird dann die Erkenntnis sein, dass alles bereits einmal dagewesen ist. Nichts Neues unter dieser Sonne ...

5 Überflüssiger Ballast und verräterische Spuren

Was unsere Gene alles mit sich herumschleppen

>*Damit die genetischen Analysen Sinn machen, bedarf es erst noch der wirklichen Entschlüsselung des menschlichen Genoms, das sozusagen schon gedruckt vorliegt, aber noch nicht entziffert worden ist. Man kann zwar eine Seite im Buch des Lebens aufschlagen, aber der Text kann noch nicht gelesen werden.*«
>
> TOM APPLETON,
> JOURNALIST (*KLONEN WIR DEN NEANDERTALER*)

Nach meinem Exkurs in die Astronautik mit Lichtgeschwindigkeit – für uns hienieden derzeit leider noch in ungewisser Zukunft – sollte ich mich wieder mit den Genen beschäftigen. Was und wie wir sind, wird von ihnen bestimmt. Am Alterungsprozess sind sie gleichfalls alles andere als unschuldig. Es wird sich nicht vermeiden lassen, nachfolgend ein wenig trockenes Grundlagenwissen durchzukauen.

Spätestens seit das Human Genome Project (HGP, dt.: Humangenomprojekt) im Herbst 1990 aus der Taufe gehoben wurde, traten die Bemühungen zur Decodierung unseres »genetischen Codes« in den Brennpunkt des Interesses. Zwei Stichworte sind es, die in diesem Zusammenhang immer wieder fallen: Das sind die Chromosomen und die DNS, wie die Substanz mit dem Namen Desoxyribonucleinsäure abgekürzt wird.

Chromosomen (aus dem griech. »Farbkörper« wegen ihrer Anfärbbarkeit) sind Bestandteile von sämtlichen Zellen eines Organismus. Jede Lebensform verfügt über eine für sie typische Anzahl dieser – mit wenigen Ausnahmen – paarweise angelegten Träger des Erbgutes. Beim Menschen sind es 46, nämlich 22 Paare sogenannter Autosomen plus ein Paar das Geschlecht bestimmende Chromosomen. Deren Hauptbestandteil ist die DNS. Sehr oft hört man auch den Begriff DNA, doch diese Abkürzung ist synonym, da sie auf der englischsprachigen Bezeichnung (A von »acid«, dies bedeutet »Säure«) beruht. Also ein vermeidbarer Anglizismus.

»Doppel-Helix« und das »Buch des Lebens«

Diese DNS ist der eigentliche Trägerstoff aller genetischen Informationen. Aufgebaut ist sie als ein hochmolekulares, kettenförmiges Polymer wie eine doppelte, gegeneinander verwundene Strickleiter. Bekannt ist sie auch als »Doppel-Helix«, seit der amerikanische Biochemiker James D. Watson (geb. 1928), der britische Vererbungsforscher Francis H. Crick (1916–2004) und ein weiterer Forscher namens Wilkins im Jahre 1953 ein Modell der DNS entwickelten, das später experimentell bestätigt werden konnte.[112] Für ihre bahnbrechende Entdeckung erhielten die drei Wissenschaftler 1962 den Nobelpreis für Medizin. Von 1990 bis 1992 leitete James D. Watson auch das bereits erwähnte Human Genome Project. Doch dann verließ er das Forschungsprojekt wegen eines Streits um die Patentierung bestimmter Gen-Sequenzen, was er selbst strikt ablehnte.[113]
An der rechtsgewundenen »Strickleiter« der Doppel-Helix befinden sich »Sprossen« in Gestalt von vier verschiedenen Grundbasen: Adenin, Cytosin, Guanin und Thymin. Die Basen stehen senkrecht zur Molekülachse der DNS und bilden zusammen

mit einer Phosphorsäure-Zucker-Basis die sogenannten Nukleotid-Sequenzen. Nun färben wir gedanklich die erwähnten Grundbasen in vier unterschiedlichen Farben ein – sagen wir: Rot, Gelb, Blau und Grün – und ziehen die Doppel-Helix auf eine Länge von einhundert Metern auseinander. So erhalten wir ein Modell, in dem die farbigen Leitersprossen die Buchstaben des genetischen Codes darstellen. Jeder dieser Buchstaben, besser gesagt, Kombinationen hieraus, ist für etwas anderes im menschlichen Körper verantwortlich. Beispielsweise könnte ein Farbabschnitt »Blau-Rot-Gelb« den Haarwuchs beeinflussen, »Gelb-Rot-Blau« aber die Haarfarbe und so weiter.[22] Oder »Grün-Gelb-Grün« die Dauer des Lebens ...

Wenn es gelingt, diesen Buchstabenkombinationen, entziffert durch das Humangenomprojekt, auch die durch sie bestimmten Eigenschaften zuzuordnen, dann wäre der Code wirklich geknackt. Seit April 2003 gilt das menschliche Genom nämlich (offiziell) als vollständig entschlüsselt, obwohl noch immer nicht die Bedeutung aller Gene bekannt ist. Folgekonzepte des Humangenomprojekts, das seit 2003 offiziell als beendet gilt, arbeiten bereits an dieser Aufgabe.[113] Bis diese aber gelöst ist, sind wir zwar im Stande, »eine Seite im Buch des Lebens aufzuschlagen, leider kann jedoch der Text noch nicht gelesen werden.«[51]

So viel der Grundlagen für den Augenblick. Spannend wird es, wenn wir die Frage in den Raum stellen, zu welchem Ziel Biochemiker, Genetiker und andere Koryphäen einen geradezu unheimlichen Forschungsdrang an den Tag legen. Kritiker erheben warnend ihre Stimmen, dass wir drauf und dran sind, dem »lieben Gott« oder der Natur ins Handwerk zu pfuschen und damit Risiken heraufzubeschwören, die wir derzeit noch gar nicht überblicken können. Ich stimme den Einwänden teilweise zu, wenn es beispielsweise darum geht, ganz normale Gen-Sequenzen patentrechtlich zu schützen, um einer geldgierigen Clique von »Patent-Piraten« in die Hände zu arbeiten, die sich an der Natur selbst zu bereichern versucht.

Auf schmalem Grat

In diesem Zusammenhang geriet 2007 – nicht zum ersten Mal – das Europäische Patentamt (EPA) in München in negative Schlagzeilen. Die Umweltorganisation Greenpeace hatte Einspruch eingelegt gegen die Erteilung von Patenten auf ganz »normale«, gentechnisch nicht veränderte Pflanzen. Eine Produktpiraterie mit unabsehbaren Folgen für Landwirtschaft und Verbraucher: »Wenn ganz normale Pflanzen wie die Sonnenblume und Brokkoli zu einer Erfindung erklärt werden, dann kann in Zukunft jedes Tier oder jede Pflanze patentiert werden«, sagte Christoph Then, Patentexperte der Organisation. Selbst das Öl aus diesen Sonnenblumen sei dann mit einem Patent belegt. Multinationale Agro-Konzerne würden sich dann mithilfe findiger Patentanwälte die totale Kontrolle über alle Stufen der Nahrungsmittelerzeugung verschaffen und Kasse machen.

Im Oktober 2006 hatte der US-Konzern PIONEER ein Patent auf gentechnisch nicht veränderte Sonnenblumen erhalten, die gegen Schädlinge aufgrund natürlicher Erbanlagen resistent sind. Ein anderer Konzern hatte sich bereits 2002 konventionell gezüchteten Brokkoli patentieren lassen – allerdings legten eine Reihe weiterer Firmen dagegen Protest ein.

Mit Blick auf diese unselige Praxis führte Greenpeace-Patentexperte Christoph Then ergänzend aus: »Das Patentamt hat seither fast alle Grenzen der Patentierbarkeit systematisch ausgehebelt. Es ist alarmierend, dass ein Amt, das sich einzig aus Geldern der Industrie finanziert, hier in eigener Sache Grundsatzfragen entscheidet.«[114]

Ungleich mehr Patente werden natürlich auf gentechnisch veränderte Pflanzen und Tiere erteilt. Ob Nutzpflanzen, die gegen bestimmte Schädlinge resistent sein sollen, oder Schweine und Rinder mit besonders hohem Fleischanteil – hier boomt ein gewaltiger Zukunftsmarkt. Vor ein paar Jahren gingen Fotos von Ferkeln durch die Medien, deren Schnauzen in knalligem Orangerot leuchteten. Man hatte ihnen artfremde Gene eingeschleust, die für das phosphoreszierende Leuchten bestimmter Insektenarten verantwortlich sind. Wo der praktische Nutzen dieser Experimente liegt, ist schwer nachvollziehbar. Doch zeigt sich an »leuchtenden Beispielen« wie diesem deutlich, dass tatsächlich alles gemacht wird, was überhaupt machbar ist.

Zum Glück besitzt die Medaille auch eine andere Seite. Mit Gentechnik kann man Leiden lindern und Menschen schützen und heilen. Die Gene sind keine Festung: Durch unterschiedlichste Einflüsse – Gifte in der Nahrung oder ganz aktuell die freigesetzte radioaktive Strahlung beim Super-GAU im japanischen Kernkraftwerk Fukushima – können Defekte am Erbgut auftreten. Forscher des Tübinger Max-Planck-Instituts fanden jüngst heraus, dass auch traumatische Erlebnisse wie Missbrauch in der DNS gespeichert und vererbt werden.[115] Wie auch immer: Unvermittelt bricht eine Krankheit aus, wächst ein Tumor heran, zeigen andere Symptome, dass irgendetwas nicht stimmt. Vom Brustkrebs wissen die Mediziner, dass der um ein Mehrfaches häufiger bei Frauen auftritt, deren Mütter oder Großmütter schon daran litten. Oder denken wir an seltene Gen-Defekte, für die es konventionelle Heilmittel einfach nicht gibt.

Nur die Gentechnik kann hier Abhilfe schaffen. Wenn die erkrankte Person geheilt und gleichzeitig die Weitergabe des defekten Gens verhindert werden soll, muss bekannt sein, in welchem Abschnitt der »Strickleiter« DNS jene »schuldigen« Sprossen sitzen. Exakt an dieser Stelle können dann die »Reparaturmaßnahmen« gezielt ansetzen.[22]

Die Gentechnik bewegt sich auf einem denkbar schmalen Grat. Ich werde noch ausführlich über das dunkle Rätsel der Mischwesen und Chimären berichten, bei denen heutige Fortschritte der Genetik schreckliche Dinge aus einer Versenkung hervorzaubern, in der sie Jahrtausende als mythologische Wesen und Phantasiegebilde geschlummert haben. Aber die begründete Aussicht, bislang unheilbare Krankheiten besiegen zu können, verleiht der Gentechnik unbestreitbar ihre Daseinsberechtigung. So denn verantwortungsvoll mit ihr umgegangen wird, heute und auch künftig.

Was wussten die alten Ägypter?

Dass die Gentechnologie zu den zukunftsträchtigsten Zweigen der Wissenschaft wie auch der Wirtschaft zählt, belegen Pläne, die im Moment noch etwas nach Science Fiction klingen. Geht es nach dem Zukunftsforscher Professor Michiu Kaku, Physikprofessor an der City-Universität in New York, sollen in den kommenden Jahrzehnten hyperempfindliche DNS-Sensoren entwickelt werden. Installiert im Badezimmerspiegel oder anderen Sanitäreinrichtungen, sollen diese Sensoren in der Lage sein, zum Beispiel die von Krebszellen ausgehenden Eiweißstoffe zu identifizieren und Alarm zu schlagen. Und dies bereits Jahre, bevor die Krankheit ausbricht. Ein Blick in den Spiegel würde in einigen Jahren so manche medizinische Untersuchung ersetzen.[116] Wenn wir uns Gedanken über die Zukunft machen, sollten wir keinesfalls die Vergangenheit aus den Augen verlieren. Besonders wenn es um die DNS oder mögliche Eingriffe in unser Erbgut geht. Erinnern wir uns noch einmal kurz der Struktur des DNS-Fadens: Den Träger unserer Gene beschrieben Crick, Watson und Wilkins als doppelte, gegeneinander verwundene Strickleiter.[112] Oder auch, etwas vereinfacht, als doppelten

Strick. In diesem Zusammenhang lässt eine altägyptische Hieroglyphe wahrhaft atemberaubende Schlüsse zu. Der Begriff der »Lebenszeit« wurde mit einem zweifachen, gegeneinander verschlungenen Strick oder einer Schlange dargestellt. Diese der Doppel-Helix so verblüffend ähnliche Anordnung hieß »metui« – oder wörtlich übersetzt »Doppelstrick«.

Zu finden ist diese geheimnisvolle Hieroglyphe nur an einer Stelle des ägyptischen »Pfortenbuches«. Und zwar an der sogenannten »5. Pforte« in Zusammenhang mit der Lebenserwartung, welche den Namen »Herrin der Lebenszeit« trägt. Dort machen wir auch die Bekanntschaft mit zwölf namen- und attributlosen Göttern, welche diesen Doppelstrick mit sich tragen: »Sie sind es, die die Lebenszeit festsetzen und die Tage feststellen.«

Der Text fährt fort mit den Worten des Sonnengottes an jene zwölf Gottheiten, die – jetzt wird es spannend! – der Sternenwelt vorstehen: »Ra sagt zu ihnen: ›O Götter, die der Dat vorstehen und den Doppelstrick tragen beim Messen der Lebenszeit. Möget ihr den Doppelstrick packen und möget ihr die Lebenszeit messen, die auf ihm ist.‹«[117]

Dies kann natürlich alles nur Zufall sein, werden Skeptiker jetzt einwenden. Und tatsächlich: Eine Darstellung der DNS aus den Tagen des Alten Ägypten passt nun absolut nicht in das Geschichtsbild, das wir bisher vom Pharaonenreich am Nil hatten. War es ein ganz unspektakuläres Seil, das – da gerade der Name des Sonnengottes genannt wurde – etwa beim Ziehen der Sonnenbarke Verwendung fand? Dann aber hätte die Hieroglyphe einen einfachen Strick gezeigt, und man hätte dafür kein Dutzend Götter abstellen, sondern sich nur Sklaven zu bedienen brauchen. Auch kann der Lauf der Sonne vom Aufgang zum Untergang, die Stunden eines Tages also, nicht gemeint sein, denn es ist explizit von der »Lebenszeit« die Rede.[118] Vielmehr ist es deren erkennbare Einmaligkeit, die vermuten lässt, dass jene »metui«-Hieroglyphe ein tiefes Geheimnis birgt. Sie strotzt geradezu vor Symbolik. Wenn in diesem Schriftzeichen also (und einiges spricht dafür) tatsächlich exaktes biochemisches Wissen enthalten ist, das es damals eigentlich noch gar nicht geben konnte, stellt sich ein weiteres Mal die unbequeme Frage, aus welcher ominösen Quelle dieses »unmögliche« Know-how wohl seinen Ursprung genommen hatte.

Botschaften für die Ewigkeit

Als sich noch die gute, alte Schallplatte auf unserem Plattenteller drehte, bedurfte es einer dünnen Scheibe aus schwarzem Vinyl, ziemlich genau 30 Zentimeter im Durchmesser, um ungefähr eine Stunde Musik hörbar zu machen. Die darauffolgende Generation, die schon viel kleinere CD, ist mittlerweile auch schon wieder veraltet. Die Zauberworte heißen nun Download und mp3, nicht nur in der Musikszene. Denn die Speichermedien werden ständig kleiner, bei gleichzeitig exponentiell wachsender Kapazität. Doch wie weit auch immer technische Neuerungen auf diesem Gebiet fortschreiten werden, eines dürfte unbestritten sein: Keine davon wird je die Speicherkapazitäten der DNS erreichen oder gar übertreffen.

Die Trägerin unseres Erbguts ist nämlich das idealste Speichermedium; es könnte zur Abspeicherung jedweder Art von Informationen dienen. Aufgrund aller möglichen Nukleotid-Kombinationen könnten Buchstaben, Töne, Pixel und andere Inhalte aufgezeichnet und gespeichert werden. Und das mit schier unvorstellbaren 10^{89} verschiedenen Codes. Zum Vergleich: Die Anzahl der Sterne in unserem »unendlichen« Universum schätzt man zur Zeit auf ungefähr 7 mal 10^{22}.

Zudem ist die DNS ein ungemein stabiles Medium, das sich zum Beschreiben geradezu anbietet. So alt wie das Leben selbst, wird sie ständig und selbständig von Generation zu Generation kopiert. Und benötigt hierfür weder Papier noch Silizium oder andere Hilfsmittel. So lange es Zellen gibt, wird dieser Datenträger existieren und alle unsere technischen Errungenschaften turmhoch übertreffen.[119]

Als einziges Medium, das man sich vorstellen kann, ist die DNS in der Lage, Botschaften buchstäblich für die Ewigkeit zu bewahren. Und es verdichten sich auch immer mehr die Hinweise, dass schon vor langer Zeit in den Genen des Menschen eine Botschaft hinterlegt wurde. Denn bestimmte Abschnitte der Doppelhelix können eigentlich nicht das Resultat eines evolutionären Prozesses sein.

Der Mensch besitzt zwischen 28 000 und 35 000 Gene.[119] Diese wiederum verteilen sich auf rund drei Milliarden Abschnitte in der Strickleiter, die aus den erwähnten Stoffen Adenin, Cytosin, Guanin und Thymin gebildet werden. Der britische Physiker Professor Paul Davies vom Zentrum für Astrobiologie an der Universität von Sydney (Australien) ist überzeugt, dass insgesamt etwa 97 Prozent unserer Gene regelrecht »Müll« seien. »Junk-DNS«, die wir überflüssigerweise seit Urzeiten mit uns herumschleppen.

Man begann, systematisch nach Strukturen in den scheinbar sinnlosen Sequenzen zu suchen. Beispielsweise nach Gesetzmäßigkeiten, wie sie auch in der menschlichen Sprache zu finden sind. Und man wurde fündig: Das sogenannte »Zipf-Mandelbrot'sche Gesetz«, nach dem vorausbestimmt werden kann, in welcher Häufigkeit gewisse Wörter in einer Sprache vorkommen, gilt auch für die »Junk-DNS«. Die codierte DNS dagegen gleicht keiner natürlichen Sprache. Professor Davies regte nun an, die vier Stoffe in Zahlen zu übertragen. Aus den »Wörtern«, welche die DNS aus den kombinierten Buchstaben bildet, würden sodann Zahlenfolgen entstehen. Jene müssten daraufhin untersucht werden, ob und wo sich Strukturen bilden, zum Beispiel eine Abfolge von Primzahlen. Oder man ordnet den Basen Farben zu und überprüft, ob ein Muster entsteht – ähnlich den von uns per Funk ins All gesandten Botschaften, die in ein Raster übertragen das Bild der Absender ergeben. Möglicherweise, so Davies, stößt man eines Tages in unserer Erbsubstanz auf die Botschaft, jenen »genetischen Fingerabdruck«, den Außerirdische darin versteckt haben.[120]

»Wir waren hier«

Dass es mittlerweile nicht mehr als Fiktion angesehen wird, Fremdinformationen in das Erbgut eines Organismus einzuschleusen, ist nur ein weiterer Meilenstein im rasanten Fortschritt, der die Gentechnologie auszeichnet. Bereits 2001 erklärte der Informatiker Professor Dr. Wolfgang Banzhof von der Dortmunder Universität: »Wir haben ein Alphabet entwickelt, das auf chemischer Basis ähnlich wie digitale Bytes im Computer zur Darstellung von Daten verwendbar ist.«
Mit diesem Verfahren, das in enger Zusammenarbeit mit einem Team unter Leitung von Professor Jonathan Howard vom Institut für Genetik der Universität Köln entwickelt wurde, können über Generationen hinweg geheime Daten unbemerkt weitergegeben werden. Eine Decodierung von diesen in das Erbgut eingeschleusten Informationen funktioniert, indem winzige Mengen durch eine Gewebeprobe entnommen und durch Polymerase-Kettenreaktion innerhalb von wenigen Stunden analysefertig kopiert werden. Für den Arbeitsschritt benötigt der Gentechniker einen passenden »chemischen Schlüssel«, ohne den die Daten nicht ausgelesen werden können.[121]
Inzwischen macht bei einer wachsenden Anzahl an Forschungsgebieten und Technologien jeder noch so spärliche Fortschritt die Vermutung immer glaubwürdiger, dass es schon früher ein-

mal vergleichbare Entwicklungen gab. Ausgedacht und angewandt von nichtirdischen Intelligenzen, die uns durch Genmanipulationen erst zu dem machten, was wir heute sind. Mit hoher Wahrscheinlichkeit hinterließen sie eine unauslöschbare Spur in unserem Erbgut, die eines nicht mehr so fernen Tages beweisen wird, dass sie – unsere »Schöpfer« – hier waren.

Warum hätten sie so etwas tun sollen, höre ich schon wieder aus dem Lager der Skeptiker. Weil es unter Entdeckern, Eroberern oder Pionieren eine vollkommen übliche Praxis ist, lautet die einzig logische Antwort. Wo immer Neues entdeckt wird, ist es auch gängiger Usus, seine Flagge oder andere Hoheitszeichen zu setzen. Die Astronauten des Apollo-Mondlandeprogramms haben das Sternenbanner aufgepflanzt, und selbst die unbemannte sowjetische Mondsonde *Luna 2*, die am 14. September 1959 auf unserem Erdtrabanten zerschellte, hatte eine rote Fahne mit Hammer und Sichel an Bord. Der Nachwelt sollte auf diese Weise mitgeteilt werden: »Wir waren hier«.

Auch die Raumsonde *Pioneer 10*, die am 2. März 1972 zu einer Reise aufbrach, die vielleicht Millionen von Jahren dauern könnte, verfolgt unter anderem genau denselben Zweck. Eine goldbeschichtete Aluminiumplatte an Bord trägt in binärem Code abgefasste sowie durch eingravierte Bilder ergänzte Informationen über ihre Absender. Wenn »Pioneer 10«, die im Juni 1983 als erstes von Menschenhand geschaffenes Objekt unser Sonnensystem verlassen hat, irgendwann in die Hände einer außerirdischen Intelligenz gerät, dann hätten die »Brüder im All« die Gewissheit, dass sie nicht die Einzigen im weiten Universum sind. Zumindest, wenn auch sie sich noch in derselben »Splendid Isolation« befinden, die gegenwärtig unseren Drang ins Weltall hemmt.

Auch unsere Astronautengötter dürften in grauer Vorzeit von identischen Überlegungen geleitet worden sein. Da es deren Absicht war, eine Primatenart auf diesem Planeten – »nach ih-

rem Ebenbild« – intelligent zu machen, konnten sie sich genau
ausrechnen, dass diese irgendwann damit anfangen würde, unbequeme Fragen zu stellen. Fragen nach ihrer Herkunft, doch
ebenso Fragen, ob möglicherweise nicht alles ganz anders war,
als ihnen in der Schule beigebracht worden war. Der Tag, die
Stunde würde kommen.

Was ist schon unzerstörbar?

Neugier zählt zu jenen Eigenschaften, durch die sich intelligente
Wesen auszeichnen. Die Fremden wussten das. So ist die Vermutung nur logisch, dass sie einen oder mehrere Beweise depo-
nierten, die unser Rätselraten – und Streiten – um das »Woher« und »Warum« mit einem Schlag beenden würden.
Welche eindeutigen und unwiderlegbaren Beweise für ihre
einstige Präsenz hätten sie an welchen Stellen für uns hinterle-
gen können, ohne dass diese zur falschen Zeit in die falschen
Hände geraten würden?
Kann ein herausragendes Monument wie eine Pyramide den
Kriterien Stand halten? Nur bedingt, denn der Zahn der Zeit
nagt auch an den gewaltigsten Bauwerken. Ständige geologische
Aktivitäten machen unseren Planeten zu einem äußerst unruhigen Ort. Und wem das nicht genügt: Was geschieht, wenn ein
paar verblödete Fanatiker ihre Urtriebe ausleben, mussten wir
hilflos mit ansehen, als die Taliban die weltberühmten Kolos-
salstatuen im afghanischen Bamijan in die Luft sprengten.
Wäre ein Objekt, das im erdnahen Weltraum zwischen Mond
und Erde »geparkt« wird, des Problems Lösung? Immerhin
würde solch ein »himmlischer Botschafter« nicht entdeckt und
geborgen werden, bevor die Adressaten erste Gehversuche auf
dem Gebiet der Raumfahrt gemeistert haben. Tatsächlich stieß
man bei Versuchen mit Funkwellen seit 1927 immer wieder auf

rätselhafte Rücklaufverzögerungen, die man zunächst für Reflexionen vom Mond und anderen Himmelskörpern hielt. Ab 1970 beschäftigte sich der schottische Astronom Duncan Lunan, der damalige Präsident der *Scottish Association for Technology and Research*, eingehend mit dem Phänomen. Er trug die Zahlenwerte der verzögerten Funkechos in ein Sekundengitter ein. Was er sah, konnte er selbst kaum glauben: Nach Auswertung der Funkdaten entstanden sechs detaillierte Sternkarten – allesamt aus der Umgebung des Sternbildes Epsilon Bootes und jedes Mal aus einer leicht geänderten Perspektive![122]

Leider wurde es bald wieder still um die Entdeckung Lunans. Es ist möglich, dass noch immer ein fremder Satellit um unsere Erde kreist und dies bereits seit Tausenden von Jahren. Vielleicht wurde er auch schon im Geheimen geborgen. Grundsätzlich wäre eine im erdnahen Weltraum stationierte »Funkboje« jedoch ständig in großer Gefahr. Sie könnte von Meteoriten getroffen und zerstört werden, lange bevor sie auf die ehemalige Präsenz ihrer Konstrukteure hinweisen könnte.

Wie wäre es mit kleineren, eindeutig nicht von unserer Welt stammenden Artefakten? Man hätte derartige Objekte mit Absicht in Tempeln u. Ä. zurücklassen, in die Obhut von Herrscherdynastien und Priestern geben können. Von dieser Vorgehensweise erzählt das Kojiki, eine alte japanische Mythensammlung:[109] Amaterasu, die Sonnenkönigin, schickte ihren Enkel Ninigi auf die Erde. Dieser landete im westlichen Teil der Insel Kyushu, und brachte auch gleich drei Kostbarkeiten aus dem Himmel mit: ein Schwert, eine Juwelenschnur und einen geheimnisvollen metallenen Spiegel.

Diese drei Pretiosen existieren noch heute. Ranghöchste dieser drei »Kleinodien« des japanischen Kaiserreiches ist der »heilige Spiegel«. Millionen Japaner pilgern Jahr für Jahr in die Stadt Ise auf Honshu, um jenes Artefakt zu verehren, das im Inneren Schrein des Tempels liegt – verpackt in unzählige Hüllen, die nie geöffnet werden. Denn immer, wenn eine dieser Hüllen zu zerfallen droht, wickeln die Priester des Heiligtums rasch eine neue darum.[123]

Wie dem Spiegel von Ise mag es auch anderen Objekten gehen. Die Verantwortlichen der jeweiligen Religionen gestatten keine Untersuchungen durch unabhängige Sachverständige. Und außerdem: Was ist schon über Jahrtausende hinweg stofflich unzerstörbar? Selbst Metall löst sich in Wohlgefallen auf. Das sehen wir am Zustand der Überbleibsel aus dem Zweiten Weltkrieg, der vor nicht einmal 70 Jahren endete. Wenn Objekte aus den Händen der »Götter« viele Tausend Jahre überdauern sollen, dann am ehesten noch gehegt und gepflegt von einer Priesterschaft in deren jeweiligen Heiligtümern. Die aber werden sich hüten, steinalte Gegenstände herauszurücken, die sie als die Grundfesten ihrer Religion, als »göttlichen Ursprungs« betrachten.

Was nehmen wir also mit von diesem Exkurs? Wie soll ein einst von unseren außerirdischen »Lehrmeistern« für uns auf der Erde deponierter Beweis für deren Präsenz beschaffen sein? Es muss unabdingbar gewährleistet sein, dass die Botschaft eine extrem lange Zeit übersteht, um ihre zukünftigen Adressaten zu erreichen. Platzt sie zu früh in eine Kultur, die nicht in der Lage ist, ihre Bedeutung zu erkennen, landet sie entweder auf einem Altar oder auf dem Scheiterhaufen. Für die richtige Generation jedoch muss sie jederzeit erreichbar sein, damit ihre Existenz nicht bezweifelt werden kann. Der ultimative Beweis sollte weder im Weltraum kreisen, noch sich in den Fängen dogmatischer, religiöser Gralshüter befinden, die sie aus Reliquienverehrung und noch mehr aus »Besitzstandswahrung« abschotten. Die Angst, die alle Religionsgemeinschaften gleichermaßen umtreibt: Wer weiß, braucht nicht mehr zu glauben.

Eine in der DNS versteckte Botschaft jedoch – »ihr tragt in eurem Erbgut nicht nur eure Gene, denn wir haben euch dereinst nach unserem Vorbild künstlich mutiert« – würde sämtlichen Anforderungen genügen. So lange es menschliche Zellen gibt, wird sich die Information von Generation zu Generation fortpflanzen und kann nicht verlorengehen. Sie kann auch nicht zur falschen Zeit den falschen Empfängern in die Hände fallen. Denn es müssen eine ganze Reihe von Voraussetzungen erfüllt sein, um die Nachricht zu decodieren.

Erst eine Menschheit, der die vollständige Entschlüsselung der DNS gelungen ist, vermag – Stichwort: »Junk-DNS« – auch zu erkennen, dass einst »irgendjemand« in deren Erbgut korrigierend und mehrere Entwicklungsstufen überspringend eingegriffen hat.

Unverzichtbar für diese Erkenntnis ist eine entsprechende technologische Ausstattung. Elektronenrastermikroskope, welche das Innenleben der Chromosomen sichtbar machen, gehören ebenso dazu wie die Elektrizität, mit der sie betrieben werden, sowie Computer, die Milliarden von Kombinationen in der Doppel-Helix aufzugliedern vermögen. Kein noch so großes Heer von Mathematikern könnte die Aufgaben auch nur eines der beteiligten Rechner übernehmen.[22] Zu guter Letzt müsste eine Gesellschaft, die über einen so hohen Stand der Technologie verfügt, psychologisch mit der Erkenntnis zurechtkommen, dass sie ihre Existenz dem Eingreifen einer weit entwickelten außerirdischen Zivilisation verdankt. Ob wir schon so weit sind, das wage ich noch ernsthaft zu bezweifeln.

Der Feind im eigenen Körper

Dass wir neben unseren »irdischen« Genen auch solche besitzen, die nicht von dieser Welt stammen, könnte die Ursache für eine Anzahl rätselhafter Krankheiten sein. Rätselhaft deshalb, weil ihr Auftreten paradox ist und über ihre Auslöser bis heute

Unklarheit besteht. Erst kürzlich wurde ich daran erinnert, als mir eine frühere Freundin, nun gerade einmal 40 Jahre alt, mit dem Rollstuhl entgegenkam. Sie leidet an Multipler Sklerose (MS).

Aber was hat dies alles mit Außerirdischen und Genmanipulationen in früher Vorzeit zu tun? Möglicherweise sehr viel, darum alles erst einmal der Reihe nach.

Die Zellen eines Organismus erzeugen, entsprechend ihrer Erbinformationen, Proteine. Das sind Eiweiße – hochmolekulare Verbindungen, die Kohlenstoff, Wasserstoff, Sauerstoff, Stickstoff und zuweilen auch Schwefel enthalten. In allen Lebewesen nehmen sie eine zentrale Stellung ein; so beträgt zum Beispiel ihr Gewicht in tierischen Organismen mehr als drei Viertel der wasserfreien Substanz.[6]

Aber gegen Eiweiße kann man allergisch reagieren. Mit dieser banal klingenden Problematik wurden Ärzte bereits vor Jahrzehnten konfrontiert. Im konkreten Fall bei kosmetischen Operationen, etwa an der Nase, als sie Problemzonen mit Rinderknorpelmasse auszugleichen versuchten, also mit nicht menschlichem, daher artfremdem Gewebe. Und sie wunderten sich, dass der Erfolg ihrer plastischen Chirurgie in aller Regel nur zwei bis drei Wochen andauerte. Dann hatte der Organismus das fremde Gewebe wieder abgebaut, und der »Makel« trat meist noch deutlicher zutage als zuvor.

Ähnliche Probleme erwuchsen bei der Transplantation gespendeter Organe. Heute sind zwar Herz- oder Nierentransplantationen fast zum chirurgischen Alltag geworden, aber in jedem Fall muss das körpereigene Immunsystem des Patienten durch hoch dosierte Medikamente nachhaltig unterdrückt werden. Dies vermindert das Risiko einer Abstoßung beträchtlich, der Preis dafür sind leider zahlreiche unkalkulierbare Nebenwirkungen. Durch modernste Gentechnologie ist es machbar geworden, einzelne Gene zu isolieren, zu verändern und in fremde

Organismen einzusetzen. Da aber fremde Gene auch artfremde Eiweiße erzeugen, sind Allergien wie auch andere Störungen geradezu vorprogrammiert.

Artfremdes Eiweiß schafft also Probleme, das eigene hingegen wird anstandslos vertragen. Doch so einfach geht es leider nicht! Die Wiener Ärztin und Humanbiologin Dr. Martina Steinhardt ist wissenschaftliche Mitarbeiterin am Ludwig-Boltzmann-Institut in der österreichischen Bundeshauptstadt. Bei ihrer Arbeit mit Gentherapien im Kampf gegen Krebs befasste sich Dr. Steinhardt mit der Frage, inwieweit man ein artfremdes Gen einzig aufgrund einer allergischen Reaktion erkennen kann. Dabei stieß sie auf den klinisch noch immer zu wenig erforschten Komplex der Autoimmunkrankheiten.

Hierbei handelt es sich zumeist um entzündliche Krankheitsprozesse, die dadurch hervorgerufen werden, dass der Organismus plötzlich und ohne erkennbaren Grund allergisch auf das eigene Gewebe reagiert. Als hätte sich ein Feind im eigenen Körper eingenistet, beginnt ein verhängnisvolles »Abwehrprogramm« abzulaufen. Ich habe bereits an früherer Stelle, und zwar im Zusammenhang mit Unverträglichkeitsreaktionen des Blutes, das Problem kurz angerissen. Jetzt erscheint es geboten, sich der rätselhaften Krankheitssymptome und ihrer möglichen Ursachen genauer anzunehmen.

Auch »Götter« machen Fehler

Weshalb erkennt der Körper in diesen Fällen seine ureigenen Proteine nicht mehr? Welche Gründe stecken hinter dieser Fehlsteuerung, die einen Organismus in selbstzerstörerischer Weise gegen sich kämpfen lässt?

Manche Menschen scheinen buchstäblich prädestiniert zu sein für Autoimmunkrankheiten, während andere davon nicht befallen werden. Um nicht in grauer Theorie zu versinken, möchte ich an dieser Stelle ein paar Beispiele für diese Erkrankungen anführen, die sich, wie bereits angedeutet, meist als Entzündungen manifestieren:

- Entzündungen der Muskeln, des Herzmuskels nach einem Herzinfarkt, bestimmte Augenentzündungen sowie Nierenentzündungen, einhergehend mit einer Vergiftung der Nierenzellen
- Magenschleimhautentzündung, die letztlich zum vollständigen Verschwinden der Magenschleimhaut führen kann
- Chronische Dickdarmentzündung (Morbus Crohn), mit gleichzeitiger Schrumpfung des Darmgewebes
- Schilddrüsenentzündung (Basedow'sche Krankheit) sowie Gehirnhautentzündung nach einer Impfung
- Eine Reihe von Nervenentzündungen, hier ganz besonders die Multiple Sklerose (MS), möglicherweise auch Rheuma
- Spontane Blasenbildung mit Narben
- Zersetzung des Blutes[124]

Die obige Liste erhebt keinen Anspruch auf Vollständigkeit. Aber wodurch kommen alle diese Autoimmunerkrankungen zustande? Es klingt banal, aber wir wissen es nicht. Bis heute haben die Mediziner noch keine plausible Erklärung dafür gefunden, warum der Körper sein eigenes Gewebe, sprich: das eigene Eiweiß, als fremd einstuft und sein Immunsystem dagegen »in Marsch setzt«. Was ist so fremd am eigenen Gewebe? Nicht selten treten Autoimmunkrankheiten auch im Gefolge »normaler« Erkrankungen auf – so wie auch andere Allergien nach einer Sensibilisierung durch Krankheit oder durch Kontakt mit den allergieauslösenden Stoffen auftreten.
Es sind solche Ungereimtheiten, welche die Wiener Humanbiologin zu einer kühnen Schlussfolgerung bewegten. So fragte

Dr. Steinhardt: »Könnte es sein, dass Autoimmunkrankheiten dadurch entstehen, dass wir gegen einstmals fremde Gene sensibilisiert werden, die auch nach Jahrtausenden noch fremd sind, weil sie immer fremd bleiben?«[124]

Ich bin mir sicher, dass diese Theorie unter Forscherkollegen nicht unwidersprochen bleibt. Das Lager der Skeptiker wird es jedoch nicht leicht haben, die Argumente der Wiener Medizinerin zu entkräften. Dafür beruhen sie zu sehr auf gesicherten Erkenntnissen. Artfremde Gene erzeugen Gegenreaktionen. So war es schon zu Olims Zeiten, als die Fremden an unseren Genen herummanipulierten, was offensichtlich bis heute nachwirkt. Doch mit jedem Fortschritt, der unserer Gentechnik des 21. Jahrhunderts beschieden ist, werden sich jene Nebel lichten, die vergleichbare Eingriffe in der Vergangenheit verhüllten.[71]

Und dann werden wir auch erkennen müssen, dass die »Götter« alles andere als unfehlbar waren. In der Bibel wie auch vielen Schöpfungsmythen rund um die Erde werden die Fremden als nicht gerade zimperlich beschrieben. Mit ihren Eingriffen, die zwar den Laborversuchen unserer heutigen Forscher weit voraus, aber auch erschreckend ähnlich waren, haben sie dem *Homo sapiens* so manche schwere Hypothek auf seinen ohnehin nicht einfachen Weg mitgegeben. Ein »Blick zurück im Zorn« erscheint dennoch nicht angebracht, denn ohne die »Götter« aus dem Weltall stünden wir dem Anfang unserer Entwicklung vermutlich noch viel näher.

120

6 Hilfe in schwierigen Situationen

Medizinische Glanzleistungen der Vorzeit

>*»What do you see*
>*when you turn out the light,*
>*I can't tell you,*
>*but I know it's mine. (...)*
>*Oh, I'm gonna try*
>*with a little help from my friends,*
>*yes, I get by*
>*with a little help from my friends ...«*
>
>»WITH A LITTLE HELP FROM MY FRIENDS«,
>THE BEATLES (1967) AUS DEM ALBUM
>»SGT. PEPPER'S LONELY HEARTS CLUB BAND«

Wenn man es bedenkt, sind wir Menschen schon immer eine ungemein gefährdete Spezies gewesen. Ich meine damit nicht unseren ureigenen Trieb, den Mitmenschen das Lebenslicht auszublasen, was in unzähligen Kriegen und privaten Feindseligkeiten Normalität ist. Auch spiele ich nicht, da man hierzulande gerade im Angesicht des Super-GAUs im japanischen Fukushima in typisch deutschem Aktionismus den endgültigen (?) Atomausstieg beschlossen hat, auf die Gefahren der Kernkraft an. Ganz sicher werden wir auch nach dem Jahr 2021 von den Schrottreaktoren unserer »lieben Nachbarn« umgeben sein. Warum konzentrieren wir nicht alle unsere Anstrengungen, um die Technik der Kernfusion zu forcieren, statt noch immer Atomkerne zu spalten? Dabei entsteht aus zwei leichten Atomkernen ein schwerer. Auf diese Art »funktionieren« alle

Sonnen in unserem Universum. Aber womöglich brauchen wir noch ein paar Tschernobyls und Fukushimas, bis es die geldgeile Atomlobby endlich kapiert hat.

Nein, ich spreche von ganz anderen Bedrohungsszenarien. Bereits an früherer Stelle habe ich erläutert, dass zwei andere Tierklassen schon vor Millionen von Jahren unvergleichbar mehr Zeit zur Verfügung hatten, um Intelligenz ähnlich der unseren zu entwickeln. Intelligente Saurier könnten heute die Welt beherrschen,[19] auch die Insekten waren schon viel länger auf der Welt. Unsere Entwicklung zum sprechenden *Homo sapiens* bezahlen wir mit gefährlichen Risiken und Nebenwirkungen, die dafür abgeänderte Physiologie macht uns Schwierigkeiten beim Atmen und Schlucken. All das soll dann auch noch *ad hoc* zur Verfügung gestanden haben, denn eine Entwicklung über zahlreiche Zwischenstufen ist nicht denkbar.[28] Darüber hinaus sind artfremde Gene, die uns offenbar vor vielen Jahrtausenden eingepflanzt wurden, mit einer gewissen Wahrscheinlichkeit ursächlich für eine Reihe sehr gefährlicher Krankheiten, von denen nicht wenige lebensbedrohlichen Charakter besitzen.[124] Vielleicht ist das größte Mysterium des Menschen, dass er überhaupt noch existiert.

Gefangen im »Flaschenhals«

Im Verlauf der Menschwerdung entstand aus uns unerklärlichen Gründen eine ebenso paradoxe wie dramatische Situation, die um ein Haar zum Aussterben des noch jungen Menschengeschlechts geführt hätte. Paradox aus dem Grund, da man mittlerweile eine große regionale Vielfalt an verschiedenen Unterarten kennt. Das Wort vom »Stammbusch«, der an die Stelle des Stammbaumes getreten ist, macht die Runde.[4] Und dramatisch, da zu einem gewissen Zeitpunkt die Anzahl der Menschen auf wenige Paare geschrumpft war. Die Anthropologen sprechen vom »Bottleneck-« oder »Flaschenhals-Syndrom«.[125] Schon 1986 untersuchten Genetiker der Emery-Universität von Atlanta (Georgia) die Mitochondrien von 600 Frauen aus der ganzen Welt. Mitochondrien sind ein stark gegliederter, faseriger oder gekörnter Bestandteil der DNS, der nur von Frauen an Frauen vererbt wird. Die Tests ergaben, dass vor etwa 100 000 Jahren eine Frau existiert hat, die erstmalig diese Mitochondrien-DNS besaß.[126] War dies die Urmutter, jene Eva, von der auch das 1. Buch Mose des Alten Testaments spricht? Zu ähnlichen Schlüssen gelangten die Genforscher J. S. Jones und S. Rouhani vom Londoner University College sowie ein Team von der Universität Oxford unter Leitung von Jim S. Wainscoat. Sie untersuchten die geographische Verteilung des Beta-Globins (eine bestimmte Eiweiß-Komponente des roten Blutfarbstoffs Hämoglobin) von acht verschiedenen Bevölkerungsgruppen. Die Forscher kamen zu dem Ergebnis, dass einst auf dem afrikanischen Kontinent eine »Gründerpopulation« lebte, die zurückgerechnet aus höchstens sechs Menschen bestand. Daraus schlossen Rouhani und Jones, dass die Menschheit in einem entscheidenden Stadium ihrer Entwicklung eine »endangered species«, eine akut vom Aussterben bedrohte Art war.[125, 127] Eine 1999 veröffentlichte Studie, die an der Kalifornischen Universität von San Diego unter der Leitung von Dr. Pascal Gagneux erarbeitet wurde, lässt erahnen, wie dramatisch die Situation der Menschheit tatsächlich war. Es wurden 1158 Sequenzen der mitochondrialen DNS von Menschen, Schimpansen, Bonobos und Gorillas verglichen. Als Ergebnis kristallisierte sich heraus, dass die genetische Variation der gesamten Menschheit deutlich kleiner ist als zum Beispiel die in einer Gruppe aus 55 zusammenlebenden Schimpansen aus Westafrika.[128] Bei so vielen Funden urzeitlicher Menschentypen, welche das Bild unserer Vergangenheit unablässig einer Veränderung unterwerfen, sollte man eigentlich erwarten dürfen, dass der Mensch in der langen Zeit seiner Entwicklung eine ähnliche genetische Vielfalt erreicht hätte wie seine Affen-Verwandtschaft. Der Grad der genetischen Varianz beim Menschen widerspricht damit, wie es der Anthropologe Bernard Wood von der George Washington University formulierte, ganz entschieden dem stammesgeschichtlichen Alter.[129] Dieser Widerspruch kann nur aufgelöst werden, wenn man die Möglichkeit in Betracht zieht, dass zu einem heute relativ genau bestimmbaren Zeitpunkt der Stammbaum des Menschen »drastisch zusammengestutzt« wurde.[128] Wodurch oder besser gefragt durch wen geschah das? Waren es Naturkatastrophen, Krankheiten oder andere natürliche Ereignisse? Oder finden wir die wahre Ursache in ganz anderen Bereichen?

»Aus dem theologischen Nebel …«

Und wer half der so unvermittelt in Existenznöte geratenen, jungen Menschheit, durch jenen bedrohlich engen »Flaschenhals« zu kommen? Einmal angenommen, es waren dieselben, die den *Homo sapiens* erst in seine prekäre Lage gebracht haben, so erinnert uns deren Vorgehensweise frappierend an die Praxis eines Gärtners oder eines Viehzüchters. Durch Selektion, also künstliche Auslese, werden nur die »Besten« behalten und genetisch weiterentwickelt. Wenn also unsere Vorfahren, wie sich der schon erwähnte Evolutionsbiologe Dr. Gagneux ausdrückte, einst »drastisch zusammengestutzt« wurden, sollte man sich nicht scheuen, als Ursache auch künstliche Eingriffe fremder Intelligenzen in Betracht zu ziehen.

Wenn wir zudem endlich aufhören würden, die uralten Mythen, Sagen und heiligen Bücher der Völker nur als phantasievolle Unterhaltungslektüre zu betrachten, würde sich manches auf einen Schlag viel klarer darstellen. Wie viele reale Fakten sind, verpackt in ein religiöses Mäntelchen, ins Reich des Glaubens abgedriftet, in dem von der vorgeschriebenen Lesart abweichende Sichtweisen kurzerhand als Sakrileg verdammt werden? In seinem Vorwort zu meinem Erstlingswerk »Die weiße Pyramide«[130] brachte es Erich von Däniken in bewährter Weise auf den Punkt: »Aus dem theologischen Nebel stiegen dauernd neue Wolken – aber nie plausible Antworten über Gott und die Götter.«

Legen wir also einmal unsere über viele Generationen anerzogenen Scheuklappen ab, dann finden wir sogar in der Bibel Passagen, die nicht nur auf die künstliche Erschaffung des Menschen an sich hinweisen. Selbst der zitierte »Flaschenhals« in unserer Entwicklungsgeschichte schimmert unverkennbar durch, wenn wir zwei Aussagen – beide stehen im 1. Buch Moses und könnten kaum konträrer sein – unvoreingenommen und aus dem Stand heutiger Erkenntnisse heraus betrachten.

»Und Gott sah an alles, was er gemacht hatte, und siehe, es war gut.« (1. Buch Mose, Kap. 1, Vers 31)[80] Doch nur unwesentlich später kam die große Ernüchterung: »Da reute es ihn, dass er die Menschen gemacht hatte auf Erden, und es bekümmerte ihn in seinem Herzen.« (1. Buch Mose, Kap. 6, Vers 6)[80] Ganz offenbar hatte das »Produkt« Fehler, war die Krone der Schöpfung nicht so geraten wie vorgestellt. Noch interessanter wird es, wenn wir den Konsequenzen aus diesem plötzlichen Sinneswandel auf den Grund gehen. Der »Höchste« beschließt kurzerhand, seine ganze missratene Brut jämmerlich ertrinken zu lassen.

In der Geschichte von der biblischen Sintflut, die ihrerseits auf viel älteren akkadischen Quellen basiert,[131] stellte die »Reduktion« der Menschheit auf Noah, dessen Frau und Söhne sowie deren Ehefrauen nichts anderes dar als besagtes »drastisches Zusammenstutzen« unseres Stammbaumes beziehungsweise die »Engstelle«, auf die Biologen und Genetiker erst durch die Untersuchung der mitochondrialen DNS stießen. Hier haben wir modernstes Wissen vor uns – wir müssen nur endlich den religiösen Verputz herunterkratzen! Versuchen wir also, noch ein paar der »theologischen Nebel« wegzublasen, die uns auf der Suche nach Hinweisen auf eine gelenkte Schöpfung mitunter die Sicht trüben.

Schöpfung im Labor »Duku«

Die Bibel stellt, obwohl »heiliges Buch« für etwa eine Milliarde Christen auf diesem Planeten, nur ein kleines Stück eines weltweiten Puzzles dar. In allen Kulturen behaupten Mythen und Überlieferungen, dass die »Götter« den Menschen – oft nach ihrem Ebenbild – erschaffen hätten. Der US-amerikanische Sumerologe Samuel N. Kramer (1897–1990) übersetzte zeit seines Lebens Keilschrifttafeln aus dem mesopotamischen Raum. Eines der auf Ton verewigten Dokumente erregt unsere Aufmerksamkeit: »In jenen Tagen, in der Schöpfungskammer der Götter, in ihrem Duku, wurden Lahar und Aschnan geformt. (…) In jenen Tagen sagte Enki (einer der Schöpfergötter) zu Enlil (göttlicher Beherrscher des Luftraumes): ›Vater Enlil, Lahar und Aschnan, sie, die im Duku erschaffen wurden, lassen wir sie aus dem Duku hinabsteigen.‹«[132]

Die Frage drängt sich beinahe von selbst auf: Was war jenes Duku, das als »Schöpfungskammer« charakterisiert wurde? War es ein gentechnisches Labor, in dem Manipulationen am Erbgut vorgenommen wurden? Und stand es auf der Erde oder kreiste es als Raumstation im Orbit? Für die letztere Annahme würde sprechen, dass Lahar und Aschnan »hinabsteigen« sollten.

Oder nehmen wir die Erschaffungsgeschichte des Menschen im heiligen Buch der Maya. Als die spanischen Konquistadoren in

126

Mittel- und Südamerika einfielen, kamen in ihrem Gefolge auch Padres der katholischen Kirche. Jene missionierten die Indianer, »überzeugten« die Urbevölkerung auf mehr oder weniger brachiale Weise, dass der christliche Glauben die allein selig machende Wahrheit sei. Zahllose »heidnische« Aufzeichnungen fielen der Zerstörungswut der Priester zum Opfer, heilige Texte, die dem lodernden Feuer überantwortet wurden. Nur ganz wenige Schriften überlebten diese Kulturschande, darunter eine Handvoll Maya-Codices, die in Museen auf der ganzen Welt verstreut sind. Nie wieder gut zu machende Verbrechen »im Namen Gottes«.

Einige der Schriftzeugnisse überlebten auch aus dem simplen Grund, da sie in mündlicher Form von Generation zu Generation weitergegeben worden waren. Zu ihnen gehört das Popol Vuh, das heilige Buch der Quiche Maya. Es wurde 1530 in die lateinische Sprache übertragen und existiert, soweit wir wissen, seit dieser Zeit erstmals in Schriftform. Es gibt mehrere Ausgaben mit leicht unterschiedlicher Akzentuierung.[133]

Auch im Popol Vuh geht die Erschaffung der Menschheit durch Experimente der »Götter« vor sich, von denen zuvor allerdings einige missglückt waren. Dass diese Versuche sich von dem altbekannten, natürlichen »Verfahren« grundlegend unterschieden, streicht die Überlieferung explizit heraus: »Dieses sind die Namen der ersten Menschen, die erbaut, erschaffen wurden: Der erste Mensch, dieser war Balamquitze, der zweite dann Balamacab, der dritte dann Mahucutah, der vierte endlich Iquibalam, dies also sind die Namen unserer ersten Ahnen. Nur Gebautes, nur Geschöpfe wurden sie genannt; sie haben keine Mutter, haben keinen Vater, nur Edle können wir sie nennen. Keine Weiber haben sie geboren und sie wurden auch nicht als Söhne gezeugt, von der Meisterin des Bauens und vom Meister des Erschaffens, von der Gebärerin und dem Söhne-Erzeuger. Sondern ein Wunder war es, dass sie erbaut wurden, dass sie erschaffen wurden. Ein Zauber, gewirkt von der Erbauerin und dem Schöpfer, von der Gebärerin und dem Söhne-Erzeuger, ja von der Mächtigen und von Kukumaz.«[134]

Dass der Mensch ein Kreuzungsprodukt ist, mit Genen von sowohl irdischer als auch außerirdischer Herkunft, weiß eine andere Stelle des Popol Vuh zu unterstreichen: »So wurden geschaffen und geformt unsere Ahnen, unsere Väter. Vom Herzen des Himmels, vom Herzen der Erde.«[134]

Auch der Stamm der Arikara-Indianer Nordamerikas erwähnt in seiner Schöpfungsgeschichte mehrere missglückte Versuche – sowie eine große Flut, in welcher die nicht gelungenen »Produkte« kurzerhand entsorgt wurden. Es heißt, eine erste Schöpfung hätte Urzeitriesen aus Stein hervorgebracht, die jedoch ein so »ungebärdiges« Auftreten zeigten, dass sie in einer gewaltigen Regenflut ertränkt wurden. Die Menschen des zweiten Schöpfungsversuchs wiederum seien dem Schöpfergott Atiuch zu ähnlich geworden; so wurden auch diese von ihm durch eine große Flut von der Erde getilgt. Erst beim dritten Anlauf sei ihm endlich ein richtiges Menschenpaar gelungen, das Atiuch daraufhin mithilfe eines Blitzes zur Erde herabgebracht hätte. Da der Blitz zu unsanft ankam und ein tiefes Loch in die Erde bohrte, musste ein Maulwurf einen Gang bis zur Erdoberfläche graben, damit so die ersten Menschen ans Licht des Tages gelangen konnten.[2]

Nur noch ein Gedanke zu Schöpfungsversuch Nummer zwei, dann kann ich das unerschöpfliche Thema Schöpfungsmythen abschließen. Fürchtete der experimentierfreudige Gott etwa die Konkurrenz des ihm zu ähnlich gewordenen Menschen? Er musste es doch eigentlich wissen, wie sich das Ergebnis seiner Eingriffe entwickeln würde. Oder war es nicht eher so, dass eine zu große Ähnlichkeit zu den von den Sternen gekommenen Fremden sich aus dem Grund als kontraproduktiv erwies, weil die Menschen an das Leben auf *diesem* Planeten optimal angepasst zu sein hatten?

1 Nach der Evolutionslehre des britischen Naturforschers Charles Darwin (1809–1882) entwickelte sich der Mensch in vielen kleinen Schritten aus dem Affen. Es tauchen jedoch immer wieder neue Fossilien bislang unbekannter Urmenschen auf, welche die gängigen Theorien über unsere Abstammung mehr und mehr ins Wanken bringen.

2 Im Erdmittelalter, das von etwa 240 bis 60 Millionen Jahre v. Chr. dauerte, waren sie die dominierende Tierklasse: die Reptilien. In geradezu unglaublicher Artenvielfalt beherrschten die Dinosaurier unseren Planeten zu Land, zu Wasser und sogar in der Luft.

3 Vor etwa 60 Millionen Jahren
soll ein Meteoritenabsturz das
Ende der Dinosaurier eingeläutet
haben. Satellitenaufnahmen aus
dem Erdorbit haben gezeigt, dass
die zahlreichen wassergefüllten
Cenoten auf der Halbinsel
Yucatan Spuren dieser alles
umwälzenden Katastrophe sind.
Sie bilden den Rand einer riesigen
Impaktstruktur.

4 Eine Vorstellung, wie das Leben
auf Erden einen anderen Gang
genommen haben könnte. Wären
die Saurier nicht ausgestorben,
hätten einige Arten wie der
Stenonychosaurus ein großes
Gehirn entwickelt und wären
heute die dominante Spezies. Wir
waren nicht der einzige Anwärter
auf die Bildung von Intelligenz.

5 Auch einige Spezies aus der ungemein artenreichen Gattung der Insekten hätten intelligent in unserem Sinne werden können. Vom UFO-Entführungssyndrom Betroffene beschreiben nicht selten insektoide Wesen, die an ihnen experimentiert hätten, und vergleichen sie mitunter mit einer Gottesanbeterin (*Mantis religiosa*).

6 Auf einer Vielzahl von steinzeitlichen Abbildungen und figürlichen Darstellungen finden sich Gestalten, deren Äußeres oft Assoziationen zu Raumfahrern oder Beschreibungen heute beobachteter Aliens weckt.

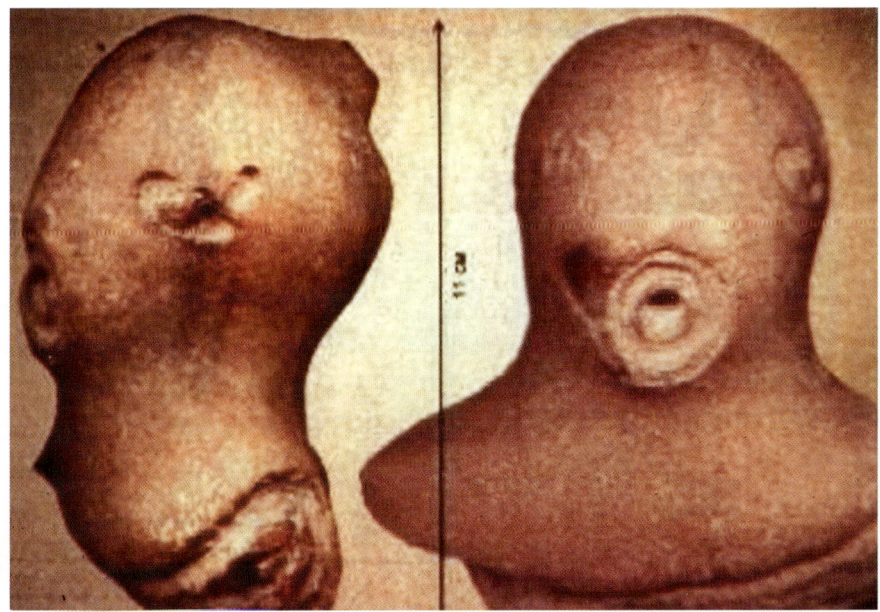

7 Die Shanidar-Höhle im Norden des Irak. Im Verlauf ausgedehnter Ausgrabungen fand man hier Spuren einer ausgeprägten Begräbniskultur der Neandertaler, die auf einen Glauben an ein Weiterleben im Jenseits schließen lässt.

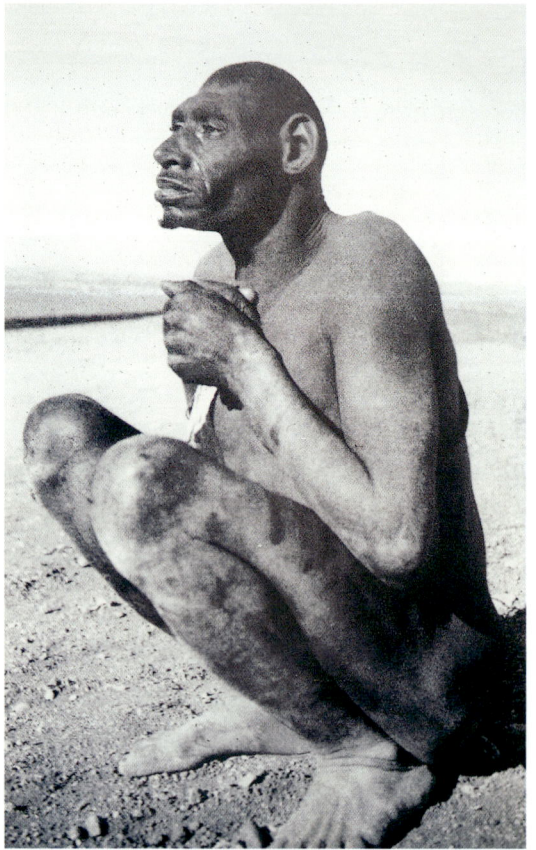

8 Atavismus oder ein echter Überlebender seiner Rasse? Mit »Hassu, dem lebenden Neandertaler« befasste sich in den 1940er-Jahren der bekannte deutsch-französische Ethnologe Professor Dr. Marcel Homet. Sein Geheimnis hat »Hassu« mit in sein Grab genommen.

9 Felsmalerei der Aborigines aus den Northern Territories. Die oft zitierte »Traum-zeit« war viel eher eine »Götterzeit«. Auf diesem Bild erkennt man eine ganze Crew rätselhafter Wesen mit astronautischen Zügen.

10 UFO-Absturz vor 12 000 Jahren? Im Westen Chinas soll sich einst ein »Chinesi-sches Roswell« ereignet haben. Das phantastische Szenario bewegt die Gemüter seit Jahrzehnten und wird noch immer kontrovers diskutiert.

Das Dorf der Zwerge – Umweltgifte schuld?

Ein Dorf in der chinesischen Provinz Sechzuan. Zwischen Reisfeldern und Bambushainen merkwürdige kleine Häuser.

Das Dorf der Zwerge.

Hier leben 120 Männer und Frauen mit ihren Kindern. Viele sind nicht mal 1,15 m groß. Der kleinste (Erwachsene) mißt ganze 63,5 cm.

Sie haben ihr Dorf im Puppenhaus-Stil gebaut. Kleine Türen, niedrige Treppen, kurze Betten. Alle fahren nur Kinder-Fahrräder.

Das Dorf der Zwerge – für Experten ein Rätsel. Normalerweise gilt: Nur eins von 20 000 Neugeborenen kommt mit einer erblichen Wachstumsstörung auf die Welt.

Wissenschaftler, die das Dorf besucht haben, machen jetzt Umweltgifte für den Zwergenwuchs verantwortlich. Z. B. gefährliche Abgase, chemie-verseuchtes Trinkwasser.

Vielleicht stoppt auch ein besonderes Gen das Größerwerden. Vor 1 Jahr erst wurde ein solches „Zwergen-Gen" entdeckt.

PS: In Deutschland gibt es ca. 100 000 kleinwüchsige Menschen.

11 Erst vor wenigen Jahren wurden sie entdeckt und brachten frischen Wind in die Diskussion um das »Chinesische Roswell«. Könnten die extrem kleinwüchsigen Bewohner des »Dorfes der Zwerge« die letzten Nachfahren der Havaristen aus grauer Vorzeit sein?

12 Der Unterschied im Gehirninhalt beträgt gut 1000 Kubikzentimeter! Der winzige Schädel des *Homo florensis* (rechts) im direkten Vergleich mit einem menschlichen Schädel.

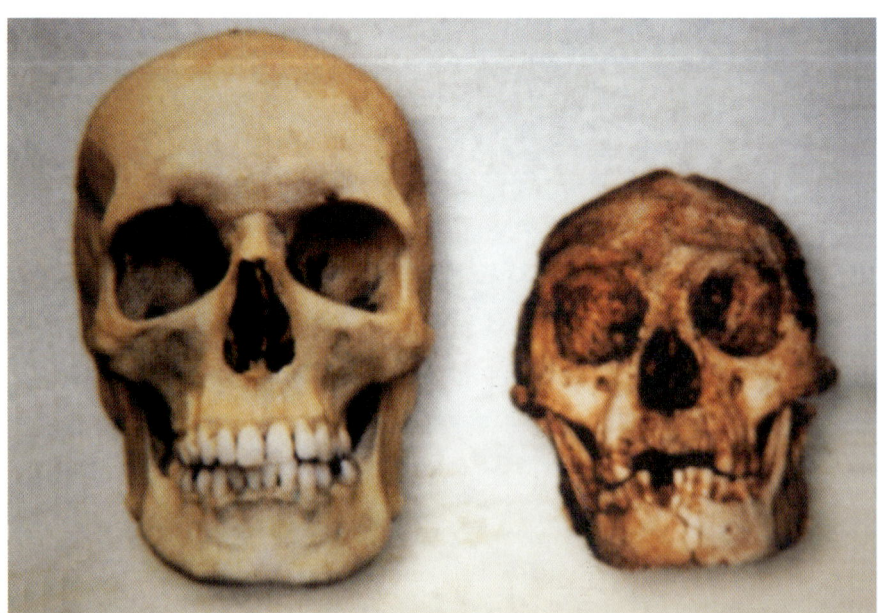

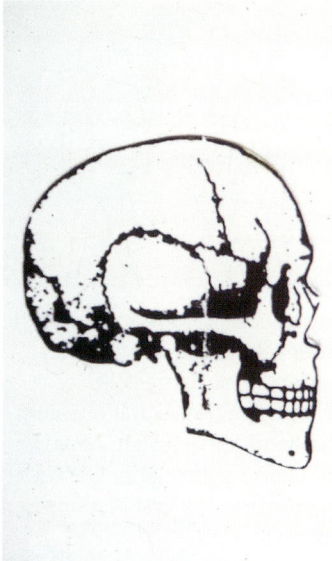
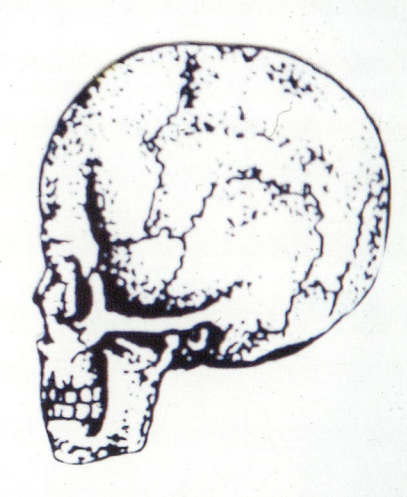

13 Der mysteriöse »Mensch von Mouillans« stellt mit seinen 2,3 Litern Gehirnvolumen den heutigen *Homo sapiens* glatt in den Schatten.

14 Begräbnisstätte eines legendären chinesischen Urkaisers: Die Steinpyramide von Shao Hao unweit von Qu'fu in der Provinz Shandong (unten).

15 Die Statue von Urkaiser Shao Hao in der Pagode oben auf der Pyramide (rechts). War er ein direkter Abkömmling der »Götter« und »Lehrmeister« aus dem Weltall?

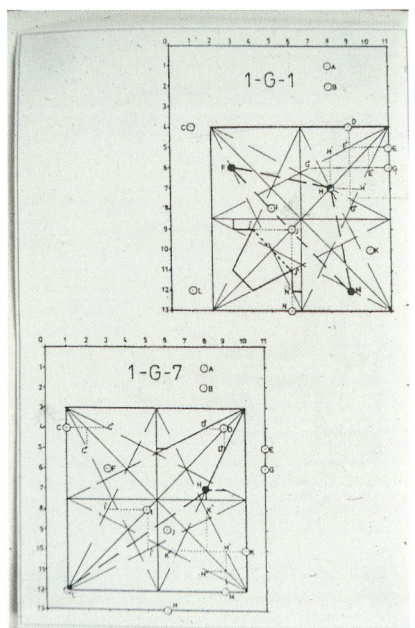

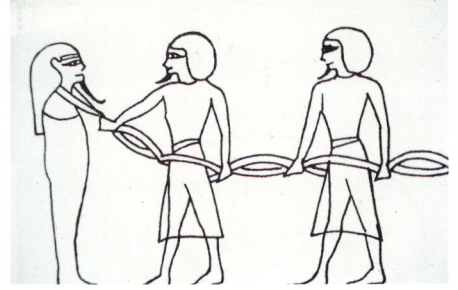

17 Im altägyptischen »Pfortenbuch« wird der Begriff der Lebenszeit durch einen verschlungenen Strick dargestellt, welcher der »Doppel-Helix« mit unserem Erbgut verblüffend ähnlich sieht. Was wussten die alten Ägypter über Gentechnik – ein Wissen, das wir erst in jüngster Zeit entdeckten?

16 Eine Botschaft außerirdischer Intelligenzen? Die Rücklaufverzögerungen von Funkwellen aus den Jahren zwischen 1927 und 1970, abgetragen in ein Sekundengitter, ergaben eine ganze Serie von Sternkarten, die alle den Weltraum um das Sternbild Epsilon Bootes zeigen.

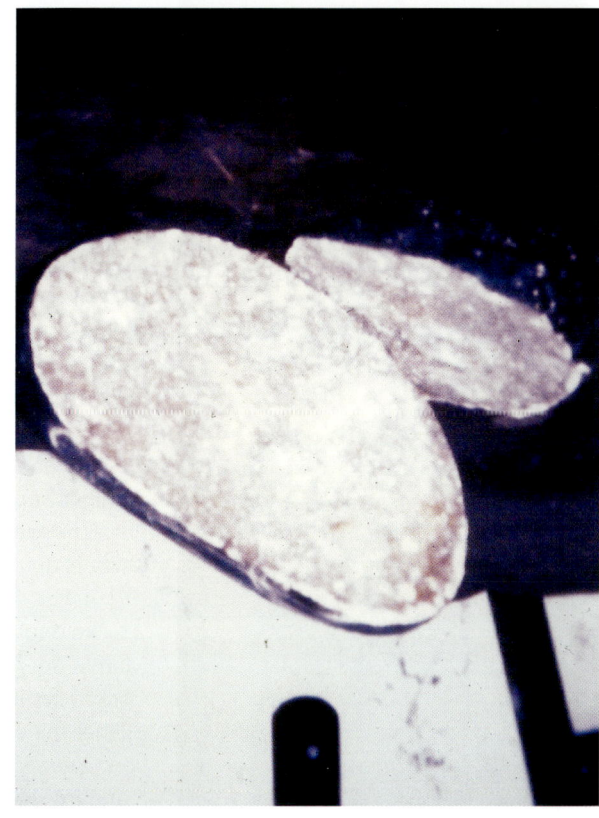

18, 19 Zwei Steine aus der kontrovers diskutierten Sammlung des peruanischen Arztes Dr. Cabrera († 2001) zeigen verschiedene Stadien einer Herzverpflanzung (li. u., re. o.). Die offizielle Wissenschaft hält sie allesamt für Fälschungen, obwohl geologische Untersuchungen auf ein hohes Alter dieser gravierten Steine hinweisen.

20 An diesem zerbrochenen Exemplar kann man deutlich eine Glasierung erkennen, die möglicherweise durch plötzliche starke Hitzeeinwirkung entstanden ist.

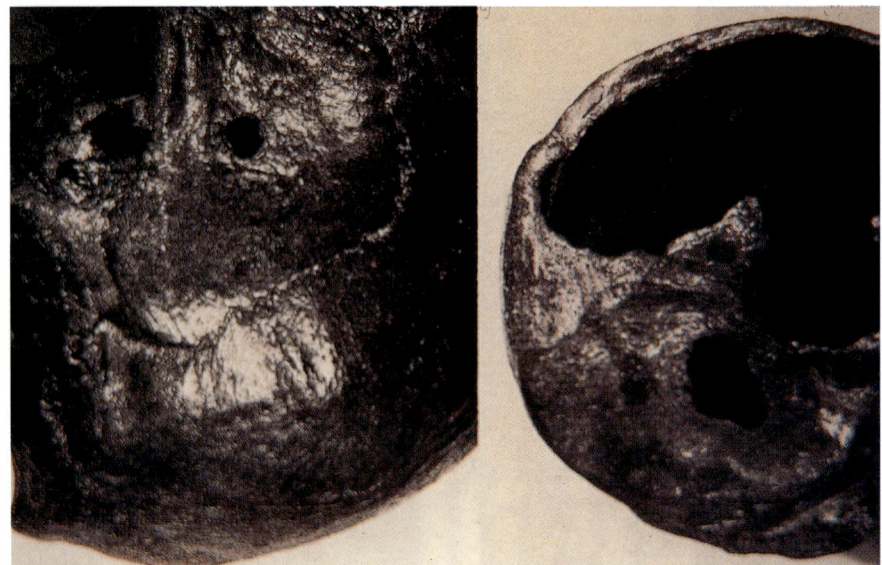

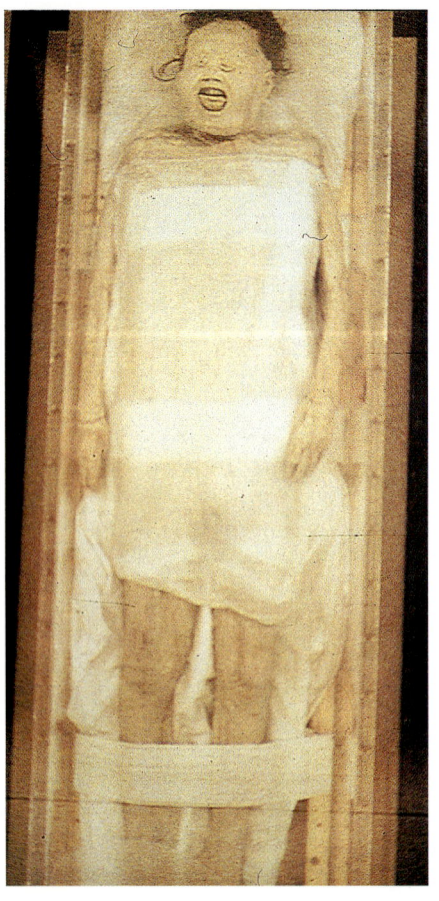

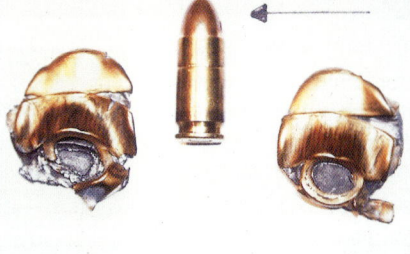

21 Dieser Neandertalerschädel zeigt ein klar umrissenes Einschussloch bei viel größerer Austrittsöffnung – genau wie bei der Verwendung einer modernen Schusswaffe (oben).

22 Bleibende Eindrücke: Bereits bei weniger harter Oberfläche pilzt eine Pistolenkugel auf das Mehrfache ihres Kalibers auf.

23 Die unglaublich gut erhaltene Mumie der Adeligen Xin Zhui (+ 168 v. Chr.). In ihrem Grab fand man mehrere Bücher mit exakten Beschreibungen von Operationen, wie sie heutzutage Standard sind.

24, 25 Seltsame Mischwesen im »Museum für die Geschichte der Stadt Peking«. Eines davon erinnert an das schreckliche Alien aus dem gleichnamigen Filmklassiker (o. links), das andere an den »Schlangenpriester« aus *Conan, der Barbar*. Das Alter dieser Artefakte: mindestens 2500 Jahre!

26 Auf dem »schwarzen Obelisken« des Assyrerkönigs Salamanassar II. findet man »Menschentiere«, die an der Leine geführt werden. Eine dieser geheimnisumwobenen Chimären lutscht deutlich erkennbar an seinem Daumen (im Bild links).

27–29 Genetische Verrücktheiten zwischen Mensch und Tier gibt es massenhaft aus grauer Vorzeit. Hier als Reliefs auf den Orthostaten im »Museum für die alten Zivilisationen Anatoliens« in der türkischen Hauptstadt Ankara, wo sie einen ganzen Saal füllen. Ausgegraben wurden sie in der hethitischen Stadt Karkamiş. Nur Produkte ausschweifender Phantasie oder einst erlebte Realität?

30 Aus demselben geographischen Raum und sehr unheimlich anzusehen: Die mehr als 5000 Jahre alte »Dame mit dem Reptilienkopf« aus der Obeid-Kultur Mesopotamiens. Gehörte auch sie zu den beschriebenen Mischkreaturen oder war sie die Angehörige einer nicht von dieser Welt stammenden Rasse?

31 Verblüffende Folgen einer Konfrontation zweier Kulturen: Im Zweiten Weltkrieg ahmten die Eingeborenen im Inneren Neuguineas die Alliierten und deren Technik nach. Reagierten unsere frühen Vorfahren bei Begegnungen mit von den Sternen gekommenen Intelligenzen in ähnlicher Weise?

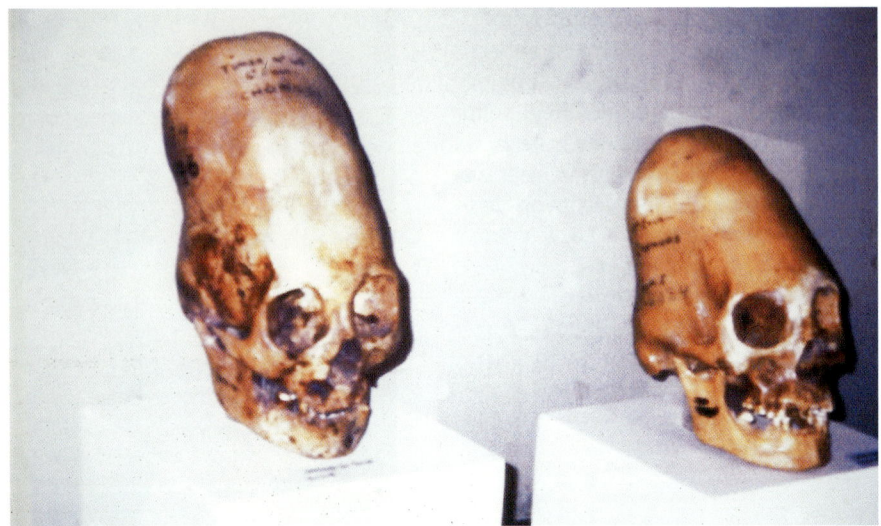

32 Das bis zu dreifache Volumen eines normalen menschlichen Kopfes weisen deformierte Schädel auf, die im Museum in Ica, Peru, ausgestellt sind. Wie Mischwesen sind auch Schädeldeformationen ein globales Phänomen. Wer aber waren die Vorbilder für diese ausgefallenen Praktiken?

33 Interessante Details auf einer Röntgenaufnahme eines der Schädel aus dem Museum von Ica.

34 Noch heute praktizieren einige Indianerstämme Südamerikas die Praxis der Schädeldeformation.

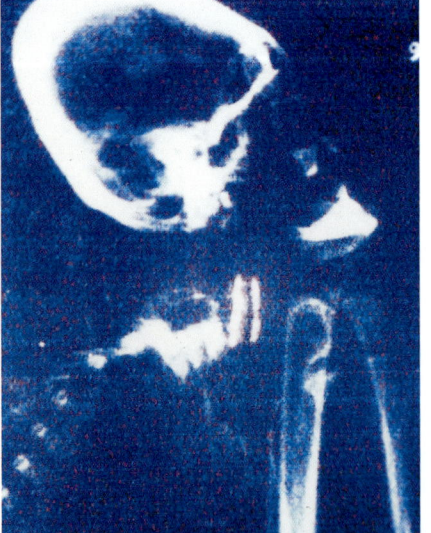

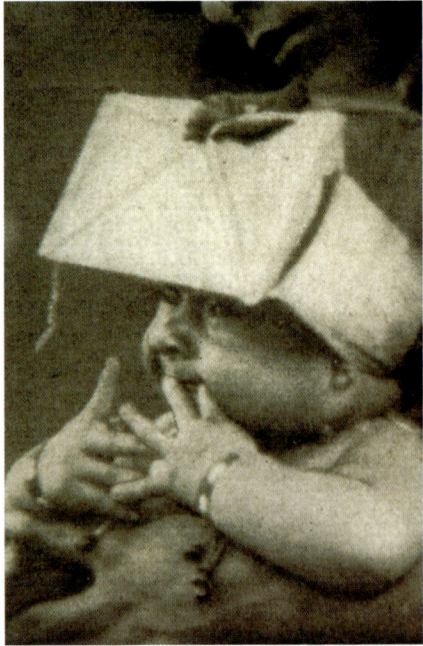

35 Künstlerische Darstellung der »Little Greys«, jener kleinen grauen Wesen, die offenbar für das Phänomen der UFO-Entführungen verantwortlich sind. Auffallend sind ihre großen Köpfe mit den riesigen, dunklen, schräggestellten Augen sowie winzigen Nasen und Mündern.

36 Ein immer wiederkehrendes Szenario bei UFO-Entführungen. Entführte Frauen berichten, dass ihnen im Verlauf weiterer Abduktionen Kinder präsentiert wurden, die möglicherweise Hybriden zwischen Aliens und Menschen sind. Läuft hier ein geheimes »Zuchtprogramm« zur Erschaffung einer Mischrasse ab?

37 Man benötigt keine Lichtgeschwindigkeit zur Eroberung fremder Welten. Professor O'Neill konzipierte riesige »Weltraum-Habitate«, in denen Menschen in einer naturnahen Landschaft leben sollen. Berechnungen zufolge wäre unsere Galaxis beim Einsatz solcher Habitate spätestens nach zehn Millionen Jahren kolonisiert.

38 Kamen die »Götter« in gewaltigen Generationenraumschiffen auf die Erde? Viele uralte Mythen speziell aus dem asiatischen Kulturraum berichten von »Städten am Himmel«, in denen die Götter residierten und sich zuweilen auch mit fürchterlichen Vernichtungswaffen bekämpften.

Wer verpflanzte Herzen vor 100 000 Jahren?

Nicht nur die Gentechnologie hat in den vergangenen Jahren rasante und ungeahnte Fortschritte gemacht. Auch die Allgemeinmedizin überrascht uns beinahe täglich mit neuen Erkenntnissen und Errungenschaften. Die moderne Transplantationsmedizin kann heute nahezu jedes Organ – mit Ausnahme des Gehirns – auswechseln. Chirurgen transplantieren seit 2010 vollständige Gesichter, um entstellten Patienten wieder zu einem menschenwürdigen Leben zu verhelfen. Auch die Neurologie leistet Unglaubliches. Anfallskranke Personen, wie zum Beispiel Epileptiker, bekommen einen »Hirnschrittmacher« eingesetzt, um die Anfallshäufigkeit zu reduzieren oder sogar gegen null zu steuern. Zur Erstellung eines Elektroenzephalogramms (Aufzeichnung der Hirnstromtätigkeit; EEG) ist es oft notwendig, feine Drähte von unten bis ins Gehirn zu schieben.[135] Bei vielen Therapiemethoden ist es auch angezeigt, zum Zweck einer dauerhaften Stimulation die Drähte im Gehirn zu belassen.

Im Jahr 1863 fand der US-amerikanische Diplomat E. G. Squier in Cuzco, der alten Inka-Hauptstadt im Andenhochland von Peru, einen menschlichen Schädel, dessen Alter auf runde 4000 Jahre datiert wurde. Zu Lebzeiten seines Trägers war aus der Schädelplatte ein rechteckiges Stück Knochen operativ entfernt worden. Squier übergab den Schädel dem französischen Anthropologen Dr. Paul Broca (1824–1880). Der machte sich einen Namen in der medizinischen Fachwelt, weil er als Erster das Sprachvermögen in einer Windung des Vorderhirns lokalisieren konnte. Diese Stelle wird nach ihm Broca'sche Windung genannt. Und jetzt wird es spannend: In dem hohlen Schädel aus Peru fand der Anthropologe neben Anzeichen einer Knocheninfektion, die wohl den Grund für den chirurgischen Eingriff darstellte, auch noch insgesamt sechs haarfeine Drähte![136]

Auf dem Gebiet der Herzchirurgie gilt der Südafrikaner Professor Christiaan Barnard (1922–2001) als Bahnbrecher. Ihm war es 1967 als weltweit erstem Arzt gelungen, einem Patienten das Herz eines anderen Menschen zu verpflanzen. Dem damals 51-jährigen Louis Washkansky wurde im »Groote-Schuur-Hospital« in Kapstadt das Herz eines Unfallopfers eingesetzt. Es war eine Mammutoperation, auch überlebte der Patient den Eingriff – allerdings nur um zwei Wochen. Dann setzte leider eine verhängnisvolle Immunreaktion sämtlichen Hoffnungen ein jähes Ende: Das Spenderherz wurde als körperfremdes Gewebe abgestoßen.

Heute, 45 Jahre später, sind Herzverpflanzungen nichts Ungewöhnliches mehr. Die Abstoßungsreaktionen werden mit der Gabe starker Medikamente unterdrückt, und die Überlebensdauer stieg auf viele Jahre. Ein geschwächtes Immunsystem mahnt die Transplantierten zu einer umsichtigeren Lebensweise, doch dies ist der Preis für ein nahezu normales Weiterleben. Sogar Mehrfachtransplantationen sind heutzutage möglich. Doch sind Transplantationen tatsächlich so neu?

Im Jahre 1969 unternahm der sowjetische Professor Leonidow Marmadschaidschan von der Universität Aschchabad, inzwischen die Hauptstadt der Republik Turkmenistan, gemeinsam mit Kollegen der Universität von Leningrad (heute: St. Petersburg) eine Forschungsreise in den zur UdSSR gehörenden Teil Zentralasiens. In einer altsteinzeitlichen Höhle stießen sie auf einen Bestattungsort aus der Frühgeschichte der Menschheit. Dort förderten die Expeditionsteilnehmer schließlich 30 vollkommen erhaltene Skelette aus einem Massengrab zutage.

Nach der Rückkehr an die Universität von Aschchabad wurden die menschlichen Überreste einer Datierung nach der Radio-Karbon-Methode (C-14-Methode) unterzogen. Die ergab ein Mindestalter von 20 000 Jahren, doch später durchgeführte, ausführlichere Messungen kamen zu dem Ergebnis, dass einige

Skelette auch bis zu 100 000 Jahre alt sein können. Neben dem hohen Alter gab es noch weitere Besonderheiten, welche die Aufmerksamkeit der Wissenschaftler erregten. Acht der Skelette wiesen Spuren markanter Knochenverletzungen auf, die von Kämpfen mit Raubtieren herzurühren schienen. Da gab es Spuren von Krallen, ebenso die Anzeichen tiefer Bisse. Einige wenige Skelette aber ließen merkwürdige Operationsspuren am Brustkorb erkennen. Und an einem musste sogar eine Resektion mehrerer Rippenbögen stattgefunden haben, was nur eine schlüssige Folgerung zulässt: Durch den Einschnitt in den Thorax wurde das Herz für einen Eingriff freigelegt!

Auf der linken Brustseite waren die Rippen genau in der Höhe des Herzens mit einem scharfen Instrument säuberlich durchschnitten und entfernt worden. Eine genauere Untersuchung der Operationsfläche führte zu der Erkenntnis, dass nach Resektion der Rippen ein Einschnitt vorgenommen worden war, der noch erweitert wurde, um Platz für die eigentliche Operation am offenen Herzen zu schaffen.

Es ist unfassbar, und so mancher wird vielleicht jetzt nach einer einfacheren Erklärung suchen. Zum Beispiel Menschenopfer, wie sie in vielen alten Hochkulturen gang und gäbe waren. Doch dieser »Strohhalm« greift nicht. Denn an den Schnittstellen hatte sich neue Knochensubstanz gebildet – ein eindeutiges Indiz für den Heilungsprozess. Nach der Dicke des neuen Gewebes zu urteilen, war der Patient genesen und hat danach noch wenigstens drei bis fünf Jahre gelebt.[137] Im Übrigen entspricht die Schnittfläche am Thorax genau dem Herzfenster, wie es seit der ersten Herzverpflanzung im Jahr 1967 für Operationen am offenen Herzen angelegt wird.

Bereits früher hatte man Spuren ähnlicher Eingriffe an den Knochen des Brustkorbes von Skeletten entdeckt, die man im Nahen Osten ausgegraben hatte. Die Kohlenstoff-14-Datierung wies ihnen ein Alter von etwa 50 000 Jahren zu.

Fakt und Fälschung

Die Frage ist unvermeidbar, wer in den beschriebenen Fällen das Skalpell geführt haben mag. Ich kann mir nicht vorstellen, dass es unsere steinzeitlichen Vorfahren waren, obwohl sie nicht so primitiv waren, wie wir sie uns immer vorgestellt haben. Ganz andere Operateure müssen am Werk gewesen sein, deren Spuren sich deutlich durch unsere Vor- und Frühgeschichte ziehen.

Herzoperationen und andere schwierige chirurgische Eingriffe in grauer Vorzeit rütteln beständig an den Säulen der Weltanschauung, die in unserer westlichen Welt verbreitet ist. Darum sollte sich selbst der blauäugigste Zeitgenosse nicht wundern, wenn die etablierte Wissenschaft nicht ins Bild passende Artefakte als Fälschung deklariert. Einen sehr schönen Präzedenzfall stellen die gravierten Steine von Ica dar, über deren Echtheit heftig gestritten wird.

Bis zu seinem Tod am 30. Dezember 2001 sammelte der peruanische Arzt Dr. Javier Cabrera gravierte Steine, die ihm Indios aus angeblich geheimen Verstecken brachten und die viele Tausend Jahre alt sein sollten. Sie wussten von seiner Sammelleidenschaft und bezahlten auf diese Weise ihre Arztrechnungen, da sie meist kein Bargeld hatten. Das sichtlich in die Jahre gekommene Haus Nr. 170 an der Plaza de Armas in Ica, einer kleinen Stadt rund 200 Kilometer südlich von Lima, ist mit schätzungsweise 20 000 Steinen vollgestopft. Von faustgroßen Stücken bis zu Felsbrocken von eineinhalb Metern Länge –was nicht in Regale passte, wurde kurzerhand am Boden übereinandergestapelt. Heute kümmert sich Cabreras Tochter Eugenia um den Nachlass des Doktors und kommt – nach Voranmeldung – auch aus Lima gefahren, um das »Museo Cabrera« für interessierte Besucher zu öffnen und dessen Pretiosen zu präsentieren.

Ich selbst weilte bereits mehrere Male in Dr. Cabreras Museum; und während meiner Südamerika-Reisen 1993 und 1996 lernte ich ihn noch persönlich kennen. Unter den schier unzählbaren Exponaten beeindruckte mich – neben Darstellungen von Dinosauriern im trauten Verein mit Menschen – eine Serie, die verschiedene Stadien einer Herztransplantation zeigt (s. Bildteil). Die meisten Archäologen halten all diese Bilder natürlich für Fälschungen, und tatsächlich existiert in einem kleinen Wüstenkaff namens Ocucaje eine »Fälscherwerkstatt«. Ein paar findige Handwerker fertigen dort zum Preis von ein paar Soles gravierte Steine für Touristen. Sollte das schon des Rätsels einfache Lösung sein?

Mitnichten! Bei den geschätzten 20 000 Exemplaren in Dr. Cabreras Sammlung – einige davon sind zentnerschwer und mit Hunderten von Darstellungen buchstäblich übersät – hätte selbst eine Großfamilie Jahrzehnte zu tun gehabt. Ich will nicht in Abrede stellen, dass sich mancher gefälschte Stein eingeschlichen hat. Vor allem als bekannt geworden war, mit welchem Eifer der Arzt diese »piedras grabadas« hortete. Aber *alle* Exponate können nicht gefälscht sein. Und es gibt auch Mittel und Möglichkeiten, die echten, uralten Ica-Steine von heutzutage angefertigten sicher zu unterscheiden.

Dr. Cabrera ließ eine Anzahl von Analysen durchführen; die erste davon bereits im Juni 1967 durch die peruanische Minengesellschaft »Mauricio Hochshild«. Unterzeichnet vom Geologen Dr. Eric Wolf, heißt es in dem Laborbericht: »Es handelt sich ohne Zweifel um einen natürlichen Stein, der durch den Transport im Fluss abgerundet wurde. Petrologisch lässt er sich als Andesit klassifizieren. (…) Festhalten kann ich, dass diese Steine durch eine feine, jedoch natürliche Oxydationsschicht umhüllt sind, welche ebenfalls die Rillen der Gravuren bedeckt. Dieses ist ein Umstand, der es erlaubt, das hohe Alter der Steine abzuschätzen.«[138]

So weit die aussagekräftigsten Passagen aus einer der von Dr. Cabrera in Auftrag gegebenen Analysen. Ich selbst hatte das Glück, das »Innenleben« eines Artefaktes begutachten zu dürfen. Bei meinem Besuch des Museums im Oktober 2008 stieß ich auf einen Stein, der zu Boden gefallen und zerbrochen war. Deutlich erkannte ich an der Außenseite des Brockens eine regelrecht glasierte Schicht, möglicherweise durch Hitzeeinwirkung entstanden (s. Bildteil).

Für die meisten Archäologen ist die Sammlung Cabrera eine einzige Anhäufung plumper Fälschungen, doch dies entspricht nicht den Fakten. Bis die Spreu vom Weizen, sprich die echten Steine von den Fälschungen getrennt sein werden, bleiben Dr. Cabreras Steine ein weltweit einmaliges Sammelsurium unbequemer Artefakte, das von der etablierten Wissenschaft hartnäckig ignoriert wird. Doch mit etwas Glück werden dann auch die Hinweise auf Hightech-Medizin in alter Zeit ernst genommen werden.

Unfallchirurgie

An früherer Stelle habe ich schon über den 4000 Jahre alten Schädel aus Peru berichtet, in dem sechs haarfeine Drähte aufgetaucht waren. Doch Zeugnisse steinzeitlicher Gehirnchirurgie kennen wir aus vielen Regionen der Welt. Weil sie nicht in den zeitlichen Kontext zu passen scheinen, stellen sie in der Geschichte der Menschheit ein großes Rätsel dar. Jeder Mediziner kann bestätigen, dass einer der ältesten am Menschen vorgenommenen chirurgischen Eingriffe – sieht man einmal von den Herzoperationen vor 100 000 Jahren ab – gleichzeitig auch einer der kompliziertesten und gefährlichsten ist: Die Öffnung des Schädels.[139] Hierbei steht und fällt alles mit der unumgänglichen Notwendigkeit, dass die Hirnhaut unverletzt bleibt.

Diese *Dura mater*, wie der Fachbegriff lautet, umgibt als äußerste dreier Hüllen Gehirn und Rückenmark und stellt damit die wichtigste Infektionsbarriere dar.

In der Steinzeit war das Leben fraglos nicht ungefährlicher als in heutigen Tagen, und so waren Frakturen am Kopf eine der häufigeren Verletzungen. Diese führten damals wie heute leicht zu Blutergüssen, welche auf das Gehirn drücken. In diesem Fall ist rasche gehirnchirurgische Hilfe notwendig – und die gab es bereits vor vielen Jahrtausenden! Archäologen datieren die ersten Schädelöffnungen in die ausgehende Altsteinzeit, vor über 10 000 Jahren. Die Werkzeuge, die damals zum Einsatz kamen, waren präzise angefertigte Messer, Bohrer und Sägen. Den Operateuren ermöglichten sie ein routiniertes Öffnen der verletzten Schädeldecke und ein gezieltes Vorgehen.

Auf ein Alter um die 12 000 Jahre wird ein Schädel datiert, den man in der Nekropole von Taforalt (Marokko) fand. Das Paradestück steinzeitlicher Gehirnchirurgie lässt alle Merkmale einer gelungenen Operation erkennen, die der Patient auf lange Sicht überlebt hat. Die sauber ausgeschnittenen Knochenränder vernarbten ohne Anzeichen auf Komplikationen. Jener vorzeitliche Chirurg war außer Zweifel ein Meister seines Faches. Experimente in neuerer Zeit mit Instrumenten aus dem Paläolithikum ergaben, dass deren Schnitte oft viel präziser waren als diejenigen von heutigen Metallklingen.[140] Aber waren es überhaupt unsere Vorfahren, die da operierten?

Schon vor über 50 Jahren analysierte der deutsche Mediziner Dr. Peter Hein die Häufigkeit und die Verbreitung von Trepanationen, also Schädelöffnungen, in der Vor- und Frühgeschichte Europas. Er untersuchte damals 334 Schädel und kam zu dem verblüffenden Ergebnis, dass 73 Prozent der Patienten den komplizierten Eingriff überlebt hatten.[141]

Jede ärztliche Hilfe kam allerdings zu spät bei einer Kopfverletzung, die den Eindruck macht, als sei sie mit einem Projektil aus einer Handfeuerwaffe verursacht worden. Im Londoner Naturgeschichtlichen Museum liegt der Schädel eines Neandertalers, der 1921 bei Broken Hill im früheren Rhodesien (dem heutigen Simbabwe) ausgegraben wurde. Der Schädel weist auf dessen linker Seite ein glattes, rundes Loch auf, dessen Konturen gleichmäßig und scharf abgegrenzt sind. Diesem »Einschussloch« gegenüber ist der Schädel buchstäblich zerschmettert. Eine ungleich größere Lücke klafft dort im Knochen.[142] Das Verwundungsmuster ähnelt weder einer Verletzung mittels Speer oder Pfeil noch der von einem Stein oder Faustkeil. Doch für den vorliegenden Effekt, nämlich ein scharf umrissener Eintritt in Verbindung mit einer erheblich größeren Austrittsöffnung, kennen wir heute nur eine schlüssige Erklärung. Eine Kugel aus einem Gewehr oder einer Pistole wäre in der Lage, solche Verletzungen zu verursachen. Es muss kein Hochgeschwindigkeits-Projektil sein, wie man gelegentlich lesen kann (da will ich mich selbst auch nicht ausnehmen[35]): Ein gängiges Pistolenkaliber tut es ebenso. Ich habe einen Versuch mit ganz normaler 9-Millimeter-Munition gemacht, die sich mit vergleichsweise »bescheidenen« 400 Metern in der Sekunde bewegt. Wie stark das Geschoss schon beim Auftreffen auf einer mäßig harten Oberfläche aufpilzt, belegt eindrucksvoll ein Foto im Bildteil.

Auf die Idee, dass die beiden Löcher im Schädel des bei Broken Hill gefundenen Neandertalers exakt so aussehen wie typische Schussverletzungen unserer Zeit, kam ein Berliner Gerichtsmediziner. Allerdings wurden die mysteriösen Schädelreste in 18 Metern Tiefe entdeckt.[142] Und da der Träger der Rasse der Neandertaler zugerechnet wird, kann es sich nicht um einen heutigen Menschen handeln, der nach einem Mord in bester Mafia-Manier unter der Erde »entsorgt« wurde. Wer aber kommt dann als Verursacher besagter Schussverletzung bei einem Steinzeitmenschen in Betracht?

Von der Notfallmedizin zum Ritual

Wo soll man die Grenze ziehen zwischen Eingriffen, aufgrund deren Kompliziertheit Menschen längst vergangener Epochen schwerlich die Urheber sein konnten, und der Anwendung medizinischer Kenntnisse, welche die Fremden ihren Schützlingen an die Hand gegeben hatten? Die Frage ist zugegeben nicht leicht zu beantworten – Fakt ist jedoch, *dass* ein unerklärliches Wissen vorhanden war, welches nicht mit dem gewohnten Bild unserer Vergangenheit übereinstimmt. Und es ist ebenso Fakt, *dass* Operationen durchgeführt wurden, die den Eindruck vermitteln, einer unserer heutigen Spezialisten hätte dabei das Skalpell geführt.

Ich persönlich tendiere dazu, die während der Steinzeit durchgeführten Operationen überwiegend den »Lehrmeistern« von den Sternen zuzuschreiben. In den später aufkommenden Hochkulturen hingegen dürften die Menschen bereits erfolgreich das medizinische Fachwissen umgesetzt haben, das ihnen durch ihre »Götter« vermittelt worden war. »Hilfe zur Selbsthilfe« würde man es heute nennen.

Auch aus Ägypten kennen wir zahlreiche Beispiele für Trepanationen des Schädels.[140] Doch hat uns das alte Pharaonenreich am Nil noch weitaus erstaunlichere Zeugnisse »unmöglicher« medizinischer Fertigkeiten hinterlassen. Unter anderem eine heute alltäglich durchgeführte Standardmaßnahme in der Notfallmedizin, die sich damals wahrscheinlich durch Vergessen des ursprünglichen Zwecks zu einer kultischen, ritualisierten Zeremonie wandelte.

Das altägyptische Ritual der Mundöffnung wurde bereits seit den frühesten Dynastien, vor etwa 5000 Jahren, angewandt. Dargestellt auf Dutzenden von Papyri, erscheint es besonders deutlich auf dem Papyrus Hunefer, der dem Neuen Reich (von 1552–1306 v. Chr.) zugerechnet wird. Auf diesem sind Priester zu erkennen, die einem Verstorbenen einen gekrümmten Gegenstand, den »Dechsel aus Erz«, zum Mund führen. Die Ägyptologen sehen hierin nichts anderes als eine Mysterienhandlung, welche der Belebung von Statuen diente und mit deren Hilfe sogar Mumien aus dem Reich der Toten zurückgeholt werden sollten.[143] Diese Interpretation blieb bis 1995 unwidersprochen. Damals fiel dem Berliner Allgemeinmediziner Dr. Andreas Ocklitz eine unübersehbare Ähnlichkeit des verwendeten »Dechsels« mit einer modernen und heute weit verbreiteten medizinischen Gerätschaft auf. Dabei handelt es sich um ein Laryngoskop, das zur Intubation verwendet wird.[144] Es wird bei Rettungs- und Reanimationsmaßnahmen eingesetzt, wenn es gilt, die Atemwege frei zu halten und damit ein Ersticken des Patienten zu verhindern. Anästhesisten benützen dieses Anfang des 20. Jahrhunderts entwickelte Gerät ebenfalls.[145] Auf die Idee, die originalgetreue Nachbildung dieses »Dechsels« an einer Übungspuppe auszuprobieren, kamen Dr. Katharina Kötter von der Neurologischen Intensivstation des Leopoldina-Krankenhauses in Schweinfurt sowie Wolfgang Maleck, Anästhesiologe am Klinikum Ludwigshafen. Diese Versuche an der auch als Intubationssimulator bekannten Trainingspuppe haben eindrucksvoll bewiesen, dass der auf altägyptischen Papyri dargestellte »Kultgegenstand« ursprünglich für medizinische Aufgaben ersonnen worden war.[146] In früheren Zeiten für die beschriebenen Zwecke eingesetzt, ging das Hintergrundwissen allem Anschein nach über die Jahre vollständig verloren. So wurde daraus eine Mysterienhandlung, eine heilige Zeremonie, ein »Kult«. Von den Fachgelehrten wurde dieser dann einzig im religiösen Kontext interpretiert, weil ihnen kein Arzt erklärt hatte, um was es sich tatsächlich handelte.

Exakte Diagnostik

Andere Kulturen bewahrten das medizinische Wissen der »Götter« in unverfälschter Form, ohne ins Mythische abzugleiten. Die Sumerer, jenes Volk unbekannter Herkunft, dessen Zivilisation sich wie aus dem Nichts auf dem Territorium des heutigen Irak erhob, besaßen gleichfalls unheimlich exakte medizinische Kenntnisse. In ihren gut organisierten Städten blühten die Wissenschaften, und die ersten Universitäten der Menschheit boten ein ähnliches Lehr- und Forschungsprogramm wie die Hochschulen unserer Zeit.[147] Bei Ausgrabungen entdeckte man aus Ton gefertigte Modelle der menschlichen Organe, mit detaillierten Hinweisen auf deren Funktion und Behandlung. In sumerischen Gräbern gefundene Skelette wiesen Spuren von Gehirnoperationen auf. Ein medizinischer Bericht aus jener Zeit ist möglicherweise das älteste bekannte Zeugnis über die operative Entfernung eines Tumors. In dem Text ist die Rede von einem »Schatten«, welcher das Auge eines Mannes bedeckte.[52]

Auch im alten China, dem nach wie vor geheimnisvollen Reich der Mitte, waren Operationen an Tumoren nichts Ungewöhnliches. Dies geht aus den bis dato wohl spektakulärsten Aufzeichnungen über exaktes medizinisches Wissen hervor, die je zum Vorschein gekommen sind. Auf sie stieß man völlig unverhofft unter den Grabbeigaben menschlicher Überreste, die in dieser Form selten in China sind – nämlich Mumien.

Anfang Januar 1972 waren Pioniere der chinesischen Volksbefreiungsarmee damit beschäftigt, am Fuß des Hügels Ma Wang Dui am östlichen Rand der Provinzhauptstadt Changsha einen Stollen ins Erdreich zu treiben. Nach nur zehn Metern setzte plötzlich ein Erdrutsch den Plänen ein Ende. Man war auf eine zuvor unbekannte Grabanlage gestoßen. Die eilends herbeigerufenen Archäologen aus dem Hunan-Museum konnten in den

Folgemonaten sensationelle Funde bergen, die einmal mehr all unsere Vorstellungen von der Vergangenheit über den Haufen werfen. Sie sind heute in einer Sonderhalle des Hunan-Museums in Changsha zu bewundern.

In einem System von vier luftdicht ineinander verschachtelten Sarkophagen entdeckte man eine weibliche Mumie, die in 80 Litern einer gelblichen Flüssigkeit *schwebte*. Bis heute konnte die chemische Zusammensetzung dieser Konservierungsflüssigkeit nicht vollständig analysiert werden. Bei der Verstorbenen handelte es sich um Xin Zhui. Sie war die Gattin des Adeligen Li Chang, der während der westlichen Han-Dynastie Premierminister des Prinzen von Changsha gewesen war. Xin Zhui war um die 50 Jahre alt, als sie im Jahr 168 v. Chr. verstarb, also vor mittlerweile annähernd 2200 Jahren.

Eine an der Universität von Changsha vorgenommene Obduktion ergab, dass sich Zellstruktur und innere Organe vom Aufbau her in außergewöhnlich gutem Zustand befanden. Der gelbliche Teint war nicht verfärbt, und auch die Muskeln waren noch vollkommen elastisch. Die Ärzte nannten es ein Wunder, dass Xin Zhuis Mumie die Zeiten so tadellos überstanden hatte.[148]

Übrigens fanden Arbeiter in der Provinz Hubei, am mittleren Yangzi Jiang (früher: Jangtzekiang), nur drei Jahre später die Mumie eines etwa 50-jährigen Mannes. Auch dieser war so außerordentlich gut erhalten, als wäre er erst kurz zuvor verstorben. Seine Haut war elastisch geblieben, die Gelenke geschmeidig, und im Gebiss fehlte kein Zahn. Auch er starb im 2. Jahrhundert v. Chr.,[127] war ein Zeitgenosse Xin Zhuis, in deren Ruhestätte unglaubliche Relikte zutage kamen.

Dort wurden zehn Bücher über Medizin ausgegraben, die einen unerklärlich hohen Stand der Heilkunst im alten China belegen. Nach wie vor ist bei uns die Lehrmeinung weit verbreitet, dass die Chirurgie erst in der westlichen Medizin der Neuzeit ihren aktuellen Stellenwert bekam. Die traditionelle chinesische Medizin hingegen habe sich stets auf die Herstellung von Medikamenten beschränkt. Doch diese Einschätzung hat sich inzwischen als grundlegend falsch erwiesen.

Denn die in Ma Wang Dui entdeckten Werke beweisen, dass vor mehr als 2000 Jahren in der chinesischen Medizin so wie in unserer Zeit komplizierte chirurgische Eingriffe an der Tagesordnung waren. In dem Buch »Beschreibungen von 52 Krankheiten« findet man ausführliche Anweisungen für die Durchführung problematischer Operationen wie der Entfernung eines Tumors sowie anderer nicht ungefährlicher Eingriffe. Das »Buch über die elf Arten des Pulses an Armen und Beinen« wiederum stellte sich als ein exaktes Kompendium der angewandten Diagnostik heraus. So führt es die genauen Symptome einer in vielen Fällen tödlich verlaufenden Gefäßkrankheit auf, die der deutsche Pathologe Ludwig Traube (1818–1876) erstmals im Jahre 1872 beschrieben und kommentiert hatte. Zumindest in unserer Zeit, denn den alten Chinesen war das alles ja längst bekannt.[148]

Woher aber stammt letztlich das exakte medizinische Wissen, auf dem die aus der Erde des Ma Wang Dui gegrabenen Bücher basieren? Da dieses Know-how vor bald 2200 Jahren wohl kaum aus dem Nichts gekommen war, muss es noch ältere Quellen gegeben haben. Unsere so fortschrittliche, westliche Medizin entdeckte viele der damals bekannten Dinge erst im 19. und 20. Jahrhundert.

Doch vielleicht ist die Vorstellung, dass das Wissen »vom Himmel fiel«, gar nicht so abwegig.

7 Sie erschufen nicht nur den Menschen

Horrorkabinett genetischer Verrücktheiten

> »Erzeugt hätten sie auch Stiere, menschenköpfige, und
> Hunde, vierleibige, deren Schweife in der Art der Fisch-
> schwänze rückwärtig aus den Hinterteilen hervorliefen;
> auch Pferde mit Hundeköpfen und Menschen sowie an-
> dere Ungeheuer, pferdeköpfige und menschenleibige und
> nach Art der Fische beschwänzte; dazu weiter auch al-
> lerlei drachenförmige Unwesen ...«
>
> EUSEBIUS VON CAESAREA (263–339 N. CHR.),
> BISCHOF UND KIRCHENLEHRER

Es war in Ankara, am 16. Mai 2010. Als ich durch das *Mu-seum für die alten Zivilisationen Anatoliens* (auch: Hethiter-museum) schlenderte, fiel mein Blick wie von selbst auf eine Reihe von mannshohen Steinblöcken aus dem Nachlass der Hethiter. In diese Blöcke waren bizarr anzusehende Gestalten ein-gemeißelt, die sowohl menschliche als auch tierische Merkmale in sich vereinten. Es waren *Mischwesen* – wir kennen sie auch unter dem Namen Chimären, wiewohl dieser genau genommen nicht immer zutreffend erscheint. In der griechischen Mytholo-gie war die Chimäre ein dreiköpfiges Ungeheuer der Unterwelt, vorne Löwe, in der Mitte Ziege und hinten Schlange.[149] Nachfol-gend aber geht es zumeist um Kreaturen, die neben tierischen Komponenten auch eindeutige menschliche Züge aufweisen.

Meine Begegnung mit Darstellungen dieser genetischen Abson-derlichkeiten im Museum der türkischen Hauptstadt war frei-lich nicht die erste dieser Art. Zumeist in Stein verewigt, sah ich vergleichbare Wesen in vielen Regionen dieser Welt. Und da sie uns Menschen des 21. Jahrhunderts eine dramatische Botschaft zu vermitteln haben, ziehen sie meine Aufmerksamkeit geradezu magisch an. Denn bereits lange vor einer Zeitungsmeldung aus dem Jahr 2008, die nicht nur die Umweltwächter von *Greenpeace* aufgeschreckt haben dürfte, glaubte ich nicht daran, dass es einzig die künstlerische Phantasie war, die mit den frühzeitlichen Bildhauern bei der Nachbildung solch aberwitziger Geschöpfe durchgegangen ist.

»Monströse Attacke«

»Ein Embryo aus Mensch und Kuh«, schrieben die Zeitungen in den ersten Apriltagen 2008. Doch was auf den ersten Blick nach verspätetem Aprilscherz oder einer Kostprobe aus Frankensteins Gruselkabinett anmutet, ist längst beklemmende Realität geworden. Die Erschaffung monströser Mischwesen, deren Existenz uns den Schlaf rauben sollte. Britischen Forschern glückte nämlich die Züchtung von Embryonen aus Erbgut von Menschen und tierischen Eizellen. Die Erzeugung solcher Geschöpfe sei ein bedeutender Meilenstein für die Stammzellenforschung, sagten Genetiker der Universität von Newcastle am 2. April 2008. Und beeilten sich hinzuzufügen, dass diese Embryonen mit dem Erbgut aus menschlichen Hautzellen und den Eizellen von Kühen am dritten Tag nach deren Erzeugung zerstört worden seien.

Für die Experimente des Humangenetikers Lyle Armstrong und dessen Kollegen hatte die britische Embryologiebehörde HFA eine Sondergenehmigung erteilt. Die Forscher wollen herausfinden, ob sich Stammzellen solcher Chimären für die Behandlung schwerer Krankheiten und Gendefekte verwenden lassen.

Im Gegensatz zu menschlichen Eizellen würden tierische praktisch unbegrenzt zur Verfügung stehen, erklärte John Burn, der das Institut für Humangenetik an der Universität von Newcastle leitet. Die von den Forschern im Reagenzglas geschaffenen Hybriden sollen zum überwiegenden Teil aus menschlichem und nur zu 0,1 Prozent aus tierischem Material bestehen. Nach der in Großbritannien geltenden Rechtslage, derzeit die liberalste in ganz Europa, müssen die Embryonen allerdings spätestens zwei Wochen nach deren Zeugung *in vitro* vernichtet werden. In diesem Stadium sind sie nicht größer als ein Stecknadelkopf.

Nachdem die Hybriden aus Mensch und Rind für drei Tage am Leben erhalten wurden, planen die Wissenschaftler in Newcastle, deren Lebensdauer fürs Erste zu verdoppeln. Verlaufen auch diese Versuche erfolgreich, wolle man im nächsten Schritt die tierische Komponente verändern. Dann könnten Embryonen aus Mensch und Kaninchen, Ziegen sowie weiteren Tieren entstehen. Ähnliche Experimente laufen bei den Stammzellenforschern am Londoner King's College, die ebenfalls eine Genehmigung der Behörden erhalten haben.[150]

Aktivitäten dieser Art fachen die öffentliche Diskussion naturgemäß an. Während Genforscher auf Fortschritte im Kampf gegen bisher als unheilbar geltende Krankheiten verweisen, werfen ihnen Kritiker vor, der Natur in die Gene zu pfuschen oder gar Gott spielen zu wollen. Im Dezember 2000 organisierte die Umweltorganisation *Greenpeace* eine Demonstration vor dem Europäischen Patentamt in München. Die Behörde bekommt, wie schon beschrieben, regelmäßig negative Schlagzeilen.[114]

Damals hatte das EPA verlauten lassen, auch Patente auf die Kreation von Mischwesen zu erteilen. Genau auf jene Kreuzungsprodukte also, welche über die genetischen Merkmale von Menschen und Tieren verfügen.[71]

In Großbritannien protestieren vor allem die Kirchen. Der Kardinal der Schottischen Katholischen Kirche, Keith O'Brien, nannte diese Versuche eine »monströse Attacke auf die Menschenrechte, die menschliche Würde und das menschliche Leben«. Und Jom Dobbin, der Vorsitzende der parlamentarischen Gruppe *Pro Life* im Unterhaus, erklärte dazu: »Die bewusste Verwischung der Grenzen zwischen Menschen und anderen Spezies ist ein Anschlag auf das Herzstück dessen, was uns zu Menschen macht.«[150]

Viele weitere, hitzige Diskussionen werden folgen, denn die Genetiker werden Forschung und Versuche nicht einstellen. Dass bisher alles gemacht wurde, was machbar erschien, ist ein Faktum unserer Geschichte. So werden auch Bürgerinitiativen nicht verhindern können, dass hinter den hohen Mauern der staatlichen und privaten Labore die Schaffung von Wesen betrieben wird, wie sie die Natur von sich aus nicht hervorbrächte. Wir stehen am Vorabend einer Schöpfung, die wir bisher nur aus Mythen und Überlieferungen kannten. Bald aber schon werden wir die nahezu allmächtigen Schöpfer sein. Weil sich in nächster Zukunft die Geschichte der Sumerer, Hethiter und vieler weiterer Völker in unseren Genlabors wiederholen wird, sollten wir uns endlich daran machen, die alten Geschichten um den Minotaurus und andere Mischwesen mit modernen Augen zu betrachten.

Von »Vogelmenschen« und »Schweinedrachen«

Blenden wir also einige Jahrtausende zurück in eine dunkle, geheimnisumwitterte Vergangenheit, in der es von diesen ominösen Mischkreaturen nur so gewimmelt haben muss. In die Ära der Hochkulturen, in denen oft befremdliche Kulte um Wesen getrieben wurden, die ohne Ausnahme einer perfiden Schöpferlaune der »Götter« zugeschrieben wurden. Und die für die damaligen Menschen eine erschreckende Realität besessen haben. Immer wieder gerieten Begegnungen mit ihnen zum Alb-

traum. Sie heute jedoch einzig als Ausgeburten der ungezügel-
ten Phantasie unserer Altvorderen zu bewerten, würde angesichts ihrer globalen Verbreitung der beklemmenden Realität
nicht gerecht werden, die dahinter verborgen liegt.

Mischwesen gab es sogar in unseren Breiten. Von ihnen zeugt
eine der ältesten bekannten Tier-Mensch-Darstellungen. Bei
den Ausgrabungen in der Stadelhöhle bei Asselfingen in der
Schwäbischen Alb entdeckten Archäologen die Figur eines Löwenmenschen. Das Alter der rund 30 Zentimeter hohen und
aus Elfenbein gearbeiteten Statuette wird auf 40 000 Jahre datiert. »Der Kopf gehört zu einem Höhlenlöwen«, erklärte Aus-
grabungsleiter Professor Dr. Claus-Joachim Kind, »andere Teile
des Körpers hingegen wirken eindeutig menschlich.«[151]

Östlich von Neuguinea befindet sich die Inselgruppe der Salo-
monen. Dort erinnern uralte Skulpturen an Geschöpfe, die den
Körper eines Menschen besessen hatten, der Kopf jedoch
stammte von einem Vogel.[152] Ähnliche Zwitterwesen aus Vogel
und Mensch konnte ich, eingemeißelt in langsam verwitternde
Steinblöcke, auf der Osterinsel fotografieren. Orongo heißt der
Ort im Südwesten des Eilandes, in Sichtweite des erloschenen
Vulkans Rano Kao. Die sehenswerten Petroglyphen dort mit ih-
rem reichlich fremdartigen Aussehen brachten dem kleinen
Südseeparadies, das für seine riesigen Statuen berühmt ist, den
Beinamen *Insel der Vogelmenschen* ein.

Eine große Anzahl von Chimären, die mit einem menschlichen
Körper, dem Kopf eines Vogels und mit Flügeln ausgestattet
sind, finden wir auch auf Darstellungen aus dem mesopotamischen Raum. Die Archäologen nennen sie »geflügelte Genien«.
Hatten die Menschen weltweit ein- und denselben »Spleen«,
oder bildeten sie nur naturgetreu ab, was sie selbst leibhaftig
und authentisch zu Gesicht bekommen hatten?

Über Mischwesen in China weiß man bei uns noch erstaunlich
wenig, doch wartet auch diese Weltgegend mit einigen spekta-

kulären Artefakten auf. Es scheint, als hätten auch die »gelben Götter« im alten Reich der Mitte ihren Forschungsdrang genauso ungehindert ausgelebt wie deren »Kollegen« im Zweistromland, in Ägypten oder bei den Hethitern. Immer wieder tauchen bis dahin unbekannte Funde auf, so jüngst in der Autonomen Region Innere Mongolei.

Im Jahre 2010 untersuchten dort Experten der Chinesischen Akademie der Sozialwissenschaften 5000 Jahre alte Darstellungen von Mensch-Tier-Wesen, die sich der Hongshan-Kultur zuordnen ließen. Vor 6000 Jahren bereits existierte die Hongshan-Kultur – in der mittleren Steinzeit also! – und hinterließ neben pyramidenähnlichen Bauten sogar exakt astronomisch ausgerichtete Stätten in monumentaler Bauweise. In der gebirgigen Inneren Mongolei entdeckte man bereits viele Objekte aus dieser Kultur, darunter die charakteristischen »Schweinedrachen«. Das sind runde und ringförmige Kunstgegenstände aus Jade und anderem Gestein, welche man für die Vorläufer späterer Drachendarstellungen hält.

Einige Jahre zurück liegt die Entdeckung eines steinzeitlichen Felsbildes, welches das Sternbild Großer Bär (*Ursus major*) zeigt. Die Darstellung besteht aus 19 Sternen und entspricht der Konstellation, wie sie vor 10 000 Jahren am Himmel zu sehen war. Woher die Menschen der Hongshan-Kultur ihr astronomisches Wissen hatten, ist einmal mehr rätselhaft.[153]

Der Schlangenpriester

Nehmen Drehbuchautoren Anleihen bei der Wirklichkeit – oder bedient sich umgekehrt die Realität bei der schreibenden Zunft des phantastischen Genres? Diese Frage stellte ich mir halb im Scherz, als ich im Oktober 2007 den Stahl- und Glaspalast des neuen »Museums für die Geschichte der Stadt Peking« besuchte. In mehreren Stockwerken ausgestellt sind dort Pretiosen aus allen Dynastien. Aber auch Artefakte aus vordynastischen und vorgeschichtlichen Epochen, die man auf dem riesigen Gebiet der chinesischen Hauptstadt und deren Umgebung dem Boden entringen konnte.

In einem der Säle zur Vorgeschichte stehen vier Figuren von schätzungsweise zwölf bis fünfzehn Zentimetern Höhe aufgereiht wie die Orgelpfeifen. Ihnen allen ist gemeinsam, dass sie tierische Häupter auf ihrem menschlichen Körper tragen. Die erste der Figuren trägt einen Vogelkopf, die nächste den eines Schafes. Einer weiteren sitzt ein drachenähnliches Haupt auf ihren Schultern; mich erinnern dessen Züge an das Furcht einflößende »Alien« aus Ridley Scotts Filmklassiker mit der unvergleichlichen Sigourney Weaver in der Hauptrolle.

Am schaurigsten anzusehen ist die vierte, mit einem Schlangenkopf versehene Statuette. Auf der Stelle fühlte ich mich an den Film *Conan, der Barbar* erinnert. Darin erlebt der gleichnamige Held – verkörpert von dem noch jungen Arnold Schwarzenegger – als Kind den Überfall einer Horde feindlicher Krieger, die sein Heimatdorf verwüsten. Conans Eltern und sämtliche erwachsenen Bewohner fallen einem Massaker zum Opfer. Die Kinder werden in die Sklaverei verschleppt und zu schwerer Fronarbeit gezwungen, die einzig der junge Conan überlebt. Der wird durch die harte Arbeit zu einem wahren Kraftpaket, was ihm schließlich dazu verhilft, zu fliehen und sich auf die Suche nach den Mördern seiner Angehörigen zu begeben. Alles, was er über jene weiß, ist, dass sie offenbar einem geheimnisvollen »Schlangenkult« huldigen.

Nach langem Herumirren gelangt er in ein heruntergekommenes Kloster, wo er Zeuge einer gespenstischen Szene wird. Im Laufe der Zeremonie verwandelt sich das Gesicht des Priesters zunehmend in eine schlangenartige Fratze. Zum Abschluss kriecht aus der noch aufrecht stehenden Montur ein riesengroßes Reptil. Es war Anfang der 1980er-Jahre, als *Conan der Barbar* produziert wurde, eine kameratechnisch gewaltige Leistung, diese Verwandlung in Szene zu setzen. Doch kehren wir zurück in das »Museum für die Geschichte der Stadt Peking«. Die kleine Figur mit dem Schlangenkopf gleicht haargenau dem albtraumhaften Szenario im Film. Der Begleittext in der Vitrine aber datiert das Artefakt auf ein Alter von mindestens 2500 Jahren!

Sehen wir uns nochmal auf dem Land um. Genauer gesagt, in der Provinz Shandong, südlich von Peking. Nicht weit von der Stadt Qu'fu, der Heimat des allgegenwärtigen Philosophen Kung Fu-Tze (auch: Konfuzius, 559–479 v. Chr.) liegt der Ort Zoucheng. Hier befindet sich der Menzius-Tempel. Er ist Meng-Tzu (327–289 v. Chr.) gewidmet, welcher die ethischen Grundsätze des Konfuzianismus weiterentwickelte. Ein gepflasterter Weg, stets leicht glitschig, weil im Dauerschatten alter Zypressen, führt zu der Anlage, die sich auf den ersten Blick nicht von unzähligen anderen Tempeln in China unterscheidet. Und die Myriaden glimmender Räucherstäbchen verbreiten ohnehin von Kunming bis Hangzhou und von Chengde bis hinunter nach Hongkong denselben aufdringlichen Geruch.

Die wahren Schätze liegen im hinteren Teil des Menzius-Tempels verborgen, dort, wohin sich selten ein Besucher verläuft. Zum ersten Mal stieß ich 2004 auf Darstellungen genetischer Ungeheuerlichkeiten, einige als Skulpturen, die meisten jedoch von geschickter Bildhauerhand auf Stelen verewigt. Stehen ein paar Figuren unter freiem Himmel, so befindet sich das Gros der bearbeiteten Stelen unter einem schützenden Dach.

Zwei gut einen Meter hohe, wie ziseliert aussehende Stelen haben meine besondere Aufmerksamkeit erregt. Beide zeigen identische Wesen, Hybriden mit geschupptem Reptilienleib, einem langen Schwanz wie von einer Raubkatze sowie einem Gesicht, das sowohl menschliche als auch katzenhafte Züge in sich vereint. Die Extremitäten scheinen ebenfalls von einer Raubkatze zu stammen. Und mit den Händen halten beide Geschöpfe je eine runde und sonnenähnliche Scheibe über den Kopf.[71] Beinahe glaubt man sich in Ägypten, wäre man nicht in China. Das alte Land am Nil hat dem Mysterium mit seinen Sphingen und anderen, vielgestaltigen Chimären viele weitere Fragen hinzugefügt.

Tresore für die Ewigkeit

Das Reich der Pharaonen muss ein wahres Dorado gewesen sein für Lebensformen aus der Retorte. Davon künden unzählbare Darstellungen in Stein und möglicherweise auch Hinterlassenschaften, derer man sich für alle Zeiten zu entledigen suchte. Aber auch Chronisten und Historiker von bestem Leumund wurden nicht müde, in aller Ausführlichkeit über die Mischwesen aus dem alten Ägypten zu informieren.

Einer dieser antiken Zeugen war der in Sebennytos (dem heutigen Sammanud) im Nildelta beheimatete Priester und Schreiber Manetho. Seine um 280 v. Chr. in griechischer Sprache verfasste dreibändige Geschichte Ägyptens ist heute nur noch in Auszügen erhalten. Darin versichert er, die Götter hätten Ungeheuer und Mischkreaturen aller Art entstehen lassen.[154] Autoren aus den ersten nachchristlichen Jahrhunderten, wie Plutarch aus Delphi (um 50–125 n. Chr.), Julius Africanus (gest. 240 n. Chr.), allen voran aber Bischof Eusebius von Caesarea (263–339 n. Chr.) nahmen größere Passagen von Manetho in ihren Werken auf. Eusebius gibt in seinem Buch *Chronographie* eine wahrhaft erschöpfende Beschreibung der verschiedensten Kreaturen ab; ein paar aussagekräftige Zeilen daraus habe ich zur Einstimmung über den Anfang dieses Kapitels gesetzt.[155]

Auch die *Sagen der Juden von der Urzeit* wissen von kuriosen Lebensformen zu berichten, die dem Labor eines experimentierfreudigen Genforschers entsprungen zu sein scheinen. Da gab es Geschöpfe mit dem Leib eines Pferdes, auf dem der Kopf von einem Widder saß. Andere trugen den Kopf eines Menschen auf dem »Unterbau« eines Löwen. Und dann gab es sogar – der »Leibhaftige« lässt grüßen – »Wesen mit menschlichen Angesichtern und Pferdefüßen«.[106] Im Alten Ägypten lebte ein ganzer Berufsstand gut davon, dass buchstäblich alles, was den Zunftbrüdern in die Finger geriet, mumifiziert wurde. Ursprünglich nur für gehobene Kreise – die irgendwie mit den »Göttern« zu tun hatten – reserviert, wollten im Lauf der Zeit auch immer mehr »profane« Zeitgenossen auf diese Art der Nachwelt erhalten bleiben. Und irgendwann mumifizierte man alles, was da kreuchte und fleuchte: Hunde und Katzen, Fische, Vögel und sogar Krokodile. Auch Stiere sollen die Ägypter konserviert haben, heilige Apis-Stiere. Ihnen baute man in Sakkara das sogenannte Serapäum, eine weitläufige unterirdische Nekropole mit den imposantesten Sarkophagen, die die Welt je gesehen hat.

Die steinernen Kolosse (wie wurden sie überhaupt in den Untergrund geschafft?) bestehen aus hochwertigem Granit, welcher im 1000 Kilometer von Sakkara entfernt gelegenen Assuan gebrochen werden musste. Von der ungeheuren logistischen Herausforderung, sie auch noch über diese Distanz zu transportieren, möchte ich gar nicht reden. Ihr Gewicht liegt zwischen 70 und 100 Tonnen pro Sarkophag, die Deckel bringen nochmal je 20 bis 30 Tonnen auf die Waage. Weitere Gewölbe mit »Stiersärgen« findet man in Abusir bei Gizeh, in Heliopolis und in Bagaria.

Dass sie einstmals Stiermumien enthielten, erzählen uns die Ägyptologen und ein Heer von Fremdenführern, denen zu entrinnen in Ägypten fast nicht möglich ist. Ob sie es auch selbst glauben? Die Realität sieht nämlich ganz anders aus. Denn bei der Öffnung enthielten die Sarkophage entweder gar nichts oder eine übel riechende Masse aus einer Art klebrigem Bitumen, worin Millionen kleiner und kleinster Knochensplitter steckten. Von Stiermumien jedoch fand sich keine Spur![156] In den Sarkophagen des sogenannten Bucheums, unter den Ruinen von Hermonthis, fand der britische Archäologe und Chemiker Sir Robert L. Mond (1867–1938) die vermischten Knochen von Hunden und Schakalen. Diese konnten wenigstens nach ihrer Art bestimmt werden. Als der Brite gemeinsam mit zwei französischen Ägyptologen in den unterirdischen Anlagen bei Abusir zwei weitere Sarkophage entdeckte, war man sicher, endlich auf einbalsamierte Stiermumien gestoßen zu sein. Die Bandagen waren alle unbeschädigt, und oben ragten sogar noch die Hörner heraus. Als man den riesigen Körper im ersten Behältnis ganz behutsam, Schicht um Schicht aus den Leinenbinden gewickelt hatte, konnte die Überraschung kaum größer sein. Im Inneren herrschte ein unbeschreibliches Durcheinander von Knochenfragmenten diverser Tiere, die sich zum Teil nicht einmal einer bestimmten Spezies zuordnen ließen.[157] Was rein äußerlich aussah wie ein perfekt einbalsamierter Stier, war in Wirklichkeit nichts anderes als ein widerwärtiges und übelriechendes Gemenge aus den Knochensplittern verschiedener Lebewesen. Bombensicher eingeschlossen in Tresoren, die für die Ewigkeit konzipiert waren.

Auch der zweite Granitbehälter enthielt ein heilloses Chaos aus den Gebeinen von mindestens sieben unterschiedlichen Tierarten. Zwei davon konnten auch in diesem Fall keiner bekannten Spezies zugeordnet werden.[157]

Was da in den tonnenschweren Sarkophagen endgelagert wurde, musste von ganz besonderer »Qualität« gewesen sein. Ansonsten hätte man wohl kaum solch enormen Aufwand getrieben, der allenfalls noch vergleichbar ist mit heutigen Bemühungen, geeignete Langzeitdepots für hochradioaktiven Sondermüll zu finden. Sind dies, gemischt mit anderem Material, die Überreste der von den »Göttern« erschaffenen Mischwesen,

die sie bei ihrer Rückkehr zu den Sternen auf der Erde zurück-
ließen? Waren sie eine ständige Gefahr für die Menschen? Die
mussten vor Angst fast wahnsinnig geworden sein. Dafür
spricht die Gründlichkeit, mit der da zerhackt und zerstückelt
wurde. Das Vorgehen verrät immense Aggressionen, die da auf
einen Schlag frei wurden.

»Leib mit zwei Köpfen«

Zur gleichen Zeit, da am Nil und im Zweistromland Geschichte
geschrieben wurde, gab auch das östliche Kleinasien die Bühne
für eine bedeutende Hochkultur. Das geheimnisumwobene
Volk der Hethiter, das zwar als indogermanischen Ursprungs
bezeichnet wird, dessen Herkunft aber im Dunkeln liegt, hatte
sich um etwa 2000 v. Chr. auf dem Gebiet der östlichen Türkei
und nördlichen Teilen des heutigen Syrien angesiedelt. Die
Hauptstadt des Hethiterreiches hieß Hattuşa. Ihre Ruinen wurden erst Anfang des 20. Jahrhunderts oberhalb des heutigen
Dorfes Bogazköy, rund 200 Kilometer östlich von Ankara, entdeckt.[6] Unweit des kleinen Halys-Flusses gelegen, umfasste
Hattuşa zur Zeit seiner größten Ausdehnung eine Fläche von
ungefähr 200 Hektar.[152] Eine sechs Kilometer lange Mauer um-
schloss die Hauptstadt, unterbrochen von mehreren Stadttoren.
Ein »Löwentor« und ein »Sphinxtor« waren auch darunter. Für
die Hethiter gehörten Mischwesen offenbar gleichfalls zum all-
täglichen Leben.
Viele großartige Steinbildwerke, die vor vier Jahrtausenden
nicht nur die Mauern von Hattuşa zierten, kann man heute im
Museum für die alten Zivilisationen Anatoliens, dem Hethiter-
museum, bewundern. Mitten in Ankara, an den Hängen des
Stadtteils Ulus gelegen, ist es in einem ehemaligen überdachten
Basar aus dem 15. Jahrhundert untergebracht. Es beherbergt

die weltweit bedeutendste Sammlung archäologischer Funde Kleinasiens.[158] Die Herkunft der unzähligen Exponate reicht von der steinzeitlichen Siedlung Çatal Hüyük bis zu den Phrygiern und Urartäern. Vor allem jedoch findet man Pretiosen aus der Hochkultur der Hethiter.

An den Wänden einer Halle sind in Reih und Glied zahlreiche Orthostaten aneinandergereiht, aufrecht stehende Steinplatten, die ausnahmslos mit Hybriden aus Tier und Mensch verziert sind. Sie stammen aus der Hethiterstadt Karkamiş, deren Überreste südlich von Birecik am Ufer des Euphrat zu finden sind. Sie allein sind schon einen Besuch des Museums wert. Auf einem dieser Steinblöcke stehen sich zwei Geschöpfe gegenüber, die Vogelköpfe mit mächtigen Schnäbeln auf einem menschlichen Körper tragen. Kräftige Waden lassen einen fast an Profi-Fußballer denken, doch passen die übrigen Extremitäten – je vier an der Zahl – ganz und gar nicht dazu. Da recken sich jeweils zwei menschliche Arme nach oben, während gleich darunter je ein paar Flügel hervorwächst (siehe Bildteil). Der bereits erwähnte Chronist Eusebius, Bischof und Kirchenlehrer aus Caesarea in Palästina, notierte in seiner *Chronographie*: »Und sie hätten erzeugt Menschen, doppelt beflügelte, dazu auch andere mit vier Flügeln und zwei Gesichtern und einem Leib und zwei Köpfen ...«[155]

»Zwei Gesichter« und »einen Leib mit zwei Köpfen« zeigt eine andere Steinplatte im gleichen Saal. Ein Löwe mit aufgerissenem Maul, aus dessen Kopf ein menschliches Haupt wächst, das einen Helm ähnlich einer »Bommelmütze« trägt. Damit nicht genug, entspringt aus der linken Schulter ein mächtiger Flügel, der sicher auf der rechten Seite ein Pendant besitzt, das aus perspektivischen Gründen aber nicht abgebildet ist. Auch von diesem Mischwesen sowie von den im Folgenden beschriebenen sind die Fotos im Bildteil dieses Buches zu finden.

Kebap am waagerechten Spieß

Hier sind es wieder zwei Wesen. Das linke ist fast bis zum Hals hinauf menschlich. Dann geht der Körper in einen verdickten Nackenbereich über, an den sich ein Raubtierkopf schwer definierbarer Herkunft (Reptil?) mit weit aufgerissenem Maul anschließt. Die rechte, menschliche Hand ist zu einer Faust geballt und auf die rechts stehende Gestalt gerichtet. Bei jener ist alles umgekehrt. Ein behelmter menschlicher Kopf sitzt auf einem pferdeartigen Unterbau; deutlich ist ein Schweif erkennbar, der bis zwischen die Hufe der Kreatur reicht. Im Bereich der Schultern wirken die Züge noch menschlich, und das Wesen hält in beiden Händen einen Speer, dessen Länge seiner Körpergröße ziemlich exakt entspricht.

Zwitterwesen findet man im Museum der frühen Zivilisationen Anatoliens nicht nur auf mannshohen Steinplatten. Hinter Glas, in den Vitrinen, stehen auch Miniaturen und Statuetten. Einige davon erinnern an Darstellungen aus Mesopotamien, was uns aber nicht verwundern sollte. Mit ihrem Götterreichtum enthielt die Religion der Hethiter auch babylonische Elemente. Rituale, Gebete und andere Elemente waren sehr oft dem Babylonischen entlehnt. Die Sprache wurde in akkadischer Keilschrift auf Tontäfelchen eingeritzt, aus diesem Grund wird sie heute als »Keilschrift-Hethitisch« bezeichnet.[6]

Mischwesen allenthalben, wohin das Auge blickt. Wem wie mir nach dem Museumsbesuch der Kopf raucht, für den habe ich hier noch einen ganz besonderen kulinarischen Geheimtipp. Nur wenige hundert Meter den Berg hinauf habe ich in der »Meşhur Oltu Kebapçisi« die besten Kebaps meines Lebens gegessen. Anders als bei der Zubereitung, wie wir sie von den unzähligen Kebapbuden hierzulande kennen, lässt der Meister den Bratspieß waagerecht rotieren. Wenn die äußere Schicht gar ist, werden dünne Spieße mit hölzernen Griffen darunterge-

155

schoben, und das Ganze wird mit einem langen, scharfen Messer abgeschnitten. Serviert mit dünnen Fladen aus Teig und verschiedenen Gemüsen ist der Genuss nicht mehr zu toppen. Einen kurzen Verdauungsspaziergang kann man zu der Festung Ak Kale unternehmen. Die liegt nicht weit entfernt und bietet einen schönen Ausblick über die Stadt. Wer das Lokal ausprobieren möchte, für den habe ich hier die Adresse: Kiliçarslan Mah. At Pazari Sk. Nr. 1, Ulus, Ankara.

Ich möchte noch einmal kurz auf die erwähnte Stadt Karkamiş zurückkommen, aus der so viele Skulpturen von Mischwesen im Hethitermuseum zu Ankara stammen. Im Jahre 1912 organisierte der 1866 unter Königin Victorias Schirmherrschaft gegründete *Palestine Exploration Fund* eine Expedition dorthin. Die Ausgräber, unter ihnen ein junger Engländer namens Thomas Edward Lawrence (der spätere »Lawrence of Arabia«), entdeckten einen Tempelbau, der reich geschmückt war mit Figuren geflügelter Tierwesen mit menschlichen Köpfen.[159] Im Mai 2012 war ich selbst ganz in der Nähe – in Birecik, bekannt für seine prächtige Brücke über den Euphrat. Von dort sind es kaum 20 Kilometer. Doch Karkamiş, es liegt direkt an der Grenze zu Syrien, blieb unerreichbar. Denn das Gebiet ist vermint, und die türkischen Grenztruppen fangen jeden Unbefugten schon Kilometer vorher ab.

Kalach oder die Stadt, die Nimrud heißt

Ganz bewusst habe ich mich eingehender mit dem Nachlass der Hethiter beschäftigt, werden diese doch bei der Thematik gerne nur am Rand gestreift. Im Gegenzug werde ich das Gebiet zwischen den Flüssen Euphrat und Tigris, die Wiege bedeutender Hochkulturen wie der sumerischen, der assyrischen und der babylonischen, im Folgenden etwas kürzer abhandeln. Auch wenn uns Mischwesen in diesen so plötzlich und wie aus dem

Nichts emporgestiegenen Zivilisationen buchstäblich auf Schritt und Tritt folgen.

Südöstlich der irakischen Stadt Mosul, heute Hauptstadt der nach der gleichnamigen altmesopotamischen Stadt benannten Provinz Ninive, liegt die Ruinenstätte von Kalach. Entdeckt wurde sie 1845 von dem britischen Archäologen und Diplomaten Sir Husten Henry Layard (1817–1894), der dort bis 1851 Grabungen unternahm. Die nach gängiger Meinung der Historiker von Salmanassar I. um 1270 v. Chr. gegründete Stadt, die zeitweilig Hauptstadt des Assyrerreiches war, wird seit Mitte des 19. Jahrhunderts nur noch Nimrud genannt. Umbenannt wurde sie wegen eines Fundes, der eine Mischkreatur darstellt.

Es war im Februar 1846, als die einheimischen Hilfsarbeiter unter Leitung des erwähnten Sir Layard ganz vorsichtig Schicht um Schicht abtrugen. Plötzlich herrschte große Aufregung, denn zum ersten Mal hatten die Tagelöhner die mächtige Statue eines »geflügelten Stiergottes« freigelegt. In dem Irrtum, eine Darstellung des assyrischen Kriegs- und Jagdgottes Ninurta (hebr. Nimrod) gefunden zu haben, rannten sie zu Layard und schrien:»Herr, komm schnell, wir haben den Nimrod gefunden!« Zwar entpuppte der sich schnell als»Lamassu«, eine Kreatur aus Adler, Löwe, Stier und Mensch, wie sie häufig die assyrischen Stadttore schmückte. Doch seit diesem Fund wird die Stadt Kalach nurmehr Nimrud genannt.[159]

Ebenfalls in Nimrud/Kalach wurde der weltberühmte»schwarze Obelisk« des Assyrerkönigs Salamanassar III. (859–824 v. Chr.) gefunden. Das mit einzigartigen rechteckigen Reliefs rundherum verzierte Prachtstück steht heute im Britischen Museum in London. Die darauf abgebildeten Szenen lassen»kleinwüchsige Menschentiere« erkennen, die von kräftigen Wärtern an Ketten und kurzen Leinen geführt werden. Einige Tier-Mensch-Bastarde werden von den Archäologen als Affen bezeichnet. Dies aber können sie schwerlich sein, denn deren Hände, Füße und

Gesichter sind eindeutig menschlicher Natur. Andere Bilder zeigen Löwenkörper mit Menschenköpfen; eine der Chimären lutscht deutlich erkennbar an seinem Daumen.[22, 156] Eingerahmt sind die Szenarien des »schwarzen Obelisken« von Keilschrifttexten. Diese sprechen von »gefangenen Menschentieren«, die als Tribut abgeführt werden.[160] Näher wollte ich eigentlich nicht auf das Land zwischen den beiden Strömen eingehen, gäbe es da nicht noch ein paar Funde, bei denen es richtig unheimlich wird.

Dame mit Reptilienkopf

Kleine, tönerne Statuetten von schaurig anzusehenden Wesen tauchten in den Fundstätten einer vorgeschichtlichen Zivilisation auf, die noch um vieles älter ist als die eben genannten. In der Zeit zwischen 5500 und 4000 v. Chr. beherrschte die Obeid-Kultur große Teile Mesopotamiens. Benannt ist sie nach der Grabungsstätte Tell-el-Obed nordwestlich der sumerischen Stadt Ur. In einem kleinen Ruinenhügel fand man dort erste Zeugnisse der frühesten Besiedelung des Landes. Alles begann damit, dass kleine Siedlungen auf den fruchtbaren Schwemmgebieten des südlichen Mesopotamien entstanden. Die Menschen bebauten das Land und bewässerten es künstlich, betrieben Fischfang in den Flüssen und im Persischen Golf. In die Obeid-Periode, deren Kultur sich fast über ganz Mesopotamien ausbreitete, fielen die Gründungen großer sumerischer Stadtstaaten wie Uruk, in dem der legendenumwobene »Halbgott« Gilgamesch herrschte. Charakteristisch für diese bis zurück in die Steinzeit reichende Zivilisation sind Keramiken, die an mehreren Stellen in großer Anzahl gefunden wurden. Neben »harmlosen« Bandkeramiken fallen immer wieder Figuren aus gebranntem Ton auf. Sie zeigen vorwiegend weibliche Gestalten mit Reptilienköpfen.[161]

Waren es ebenfalls Mischkreaturen? Oder gehörten sie zu einer Rasse nicht von dieser Welt gekommener Intelligenzen, welche sich aus Reptilien entwickelt haben? Ich habe schon an anderer Stelle über die Sichtweise des kanadischen Paläontologen Dale Russell geschrieben, für den eine Entwicklung der Dinosaurier zu intelligenten Zweibeinern durchaus im Rahmen des Denkbaren liegt.[19, 23] Wen immer die Künstler der Obeid-Kultur rund 5000 Jahre vor unserer Zeitrechnung dargestellt haben: Jene unheimlichen Wesen tragen auf ihrem menschlich anmutenden Körper einen Kopf, der noch am ehesten an den einer überdimensionalen Eidechse erinnert (s. Bildteil). Die Figuren wieder einmal nur als »Kultobjekte« zu deklarieren, wird sicher nicht zur Lösung des Rätsels beitragen.

Vielleicht ist es müßig, sich überhaupt den Kopf darüber zu zerbrechen, warum die von den Sternen gekommenen Fremden neben der Erschaffung des *Homo sapiens* auch solche verrückten Mischwesen in ihr »Programm« aufnahmen. Wollten sie ausgewählte Lebensformen für bestimmte Aufgaben spezialisieren, entweder für den Einsatz auf der Erde oder auf Planeten mit nicht-irdischen Lebensbedingungen?[160] Oder war der Grund dafür viel einfacher, wie auch bei uns heutzutage die reine Lust am Experimentieren unter dem Deckmäntelchen der Forschung? Häufig genug wird nach dem Motto verfahren, »was machbar ist, wird auch gemacht – und wenn wir es nicht tun, dann tun es bestimmt die anderen.«

Mythen von der Realität eingeholt

Bis vor Kurzem galt die Kreuzung zwischen den meisten Tieren, noch mehr aber zwischen Mensch und Tier als unmöglich. Unterschiedliche Chromosomenzahlen haben stets einen Riegel vorgeschoben. Doch die eingangs erwähnten Experimente

mit Eizellen von Kühen und menschlichem Erbgut lehren uns
etwas anderes. Bereits 2003 meldeten chinesische Gentechniker, sie hätten die Stammzellen von Menschen und Kaninchen
fusioniert und einige Generationen (gemeint sind wahrscheinlich Teilungsstadien oder lebt in der Volksrepublik China mittlerweile ein Hase-Mensch-Hybrid?) lang wachsen lassen.[119]
Und das ist erst der Anfang. Die Mythen aus alter Zeit wurden
inzwischen längst von der Realität eingeholt. Im Jahr 1987 schufen Gentechniker in den USA auf biotechnischem Weg die
sogenannte »Schiege«, eine Kreuzung zwischen Schaf und
Ziege.[127]
Viel länger schon lebt ein Geschöpf in freier Wildbahn, dessen
Existenz mit großer Wahrscheinlichkeit auf ein Experiment in
vorgeschichtlicher Zeit zurückgeht. Es ist der Gepard, eigentlich ein »unmögliches« Kreuzungsprodukt zwischen zwei unterschiedlichen Familien der Säugetiere. Ein Zwischenarthyb-
ride, der normalerweise nicht fortpflanzungsfähig sein sollte.
Er vereinigt zahlreiche Merkmale von Hunden und Katzen in
sich. Seine Eigenschaften könnten von einem Bio-Ingenieur
nicht besser ersonnen oder »designed« worden sein. Die Britische Biologin Joy Adamson stellte sich daher ernsthaft die
Frage, ob der Gepard nicht ganz gezielt »für einen Schnell-Lauf
geschaffen« worden sein könnte – auf kurzen Distanzen vermag
er Geschwindigkeiten bis zu 100 Kilometern in der Stunde zu
erreichen.[162] Blutproben, die von 50 verschiedenen Geparden
aus weit voneinander entfernten Regionen entnommen wurden, haben darüber hinaus ergeben, dass alle diese Tiere genetisch identisch sind.[163] Was nur möglich wäre, wenn sie geklont
worden sind.
Unter Klonen versteht man die Erzeugung von genetisch vollkommen übereinstimmenden Kopien eines Lebewesens, indem
man in zuvor entkernte Eizellen einen neuen Zellkern ver-
pflanzt. Erste Versuche mit einfacheren Lebewesen verliefen

vielversprechend. Das ermutigte die Biologen, konsequent weiterzumachen. »Dolly« war das erste Säugetier, das durch Klonen entstand. Es war ein walisisches Bergschaf, das im Roslin-Institut bei Edinburgh in Schottland geschaffen wurde und am 5. Juli 1996 zur Welt kam.[164] Doch schon am 14. Februar 2003 musste »Dolly« wegen einer sehr schweren Lungenkrankheit eingeschläfert werden. Seither diskutiert man heftig darüber, ob nicht das Klonverfahren negative oder gar lebensverkürzende Auswirkungen in sich birgt. Die Möglichkeit, ob irgendwann Klone von Menschen unter uns weilen – Inhalt einiger Science-Fiction-Romane und Filme – ist im Augenblick nicht mehr als Spekulation.

Die »Schiege« wie auch »Dolly, das Klonschaf« sind zwischenzeitlich schon fast ein alter Hut. Die Forschungen auf dem Gebiet der Gentechnik gehen mit Riesenschritten weiter. Wird eines unschönen Tages ein experimentierwütiger Biologe versuchen, eine Sphinx oder einen Zentauren zu erschaffen, wie es der Direktor des Instituts für Immunologie an der Universität Bern, Professor Beda M. Stadler, befürchtet? »Früher oder später wird es klappen«, so der aufgeschlossene Wissenschaftler.[119]

»Früher«, gemeint ist in weit zurückliegenden Epochen, hat es ganz sicher geklappt. Der »Vater der Geschichtsschreibung«, wie der griechische Historiker Herodot (490 – ca. 425 v. Chr.) genannt wird, unternahm seinerzeit ausgedehnte Reisen nach Asien und Afrika. Von einer dieser Reisen brachte er Kunde über mysteriöse »Fischmenschen« mit schuppiger Haut mit, deren Lebensraum das Mündungsgebiet des persischen Flusses Araxes gewesen sei.[165] Wird auch in unseren Gen-Labors bald der »Fischmensch« mit Kiemen und Schuppenhaut entwickelt, der perfekt an das Leben im Wasser angepasst ist? Oder geflügelte Supersoldaten als Kreuzungsprodukt zwischen Fledermaus und Mensch, gegen die die heutigen Fallschirmjäger

161

nichts weiter als hilflos in den Lüften zappelnde Zielscheiben für den Feind sind?

Die Mischwesen, die uns von den Stelen der Hethiter und den Rollsiegeln der Sumerer entgegenblicken, haben tatsächlich eine Botschaft an uns Menschen des 21. Jahrhunderts. Deren nicht zu leugnende Existenz soll uns davor warnen, aus purer Neugier und Lust am Ausprobieren genetische Verrücktheiten zu erschaffen. Monster wie sie, die die Menschen jener Zeit das Fürchten lehrten. Forschung ist gut, Forschung tut not – so auch in der Gentechnik. Sie bietet, sinnvoll genutzt, unschätzbare Chancen für das Wohl der gesamten Menschheit.

Was wir nicht brauchen, sind archaische Albträume, die wieder ins Leben zurückgerufen werden. Sonst geht es uns am Ende wie dem Zauberlehrling in Goethes *Faust*: Die Geister, die er rief, wurde er nicht mehr los …

8 Imitation of Life

Ein »Kult« geht um die ganze Welt

> »... so unterlassen sie es in den Llanos wenigstens, ihnen
> von der Geburt an den Kopf zwischen Kissen und Bret-
> tern plattzudrücken. Dieser Brauch, der früher auf den
> Inseln und bei manchen karibischen Stämmen (...) so
> verbreitet war, kommt in den Missionen nicht vor, die
> wir besucht haben. Die Leute haben dort gewölbtere
> Stirnen als die Chaymas, Otomaken, Macù und die
> meisten Eingeborenen am Orinoko.«
>
> ALEXANDER VON HUMBOLDT (1769–1859),
> NATURFORSCHER UND GEOGRAPH

Wie seine noch heute auf den Bäumen lebenden Verwandten hat auch der Mensch die Angewohnheit, alles und jedes nachzuahmen. Eine banale Erkenntnis, doch sie brachte Militärs und Ethnologen gleichermaßen zum Staunen, als sie in
unruhigen Zeiten mit einem reichlich skurrilen Kult konfrontiert wurden. Dieser hat sich letztlich als wahrer Glücksfall her-
ausgestellt, hilft er uns doch, Verhaltensweisen aus (nicht nur)
vergangenen Epochen in einem modernen Kontext zu bewerten.
In den ersten Monaten des Kriegsjahres 1945 hatten die Amerikaner und deren Alliierte mehrere Militärbasen bei Hollandia
auf Neuguinea errichtet. Die Region an der Humboldt Bay heißt
heute Jayapura und gehört, wie der ganze Westen der Insel, als
Irian Java zu Indonesien. Damals aber, in der heißesten Phase
des Zweiten Weltkriegs, waren dort bis zu 40 000 Soldaten stati-
oniert. Pausenlos starteten und landeten Militärflugzeuge und

brachten wichtigen Nachschub für die Materialschlachten im Pazifikkrieg gegen die Japaner, wo jeder Meter Boden einen hohen Blutzoll forderte.

Die eingeborenen Papuas, die bis dahin so gut wie keine Berührung mit Vertretern der westlichen Zivilisation gehabt hatten, beobachteten das ihnen unverständliche hektische Treiben. Ahnungslos, um was es da ging, waren für sie auch die technischen Wunderdinge der Fremden wie ein Buch mit sieben Siegeln. Eben hatten sie noch ein Leben wie in der Steinzeit gefristet, doch der Kulturschock hatte dieses entscheidend und für immer verändert.

Immer wieder verteilten die US-Soldaten kleine Geschenke an die Ureinwohner, die sich nach anfänglichem Zögern immer näher heranwagten: Schokolade, Kaugummi oder ausrangierte Kleidungsstücke. Die Dinge waren allesamt neu für die Papuas und hießen »Cargo«, von der englischen Bezeichnung für Ware. Aus den Wäldern kamen immer mehr Eingeborene zu den Landepisten, auf denen riesige »Silbervögel« mit lautem Getöse aus den Wolken herniederkamen. Es waren die Himmelsvögel der »Götter«, aus deren Bäuchen unerschöpfliches »Cargo« quoll. Dies weckte Begehrlichkeiten bei den Stammesangehörigen, die sich wünschten, dass die silbernen Himmelsvögel ihre segensreichen Geschenke künftig auch bei ihnen ablieferten. Aber wie um alles in der Welt wollte man dies erreichen?

Nachdem sich die Papua-Krieger beim Palaver in ihren Hütten beraten hatten, kamen sie zu einer Lösung. Die so plötzlich in ihrer Welt aufgetauchten Fremden waren offenbar allmächtig, es war ihnen nichts unmöglich. So mussten sie sich nur wie diese verhalten, dann würde es schon klappen. Gesagt, getan: Auf den Lichtungen im Urwald stampften sie mit bloßen Füßen »Landebahnen« aus dem Boden. Bei Wewak im australisch besetzten Nordosten Neuguineas entstand so ein regelrechter »Geisterflughafen« mit Flugzeugen aus Holz und Stroh. Baumhohe Bambusstangen sollten Antennen darstellen, und Medizinmänner murmelten pausenlos in halbierte Kokosnüsse wie ihre Vorbilder in deren Mikrofone. Bald trugen die Eingeborenen »Stahlhelme« aus Schildkrötenpanzern auf dem Kopf und exerzierten mit Holzrohren als Gewehre. Mit schier beispielloser Ernsthaftigkeit imitierten sie alles, was sie zu Gesicht bekommen hatten.[66, 166, 167]

Brett vor dem Kopf

Von diesen Paradebeispielen menschlichen Nachahmungsgehabes, die als *Cargo-Kulte* in die Geschichte der Ethnologie eingegangen sind, blieben der Nachwelt dankenswerterweise Filme, Fotos und aufschlussreiche Augenzeugenberichte erhalten. Von einem wesentlich weiter verbreiteten Kult, der meiner Meinung nach gleichfalls auf der Imitation real existierender Vorbilder beruht, überlebten noch weitaus mehr und handfestere »Dokumente«. Man kann sie in Museen auf der ganzen Welt bewundern.

Heute spricht man bei jeder Gelegenheit von der Globalisierung und meint im Grund nur einen kleinen Teil der Bevölkerung und der Wirtschaftsräume dieses Planeten. Ein Phänomen jedoch, das wirklich das Prädikat »global« verdient hätte, war beinahe vor unserer Haustür noch bis vor wenigen Generationen präsent. In ein paar Gegenden lebt die Vergangenheit sogar bis in unsere Tage fort. Die Rede ist von der künstlichen Verformung des Schädels, allgemein als Schädeldeformation bezeichnet, die in früheren Zeiten von nahezu allen Völkern, in nahezu allen Kulturen rund um den gesamten Globus praktiziert wurde.

Einleitend einige Worte zum technischen Ablauf der befremdlich anmutenden Prozedur. Die Deformation des Schädels er-

165

folgt durch das permanente Bandagieren des Kopfes, beginnend im frühen Säuglingsalter, oft bis zum Ende des Wachstums mit etwa 20 Lebensjahren. Dabei werden den Betroffenen kleine Brettchen rings um den Kopf angepasst, die mit Scharnieren verbunden sind. Durch diese Scharniere wiederum werden Bänder gezogen, mittels derer man langsam aber stetig den Zwischenraum verkleinern kann. Das Ergebnis ist erst nach ein paar Jahren zu erkennen: Dann wölbt sich nämlich der Schädel, beginnend an den Schläfen, turmartig nach hinten. Aus alten Hochkulturen kennt man Extremfälle, bei denen die derart verlängerten Hinterköpfe das bis zu dreifache Volumen nicht deformierter Schädel aufwiesen.[67] Unvorstellbar, so etwas mit sich herumtragen zu müssen.

Die Ausbildung solcher Turmschädel funktioniert jedoch auch ohne das sprichwörtliche Brett vor dem Kopf. Eine etwas abweichende Deformationstechnik arbeitet mit zirkulärer Pressbandagierung, die vom unteren und mittleren Stirnbereich schräg bis zum unteren Hinterkopf um den noch leicht zu verformenden Schädel des Säuglings geführt wird. Sie findet auch in unseren Tagen noch Anwendung: In der pazifischen Inselwelt Melanesiens sowie bei den zentralafrikanischen Mangbetu. Dies ist ein Stamm, der im Nordosten der heutigen Republik Kongo noch immer Schädeldeformierungen an seinen Nachkommen praktiziert.[168] Einzig durch die Verwendung von Bändern wird hier verhindert, dass die Stirn normal in die Höhe wächst. Stattdessen wird der Schädel in seinem oberen Bereich viel flacher und weicht nach hinten aus, wo er die Form eines Kegelsegmentes oder auch eines Zylinders von veränderlichem Durchmesser annimmt.

Auch Schädelfunde aus dem bayerischen Raum, auf die ich etwas später noch genauer eingehen werde, lassen sich eindeutig in diesen »zirkulären Deformationstyp mit konischer bis zylindrischer Ausprägung« einordnen.[168]

Deformierte Neandertaler

Ich wiederhole mich ungern, aber bei den Deformationen kann man von einer Globalisierung sprechen, die nahezu alle Kulturräume der Erde betrifft. Vielleicht wäre es einfacher, die wenigen Flecken aufzuzählen, wo jene Praktiken nicht in Erscheinung traten. Ein wichtiges Verbreitungsgebiet war Ägypten und der gesamte Raum des Nahen Ostens. Von dort stammen mithin die ältesten bekannten Artefakte. In der an anderer Stelle bereits erwähnten Shanidar-Höhle im Norden des Irak, die in der Spanne zwischen 100 000 und 35 000 v. Chr. besiedelt war, gruben Archäologen zahlreiche Skelette von Neandertalern aus. An zweien der gefundenen Schädel zeigten sich die charakteristischen Ausbildungen einer künstlichen Schädelverformung.[169]

Begibt man sich weiter nach Osten, findet man viele dieser absichtlich deformierten Schädel in den bevölkerungsreichsten Ländern – Indien und China. Auf meinen bis dato sieben Reisen, die mich durch das Reich der Mitte führten, stieß ich in zahlreichen Museen auf sehenswerte Exponate. Nördlich von China sind die Tundren Sibiriens ein lohnender Fundort für Turricephali, wie der medizinische Fachausdruck für die Turmschädel lautet.[170]

Eines der größten Zentren des Kultes, der die ganze Erde umrundet hat, stellt die »Neue Welt« dar. Mehrere Indianerstämme Nordamerikas verformten die Schädel ihrer Kinder, und auch die Gräber der Mayas in Zentralamerika warteten mit überraschenden Funden auf. Doch die größte Anzahl – wenigstens aus alten Zeiten – fand sich unter den Hinterlassenschaften der andinen Hochkulturen Südamerikas, welche die heutigen Länder Chile, Bolivien und Peru besiedelten.

Im Norden Chiles, in der Einsamkeit einer der ausgedehntesten Salzwüsten der Welt, liegt der touristisch unbedeutende Fleck

San Pedro de Atacama. Nur wenige Reisende finden den Weg dorthin – und dann auch nur wegen des archäologischen Museums, gegründet von dem aus Belgien stammenden Missionspater Gustavo LePaige. In dieser einzigen Attraktion des Ortes befindet sich eine kleine Holzfigur unbestimmten Alters, die wegen ihrer außergewöhnlichen Physiognomie inzwischen als »Astronaut von San Pedro« Eingang in die einschlägige Literatur gefunden hat.[171, 35] Diese war es auch, die mich vor Jahren in die Öde der weiten Atacama-Wüste gelockt hat. Im Keller des besagten Museums lagert nebenbei die weltgrößte Kollektion an menschlichen Schädeln – mehr als 5000 Exemplare sollen es sein –, wobei viele von ihnen die typischen Verlängerungen aufweisen. Auf Regalen, die vom Boden bis zur Decke reichen, sind sie sauber aufgestapelt. Leider sind sie nicht für die Öffentlichkeit zugänglich. Wohl aber eine kleine aber feine Auswahl sehr gut erhaltener Stücke, die zwei Glasvitrinen im Eingangsbereich füllen.[35, 67]

Die Kinder vom Orinoco

Neu zu staunen über diese Artefakte, obwohl bereits an vielen Orten unserer Welt gesehen, lernte ich in der peruanischen Stadt Ica. Jenes Provinznest im Hinterland der Bucht von Paracas hat nicht nur die umstrittene Sammlung des 2001 verstorbenen Doktor Cabrera zu bieten, von der ich schon berichtete. Im Oktober 2008 besuchte ich das Regionalmuseum von Ica, das reiche Funde aus der Nazca- und Paracas-Kultur beherbergt. Darunter auch einige der beeindruckendsten Langschädel, die ich jemals zu Gesicht bekommen habe. Die Vitrinen in diesem flachen Betonbau am Rand der Stadt präsentieren unirdisch in die Länge gezogene Schädel, beinahe so lang wie drei normale Köpfe. Eine Reihe von Röntgenbildern dieser Schädel geben hochinteressante Einblicke, wie ich sie andernorts noch nie sah. Darum habe ich zwei Köpfe sowie eine Röntgenaufnahme aus Ica in den Bildteil dieses Buches aufgenommen. In Südamerika waren es freilich nicht nur die andinen Hochkulturen wie die Inka, die das künstliche Verlängern der Schädel intensiv betrieben. In den Jahren von 1799 bis 1804 reiste der deutsche Naturforscher Alexander von Humboldt (1769–1859) durch die »Äquinoctial-Gegenden« im Gebiet der Staaten Venezuela und Französisch-Guayana sowie der Grenzregion zu Brasilien. Er berichtete von zahlreichen Eingeborenen-Stämmen im Flussland des Orinoco wie den Chaymas oder den Macù, die ebenfalls Eingriffe in das Schädelwachstum ihrer Kinder vornahmen.[172] Übrigens tun sie dies auch heute noch (bzw. taten es gesichert bis vor wenigen Jahren), wie eine zu Zeiten der DDR herausgegebene Bearbeitung der Humboldt'schen Reiseberichte zu dokumentieren wusste.[173]

Und was ist mit Europa? Sollten Deformierungspraktiken hier nur in wenigen Ausnahmefällen zur Anwendung gekommen sein? Das genaue Gegenteil ist der Fall. Und ich kann mir ehrlich gesagt nicht erklären, warum unser Kulturkreis hier buchstäblich »unter den Teppich gekehrt« wird. Die Anzahl der Schädeldeformationen in Europa kann mit jener in Mittel- und Südamerika sehr leicht mithalten. Zu Beginn der 1930er-Jahre legte der britische Anthropologe Eric John Dingwall (1890–1986) eine blitzsauber recherchierte Studie vor, in deren Mittelpunkt Deformationen in den Ländern Europas standen. Er stellte fest, dass »es in Nordeuropa nur wenige Landstriche gibt, in denen Entstellungen des Schädels vorkommen«. In Mitteleuropa dagegen erstreckte sich ein Gürtel von Frankreich bis zu der westlichen Grenze Russlands, in dem es von alters her Brauch war, die kindlichen Schädel zu verunstalten. In südlichen und südöstlichen Ländern betrifft es wiederum nur ein paar Gegenden, während im Kaukasus eine Häufung auftrat.

Das mit Abstand bedeutendste Zentrum europäischer Schädel-deformierungen aber ist der westliche Teil unseres Nachbarlandes Frankreich.[174] Wie bitte?

Neues aus der Anstalt

Ganz richtig gehört! Trotzdem weiß heute so gut wie niemand mehr, dass es in Frankreich noch bis Ende des 19. Jahrhunderts weit verbreitete Sitte war, Schädel durch Anlegen von Bandagen zu deformieren. Mit Ausnahme eines schmalen Streifens nördlich und südlich der Loire und einigen Landschaften wie den Basses Pyrénées und der Gironde war sie scheinbar allgegenwärtig. Ein paar Regionen, vor allem Seine-Maritime, Haute-Vienne, Creuse, Deux-Sèvres, Tarn, Aude und Haute-Garonne zeigen eine deutlich größere Verbreitung als andere, doch waren in der Mehrzahl der Départements Deformierungen alles andere als unbekannt. Dieser Brauch war nicht nur extrem weit verbreitet, die daraus resultierenden Verformungen waren auch so charakteristisch für einzelne Regionen, dass man an der Kopfform häufig sogar deren Bewohner von denen anderer Gegenden unterscheiden konnte. Im letzten Drittel des 19. Jahrhunderts untersuchte der französische Mediziner Dr. F. Delisle ungefähr 25 000 Fälle und veröffentlichte die Resultate und Schlussfolgerungen daraus in einem Buch, das im Jahre 1880 erschien.[175] Schon ein halbes Jahrhundert vor ihm hatte Achille Foville, der als medizinischer Helfer in einem Irrenhaus – heute müsste man wohl »geschlossene Psychiatrie« dazu sagen – beruflich tätig war, seine Beobachtungen bei der Ausführung der Deformationspraktiken beschrieben. Anlässlich einer Bestandsaufnahme in einer Anstalt im (damaligen) Département Seine-Interieure vermochte er festzustellen, dass die Schädel von mehr als 50 Prozent aller Insassen deformiert waren. Hinzu kam, dass bei den schwierigsten und nicht therapierbaren Patienten auch die extremsten Deformierungen vorkamen.[174] Foville schloss damals auf einen ursächlichen Zusammenhang zwischen diesen Verformungen und geistigen Krankheiten. Heute indes hat sich die Meinung durchgesetzt, dass Schädeldeformationen in der Regel nicht zu einer diagnostizierbaren Schädigung des Gehirns führten, obwohl auch Gefahren für den Säugling nicht wirklich ausgeschlossen werden können.[168] Die verformten Köpfe erregten aber nicht nur in den Anstalten das Interesse der Mediziner. Ein weiterer Bericht aus der ersten Hälfte des 19. Jahrhunderts erwähnte, dass diese »têtes disgracieuses« auch im öffentlichen Leben zu sehen waren. Viele Bürger fanden es schockierend, die Formen der häufig kahlen Köpfe in der Kirche oder im Theater zu erblicken.[174] Eingedenk der 25 000 Schädel, die der bereits erwähnte Dr. Delisle untersucht hat, ist es alles andere als überraschend, dass die Verunstaltungen im damaligen Frankreich nicht eben zu den seltensten Erscheinungen gehörten.

Der Vollständigkeit zuliebe sollte ich hier nicht unerwähnt lassen, dass der Brauch bis in jüngste Zeiten in Lappland, den Niederlanden und auch auf der griechischen Insel Kreta verbreitet war.[67] Bleiben wir noch etwas im europäischen Raum, jedoch zu Zeiten, die bedeutend länger zurückliegen. Wir werden sogar in unserem eigenen Land fündig.

Reifere Semester

Auf den Stadtäckern der niederbayerischen Kreisstadt Straubing machten Archäologen während der Ausgrabungen in einem Reihengräberfeld Ende der 1970er-Jahre eine überraschende Entdeckung. Sie fanden in zweien der Gräber Skelette mit künstlich umgeformten Schädeln, die ungewöhnlich gut erhalten waren. Das vollkommen schmuck- und beigabenlose »Grab 361« lag inmitten einer Gruppe von Gräbern aus dem späten 5. Jahrhundert. »Grab 535« gehörte einer anscheinend recht wohlhabenden Frau, welche um das Jahr 500 n. Chr. verstorben war.

In beiden Fällen war die Bestimmung des Geschlechts leicht, denn spezifische Merkmale an Schädel und Skelett deuteten ohne Zweifel auf das weibliche Geschlecht. Zu Lebzeiten hatten beide leicht über 1,60 Meter gemessen, wobei die Frau aus »Grab 361« etwas größer war und einen deutlich kräftigeren Knochenbau besaß als die Frau aus »Grab 535«.

Beim Sterbealter tat man sich schon um einiges schwerer, da es bei künstlich deformierten Schädeln häufig zu Verzögerungen im Verschluss der einzelnen Schädelnähte kommt. Doch die Befunde bei beiden Skeletten sprachen für ein »reiferes Alter«, wobei die Frau aus »Grab 361« eher etwas jünger verstorben war als ihre Geschlechtsgenossin. Die Forscher zogen zur Altersbestimmung nicht nur den Befund zu Rate, der sich aus dem Zusammenwachsen der Schädelnähte ergab. Auch der Zustand der Gebisse entsprach der bereits als »matur« bezeichneten Einschätzung. Die Damen waren also bereits nicht mehr die jüngsten.

Von einigen leichten degenerativen Veränderungen an Brust- und Lendenwirbeln der Frau aus dem »Grab 361« abgesehen, wurden keine weiteren krankhaften Veränderungen an den Knochen festgestellt. Es ist bekannt, dass sich die Angehörigen aus verschiedenen sozialen Gruppen innerhalb eines Gräberfeldes nicht selten in deren Beeinträchtigung durch Mangelkrankheiten und degenerative Veränderungen unterscheiden. Hier konnte gefolgert werden, dass es sich mindestens bei der Frau aus »Grab 535« um eine rangmäßig besser gestellte Person gehandelt hatte.[168]

Von der Rassenzugehörigkeit ließen sich die beiden Turmschädel aus Straubing-Alburg nicht zweifelsfrei einordnen. Denn im 5. Jahrhundert unserer Zeitrechnung herrschte infolge der Einfälle der Hunnen ein ziemlich buntes Völkergemisch in Mitteleuropa. Die genaue Herkunft dieses kriegerischen Reitervolks ist nach wie vor unklar; meist werden die weiten Steppen der Mongolei als ihre Heimat genannt. Die wahrscheinlichste Möglichkeit ist, dass dieser Begriff *mehrere* ostasiatische und eurasische Nomadenstämme umfasst. Historisch werden sie erstmals greifbar im 3. Jahrhundert v. Chr., als sich in der heutigen Mongolei Nomaden (chin. Xiongnu) zusammenschlossen und China recht massiv bedrängten. In dieser »Zeit der kämpfenden Staaten« wurden die ersten Schutzwälle errichtet, um das »Reich der Mitte« vor den »Barbaren aus dem Norden« zu schützen.[176]

Bei den wehrhaften Chinesen holten sich die Hunnen blutige Nasen. Deshalb verlegten sie ihre Eroberungszüge gen Westen, wo sie sich etwa um 425 n. Chr. in einzelne Horden aufspalteten.[6] Auch sie verformten die Köpfe ihrer Kinder gerne zu mächtigen Turmschädeln, wie man beim Freilegen zahlreicher Hunnengräber von der Mongolei bis nach Westfrankreich feststellen konnte.[177]

Großen Bekanntheitsgrad besitzt der »Hunnenschädel von Kronberg«, den man in einem Gräberfeld unweit der niederösterreichischen Ortschaft Wolkersdorf fand.[178] Den vor mehr als 1500 Jahren verschiedenen Träger rechnet man den Awaren zu. Die waren eines jener Völker, in denen die Hunnen nach dem Tod Attilas im Jahr 453 n. Chr. aufgegangen sein sollen.[6]

Gehörten die beiden Frauen aus den Gräbern im niederbayerischen Straubing auch einem dieser aus Asien gekommenen Reitervölker an oder übernahmen die hier ansässigen Volksstämme die Gebräuche der fremden Eindringlinge?

Schmerzhafte Angelegenheit

Zusammen mit diesen beiden Funden liegen aus Bayern bereits zwölf künstlich deformierte Schädel vor. Sie stammen aus sechs verschiedenen Fundstellen: Alteglofsheim, Altenerding-Klettham, Barbing-Irlmauth, Eltheim und aus den Straubinger Stadtteilen Alburg und Wittelsbacherhöhe. Einmal abgesehen von Altenerding-Klettham im Umland von München, fällt die große Anhäufung der Fundorte im Bereich des großen Donaubogens bei Regensburg auf. Alle diese Schädel wurden von den Archäologen in eine zeitlich äußerst begrenzte Phase datiert, und zwar zwischen 450 und 550 n. Chr. Danach wurden in Bayern ganz offensichtlich keine Schädeldeformationen mehr vorgenommen. Dies hat womöglich mit dem endgültigen Siegeszug des Christentums zu tun, das allem »heidnischen« Brauchtum schon von jeher mit größtmöglicher Intoleranz entgegengetreten ist.

Zwei der in Bayern gefundenen Schädel konnte ich persönlich in Augenschein nehmen. Ich war neugierig zu erfahren, was wohl aus den Funden geworden war, und so machte ich mich kurzerhand auf Spurensuche. Ein erster Lokaltermin an den einstigen Ausgrabungsorten in Straubing verlief enttäuschend. Denn die Gräberfelder waren zwischenzeitlich zugebaut, zubetoniert worden. Ein guter Rat leitete meinen Weg daraufhin ins Gäubodenmuseum, gleichfalls in der niederbayerischen Kreisstadt. Dort erklärte mir der Stadtarchäologe, Dr. Prammer, dass sämtliche Funde aus den Neubaugebieten Alburg und Wittelsbacherhöhe ihren Platz in der Anthropologischen Staatssammlung des Freistaates Bayern in der Landeshauptstadt München gefunden hätten. Also noch einmal zurück auf »Start« ...

Beim zweiten Anlauf hatte ich bedeutend mehr Glück. Die besagte Staatssammlung befindet sich am Karolinenplatz, ein paar Meter von dem bekannten Obelisken entfernt, der inmitten eines Kreisverkehrs steht. Untergebracht ist die Sammlung in einem niedrigen, geradezu heimeligen Alt-Münchner Häuschen. Da sie jedoch nicht für die Öffentlichkeit zugänglich ist, findet man sie auch nicht im offiziellen, von der Stadt herausgegebenen Verzeichnis der Museen und Galerien. Aber da ich schon mal an Ort und Stelle war, läutete ich und wurde auch prompt eingelassen.

Einer der dort tätigen Archäologen – im Verlauf unseres Gesprächs wurde mir sehr schnell klar, dass ich an der richtigen Adresse gelandet war – nahm sich sogar ausgesprochen viel Zeit für die Fragen eines nicht unumstrittenen Sachbuchautoren. Auf die Frage nach dem Verbleib der Funde von Straubing hatte Dr. Schröter, ein sympathischer, Pfeife rauchender Zeitgenosse, erst einmal ernüchternde Neuigkeiten. Der größte Teil der Artefakte war zu Restaurationszwecken an die Universität in Göttingen geschickt worden. Solche Maßnahmen dauern oft Jahre, aber danach sollten die Relikte wieder nach München kommen, wo sie der Öffentlichkeit in den Räumen der Prähistorischen Staatssammlung präsentiert werden würden.

Als der freundliche Archäologe meine Enttäuschung bemerkte, führte er mich in das Lager des noch im 19. Jahrhundert erbauten Gebäudes. Dort suchte Dr. Schröter unter den unzähligen aufgestapelten Kartons einen bestimmten heraus, öffnete ihn, und offenbarte mir den Inhalt. Es war einer von jenen Turmschädeln, die man in Altenerding gefunden hatte. Die Überraschung wurde indes noch größer, als er die nächste Pappschachtel öffnete und eines der Artefakte aus Straubing hervorzog. Aus unerfindlichen Gründen war es damals nicht mit den übrigen Schädeln und Skeletten nach Göttingen gesandt worden. Als ich ihn um die Erlaubnis bat, den deformierten Turmschädel fotografieren zu dürfen, hielt er mir das geheimnisvolle Objekt geduldig vor die Kamera.

Mit Dr. Schröter diskutierte ich auch die Frage, ob die Deformationspraktiken für die sich ausnahmslos im Säuglingsalter befindlichen Probanden eine qualvolle Tortur darstellten oder schmerz- und spurlos an ihnen vorübergingen. Dr. Schröter vertrat die Ansicht, dass die Prozeduren sicher nicht so schmerzhaft waren, wie es für uns den Anschein hat. Denn die Intensität der Schmerzempfindung hänge nicht zuletzt vom Kulturkreis ab, in den der Betreffende hineingeboren wird. Natürlich spielen auch andere Faktoren eine Rolle. Bei uns Zivilisationsmenschen des westlichen Kulturkreises besitzt die schnelle Unterdrückung des Schmerzes Priorität. Wehleidig, wie wir nun einmal sind, dröhnen wir uns bereits bei vergleichsweise geringer körperlicher Pein mit Medikamenten zu. Und wenden uns schreckhaft ab, wenn wir Bilder indischer Fakire sehen, die gemütlich auf Nagelbrettern sitzen oder sich genüsslich Zunge und Wange mit spitzen Nadeln durchstechen, bis das Blut spritzt. Bei den Naturvölkern aber ist, damals wie heute, der Schmerz ein ganz natürlicher »Begleiter« des täglichen Lebens.[179] »Ein Indianer kennt keinen Schmerz«: Treffender hätte es Schauspieler Günter Maria Halmer in seiner Paraderolle als »Charly Häusler« in den unvergessenen *Münchner Gschichten* nicht kundtun können.

Dr. Schröters Einschätzung stehen jedoch die Beobachtungen an der großen Anzahl französischer Kleinkinder gegenüber, deren weiche Köpfe noch im 19. Jahrhundert in enge Bandagen gezwungen wurden. »Oft schrie das Kind stundenlang unter den Einschnürungen, ohne dass die Eltern die Ursache der Schmerzen erkannten, unter denen es litt«, zitierte der bereits erwähnte Anthropologe Eric John Dingwall die Feststellungen französischer Ärzte.[174]

So sind wir ehrlich gesagt nicht viel schlauer als zuvor. Ich bin mir jedoch sicher, dass mir mindestens 100 Prozent meiner Leser zustimmen werden, wenn ich zugebe, nicht neugierig auf diese Erfahrung zu sein.

Echnaton, ein echter Spross der Götter?

Ihre Schädel waren ebenfalls von imposanter Länge, wie einstige Darstellungen markant bekunden. Die Rede ist vom ägyptischen Pharao Amenophis IV. (1364–1347 v. Chr.), der im sechsten Jahr seiner Regierungszeit seinen Namen in Echnaton abänderte, seiner Familie und seinen Verwandten. Dieser Regent aus den Tagen der 18. Dynastie (1552–1306 v. Chr.) tat etwas bis dahin völlig Undenkbares: Er räumte mit der bisher praktizierten Vielgötterei auf und erhob Aton, die Sonne, zum einzigen Gott. Und erbaute sich in Amarna, zwischen El Minya und Asyüt am östlichen Nilufer gelegen, eine neue Hauptstadt, die aber bald nach seinem Tod verlassen wurde.[6] Die Ägyptologen bezeichnen die kurze Epoche auch als »Amarna-Zeit«.

Alle Mitglieder von Echnatons Familie und weitere Verwandte besaßen nach hinten in die Länge gezogene Schädel. Da war seine Ehefrau, Neferi-eti-pa-Aton – uns vertrauter als Nofretete, deren Büste aus bemaltem Kalkstein, die 1912 in den Ruinen von Amarna gefunden wurde, im Neuen Museum in Berlin zu sehen ist. Die beiden hatten drei Töchter, Merit-pa-Aton, Maket-pa-Aton sowie Anches-pa-Aton. Letztere heiratete Tutench-Amun, der so zum Schwiegersohn und später zum Nachfolger Echnatons auf dem Pharaonenthron wurde. Dann gab es noch einen Mitregenten mit Namen Semenchkare, dessen Mumie wie auch die von Tut-ench-Amun in unserer Zeit obduziert und medizinisch untersucht wurde. Sie alle besaßen eine langschädelige Anatomie, die vermutlich *natürlichen* Ursprungs war, denn die Untersuchungen ergaben keine Hinweise auf krankhafte Anomalien wie etwa einen Hydrozephalus (Wasserkopf) oder auf menschengemachte Deformationen.[180]

Doch es existieren weitere Hinweise, welche die behauptete »göttliche Abkunft« dieses blaublütigen Herrscherhauses in einem ganz neuen Licht erscheinen lassen: In der Umgebung von

Amarna entdeckte man ein in eine Kalksteinplatte gearbeitetes Relief, dessen Entstehung um das Jahr 1355 v. Chr. herum datiert wurde. Dieses Artefakt ist im Besitz der staatlichen Museen Berlins und zeigt das Pharaonen-Ehepaar Echnaton und Nofretete mitsamt ihren drei kleinen Töchtern. Bei allen drei Kindern sind die Schädel bereits in voller Überlänge ausgebildet, während die Eltern ihre anatomische Besonderheit unter voluminösen Kopfbedeckungen verbergen. Noch besser tritt der in die Länge gewachsene Schädel eines der Mädchen an einer Quarzitplastik hervor, die im ägyptischen Museum zu Kairo ausgestellt ist.[180] Dies kann nur bedeuten, dass die Töchter des Pharaonenpaares bereits langschädelig zur Welt gekommen waren, und nicht erst die – qualvoll oder nicht – Verlängerungsprozeduren über sich ergehen lassen mussten!

Viele Ägyptologen sind sich einig, dass in der Amarna-Periode der 18. Dynastie keine Schädeldeformierungen durchgeführt wurden. Demzufolge zeigen die Darstellungen aus der Zeit nicht die Resultate einer künstlichen Verformung im frühen Kindesalter, sondern vielmehr eine real existierende, physische Eigenart, ein für die Familie Echnatons charakteristisches, genetisches Merkmal.[181, 182]

Haben wir es hier mit von uns Vertretern des Typs *Homo sapiens* deutlich abweichenden Individuen zu tun, die durch eine – möglicherweise künstliche – Mutation entstanden? Oder stehen wir vor echten und direkten Abkömmlingen von den Sternen gekommener »Götter«, zu erkennen an der für sie so charakteristischen Form ihrer Häupter?

Wirklich nur ein »Modespleen«?

Nun haben wir eine Herrscherfamilie, deren *natürliche* Schädelform absolut exotisch ist für die menschliche Spezies – und unzählige Beispiele für *künstlich* geschaffene Kopfdeformierungen. Höchste Zeit also, die Kardinalfrage nach dem »Warum« des unnatürlichen Handelns zu stellen. Was trieb die Menschen auf der ganzen Welt dazu, was hat sie so beeindruckt, dass sie bedenkenlos bereit waren, die zarten Köpfe ihrer Kinder so abartig in die Länge zu quetschen? Wollte man irgendjemandem nacheifern, Vorbilder kopieren, wie es nicht nur Teenager in unserer Zeit mit ihren Stars tun? Es müssten schon sehr mächtige, tonangebende »Trendsetter« gewesen sein, die – womöglich vollkommen unbeabsichtigt – einen weltumspannenden Brauch dieser Art heraufbeschworen haben.

Die Erklärungen, die das Rätsel lösen sollen, sind zum Teil so exotisch wie das Phänomen selbst. Da wird behauptet, es wäre nichts als ein spleeniger Modegag gewesen, denn ein solcher Kopf habe als »Schönheitsideal« gegolten.[183] Ausgedacht hätten sich dies Angehörige der Oberschicht, um sich auch optisch von »gewöhnlichen Sterblichen« zu unterscheiden. Also nicht allein ein Inbegriff von Schönheit, sondern auch die »besondere Note« der frühen High Society?

Dieser Erklärungsversuch würde greifen, wenn wir es mit ein paar wenigen Beispielen zu tun hätten. Aber Schädeldeformationen sind eben keine Ausnahmeerscheinung, sondern wurden bis in heutige Zeiten auf breitester Basis praktiziert. Die Anzahl in aller Welt gefundener Turmschädel ist Legion, und die »Dunkelziffer« dürfte noch um ein Vielfaches höher sein. Warum jedoch der Adel so und nicht anders aussehen wollte: Die Frage bleibt auch bei dieser Lesart ungeklärt.

Man hätte die Schädel so extrem verlängert, um im Krieg den Feind einzuschüchtern, lautet eine weitere Überlegung.[184] Ganz besonders die Hunnen sollen regen Gebrauch davon gemacht haben, als sie im 4. und 5. Jahrhundert n. Chr. bis nach Westeuropa vordrangen. Aber was ist dann mit den so zahlreichen Langschädeln, deren Träger von weiblichem Geschlecht waren?

Will man uns weismachen, dass es in aller Herren Länder Horden von *Kriegerinnen* gab, die schon damals in eine noch rein männliche Domäne eingebrochen waren?

Wir brauchen auch nicht lange zu warten, bis irgendein »Ritual«, »Kult« oder eine ähnlich sinnfreie und nichts aussagende Vokabel in den Ring geworfen wird. Passt wieder einmal nichts zusammen, so wird kurzerhand ein neuer Kult aus dem Hut gezaubert. Mit diesen fadenscheinigen Deutungen wird immer dann argumentiert, wenn man zwar nichts Genaues weiß, jedoch trotzdem seinen Senf dazugeben möchte.

Zwei ukrainische Wissenschaftler, Professor Rostislav Furduy und der Diplom-Physiker Yuriy Schwaidak, führten eine weitere Hypothese in die Diskussion ein. Sie vermuten, dass Schädelverlängerungen und Trepanationen (so nennt man die operative Öffnung der Schädeldecke, die schon seit der Steinzeit vorgenommen wird) eine sehr intensive Stimulation des Gehirns bewirkten. Dadurch seien außergewöhnliche psychische Fähigkeiten bei den Patienten hervorgerufen worden.[184]

Die einzige logische Erklärung

Dieser Idee kann man tatsächlich etwas abgewinnen. Ich denke aber, dass bestenfalls der Vorgang der Trepanation zu einer Stimulation führen könnte. Auch wäre hier ein schneller Erfolg gegeben und zu erkennen. Schädeldeformationen hingegen benötigen mehrere Jahre, bis deren Ergebnis vorliegt. Zudem nimmt man an, dass Trepanationen in vor- und frühgeschichtlicher Zeit in erster Linie dazu dienten, Blutergüsse zu entfernen, die einen starken Druck auf das Gehirn ausübten.[139] Vielleicht versuchte man damals auch schon, Epilepsien zu behandeln, von jeher eine Krankheit des Gehirns, die in allen Rassen und Kulturen in etwa gleich häufig auftritt.[135]

Was gab aber dann wirklich den Anstoß, Schädel so auffällig umzumodeln? Welche Erklärung vermag allen Aspekten dieser »abgefahrenen« Praktiken Rechnung zu tragen? Gäbe es das Phänomen nur ganz vereinzelt und bei wenigen Völkern oder Stämmen, dann könnte man es guten Gewissens als lokale Besonderheit abhaken. Dann hatten die Leute eben einen Spleen. Doch: Wir finden diese Schädel rund um den Globus.

Wenn das neueste Abenteuer des Zauberlehrlings Harry Potter erscheint, harren die Fans weltweit vor den Buchläden aus und stehen sich die Füße in den Bauch, um die ersten druckfrischen Exemplare zu ergattern. Hat Lady Gaga ihren neuesten Hit aufgenommen, ist der dank Downloads nur wenige Stunden später überall zu hören. Es sind die modernen Kommunikationsmittel, denen wir die blitzschnelle, weltweite Verbreitung von Informationen zu verdanken haben.[185] Doch wie war das vor Jahrtausenden, und wie kamen die unterschiedlichsten Völker auf allen Kontinenten zeitgleich genau auf dieselbe (Schnaps-)Idee? Sie allesamt mussten Wesen begegnet sein, deren Anatomie so auffallend anders war als bei ihnen selbst. Da aber eine Kopfform in der Art der Turmschädel auf unserem Planeten von Natur aus nicht vorkommt, liegt die Schlussfolgerung nahe, dass jene Wesen nicht von dieser Welt stammten. Wie bei den eingangs geschilderten Vorgängen in den 1940er-Jahren auf Neuguinea, fingen auch damals die Menschen an, die Besucher nachzuahmen. Sie wollten jenen, die da vom Himmel herniedergestiegen waren, unbedingt gleich sein. So begannen sie, die Schädel ihrer Kinder »göttergleich« zu verunstalten – was uns heute befremdlich und grausam erscheint.

Aus den Begegnungen wurde die Imitation der »Allmächtigen«, und irgendwann bastelten machthungrige Priester eine Religion daraus. Für mich ist es die einzig logische Erklärung für ein Phänomen, das ohne Fernreisen und Internet ganz plötzlich an allen Ecken dieser Welt zugleich seine Präsenz zeigte.

9 Es geschieht nicht erst seit gestern

Ein uraltes Phänomen im neuen Gewande

>»Götter, Engel, Dämonen, Elfen, Zwerge – sie alle paar-
>ten sich mit Menschen. Heute ist das nicht wesentlich
>anders: Die Geschichten um künstlich herbeigeführte
>Befruchtungen, genetische Experimente, die Geburt von
>Hybridkindern und ihre Jahre später stattfindende Prä-
>sentation bilden einen wesentlichen Teil des Entfüh-
>rungsmythos.«
>
>DR. JOHANNES FIEBAG (1956–1999),
>NATURWISSENSCHAFTLER UND ERFORSCHER
>VON UFO-ENTFÜHRUNGEN

Im Outback von Australien, ungefähr 20 000 Jahre vor unserer Zeit: Ein Aborigine nimmt seinen heranwachsenden
Sohn erstmals mit in die Wildnis, um diesem die richtige Ver-
haltensweise bei der Jagd und fürs Überleben im Busch beizu-
bringen. Obwohl die Ureinwohner im Einklang mit der Natur
leben, ist diese grausam und unerbittlich. Von Weitem schon
fällt ihnen ein Termitenhügel ins Auge, der mehrere Meter
hoch in der Landschaft aufragt. Davor angekommen, greift der
Knabe zu einem Stock und beginnt, darin herumzustochern,
bis die Insekten in heller Aufregung kreuz und quer umherlau-
fen. Danach fängt er noch einige Exemplare, um sie genauer zu
untersuchen.

Nun sind Termiten ausgesprochen kluge Tierchen. An früherer
Stelle hatte ich bereits von Populationen in Indien berichtet, die
sich pünktlich zur Zeit des Monsunregens, bevor die Flüsse an-

zuschwellen beginnen, in die höhergelegenen Abschnitte ihrer Bauten zurückziehen. Und zwar immer nur so weit, wie der Pegel des Hochwassers dann auch tatsächlich steigt.[15] Wie würden die Insekten in diesem Fall reagieren?

Für das streng durchorganisierte Staatswesen in dem zigtausende Termiten zählenden Bau existiert nur dieser selbst. Denn die umliegende, von der Sonne durchglühte Landschaft kennt man nur als Jagdgebiet, das der Ernährung dient. Ein jeder Gedanke an außerhalb dieser begrenzten Welt existierende, »extratermitische Intelligenz«, kurz »ETI« genannt, gilt als hirnverbrannte Utopie. Welchen Sinn würde es auch machen, außerhalb ihres klimatisierten Baus etwas anderes zu vermuten als öde und lebensfeindliche Weiten.

Und doch erdreisten sich ein paar von den Termiten, die entweder die Störungen durch das Herumstochern erlebten oder gar von dem Jungen in die Hand genommen worden waren, zu behaupten, dass da unerklärliche Dinge geschehen seien. Sollten hoch entwickelte Lebensformen außerhalb des Termitenhügels existieren? »Auf keinen Fall«, lässt die gebildete Oberschicht um die Königin sofort verlauten. »Die Lebensbedingungen außerhalb unseres Baus sprechen eindeutig gegen die Entwicklung einer vergleichbaren intelligenten Spezies.« Trotzdem wollen die abenteuerlichen Geschichten nicht verstummen, die vor allem von jenen unter den Termiten verbreitet werden, die für kurze Zeit aus deren gewohnter Umgebung »entführt« worden waren. Ihre Erlebnisse werden schlichtweg als die Ausgeburten der krankhaften Phantasie von Psychopathen dargestellt.

Einige ganz schlaue Köpfe aus dem sicheren Innenbereich des Wohnhügels tun sich als besonders eifrige und überzeugte Kämpfer wider »parawissenschaftliches Geschwätz« und die »Auswüchse des Aberglaubens« hervor. Dass sie gleichzeitig noch nie in den Randbereichen des Termitenbaus waren, ist natürlich nichts als »Zufall«. Ungeachtet dessen halten sie sich für

kompetent genug, jene Vorgänge, die mittlerweile zum Tages-
gespräch unter den Insekten avanciert sind, mit fadenscheinigen »Erklärungen« aus der Welt schaffen zu können. Die von
dem Phänomen Betroffenen aber stehen völlig allein da mit ihren Erfahrungen, häufig genug verunsichert und erheblich
traumatisiert.

Natürlich habe ich die lieben Tierchen in dieser Geschichte sehr
vermenschlicht. Aber kommt uns das Geschehen im Termiten-
bau nicht irgendwie bekannt vor?

Über dem blauen Kreuz

Szenenwechsel: Im Land der Töchter von Hugh und Jack Mc-
Leod schreiben wir das Jahr 2010. Noch immer spielen sich un-
erklärliche Dinge ab wie in meinem Gleichnis aus der Welt der
Insekten. Die Ziele jener unheimlichen Begegnungen der vier-
ten Art, wie Entführungen durch Außerirdische auch genannt
werden, sind natürlich Menschen. Wie etwa jener männliche
Zeuge, der im Mittelpunkt des von der Organisation »Mutual
UFO Network« (MUFON) unter der Nummer 27205 aufge-
nommenen Falles steht und der weder seinen Namen noch
Wohnort genannt haben möchte.

Der Mann ging am Abend des 8. August 2010 gegen 23 Uhr ins
Bett. Irgendwann in der Nacht wurde er von drei Kreaturen
aufgeweckt. Dabei bemerkte er, dass sie sich nicht mehr in seiner Wohnung befanden. Das nachfolgend beschriebene Szenario spielte sich in einem ovalen Raum ab, der in sanft glänzen-
des Licht getaucht war, das gleichermaßen von den Wänden,
dem Boden und der Decke zu kommen schien. Als er zu sich
kam, beruhigten ihn die drei Wesen mit sanft zu ihm durch-
dringenden Worten, die er nicht in seinen Ohren, sondern vielmehr mitten im Kopf zu vernehmen glaubte. Die Wesen stellten

sich ihm als »Eins, Zwei und Drei« vor. Und obwohl er am Anfang schockiert war, fühlte er doch so etwas wie eine unbestimmte Vertrautheit, als ob er sie bereits sein ganzes Leben lang kennen würde. Erst redete er sich ein, alles sei nur ein Traum. Aber sehr bald merkte er, dass diesem Erlebnis eine unheimliche Realität innewohnte.

Als der Australier zu Bett gegangen war, trug er noch einen Schlafanzug. Doch jetzt war er unbekleidet, und die drei Wesen schienen ihn zu untersuchen. Mit ihm unterhielten sie sich offenbar telepathisch, untereinander jedoch verwendeten sie eine aus Knall- und Schnalzlauten bestehende Sprache, die den Entführten an die Geräusche von Grillen erinnerten. Nur dass jene Laute der Aliens eine schnellere Abfolge hatten und auch viel komplexer klangen. Sie ließen ihn wissen, dass sie nach Anzeichen suchten, ob an ihm körperliche oder genetische Manipulationen vorgenommen worden waren. »Drei« führte zu diesem Zweck ein Gerät etwa zehn Zentimeter über seinem Körper entlang und kippte eine Art Bildschirm in die Richtung des Mannes, sodass der alles mitverfolgen konnte. Ebenso veränderte das Wesen die Auflösung auf dem Schirm. Nacheinander vermochte er sein Gewebe, die Knochen und Blutgefäße gut zu erkennen.

Irgendwie erinnerten ihn diese drei Fremden an Insekten, an Ameisen, mit den tiefdunklen Augen, den winzigen Nasen und Mündern. Sie waren dünn und zerbrechlich und wirkten gleichzeitig doch so stark. Als er sich fragte, wo er sich befinden mochte, wurden plötzlich die Decke, die Wände und der Boden des Raumes wie durchsichtig. Ihm war, als hätte man zur Antwort auf seine gedankliche Frage Bilder von außerhalb des Flugobjekts hineinprojiziert. So konnte er erkennen, dass sie sich hoch über dem Vorort befanden, in dem er lebte. Deutlich konnte er das blaue Kreuz auf der Kirche sehen, die auf dem Hügel steht, an dessen Fuß er wohnt, und all die Lichter der Stadt, die wie Millionen von Kerzen flackerten.

Irgendwann fand sich der Australier in seiner gewohnten Umgebung wieder. Aber noch immer hört er, vor allem in der Stille der Nacht, die Sprache der Fremden, wie sie immer lauter in seinem Kopf klingt.[186] Mit ihren charakteristischen Knall- und Schnalzlauten ist sie übrigens der Sprache der Buschmänner Südafrikas nicht unähnlich.

Um die Jahreswende 2010/2011 ereignete sich in den Northern Territories von Australien eine regelrechte Entführungswelle. Die meisten Vorfälle wurden aus der Region um Darwin gemeldet, der Hauptstadt dieses australischen Bundeslandes und gleichzeitig wichtigster Hafen im Norden des Kontinents.

Die Hypnosetherapeutin und Beraterin für Menschen mit paranormalen Erfahrungen, Mary Rodwell, hält die bisher bekanntgewordenen Fälle – gut ein Dutzend – nur für die Spitze des Eisberges.[187] Die Entführten aus der Umgebung von Darwin, die bei ihr Rat suchten, berichteten übereinstimmend von Blutergüssen, Flecken und Narben unbekannter Herkunft, die sie nach dem Aufwachen am Morgen an sich entdeckt hätten. Spätere Untersuchungen zeigten, dass viele dieser Narben und Male unter ultraviolettem Licht fluoreszierten. Einige der Menschen hatten Lücken in ihrer Erinnerung. *Missing time* oder *verlorene Zeit* nennt man dieses typische und immer wiederkehrende Begleitphänomen der unheimlichen Begegnungen der vierten Art. Andere Betroffene wurden morgens mit dem Problem konfrontiert, außerhalb ihrer *verschlossenen* Häuser aufzuwachen. Sie erinnerten sich daran, unheimliche Lichter am Himmel beobachtet zu haben.

Mary Rodwell, die das Beratungsnetzwerk ACERN (»Australian Close Encounter Resource Network«) ins Leben gerufen hat, wies auf eine weitere Gemeinsamkeit bei den Fällen der eben erwähnten Entführungswelle hin. Alle die Betroffenen waren ernsthafte und glaubwürdige, bodenständige Menschen, die keinerlei Anzeichen für Geisteskrankheiten oder psychische

Auffälligkeiten erkennen ließen. Bis zu ihrem eigenen Erlebnis hatten diese weder an UFOs noch an Entführungen durch Außerirdische Interesse gezeigt.[188]

Ungefragt missbraucht

Der spannendste und zugleich irritierendste und widersprüchlichste Aspekt der ganzen Entführungsproblematik aber betrifft ein sehr intimes Gebiet. Im Verlauf dieser Abduktionen (aus dem Englischen, *abductions*, was Entführungen bedeutet) werden medizinische Experimente mit den Betroffenen angestellt. Nicht genug: Sowohl Männer, jedoch zahlenmäßig noch mehr Frauen, berichteten unter Hypnose, dass ihnen genetisches Material entnommen worden war. Vielen von ihnen geschah das nicht nur einmal, sondern mehrere Male in ihrem bisherigen Leben. Beispielsweise in der Kindheit, in der Phase des Heranwachsens sowie im Erwachsenenalter mit etwa 30 Jahren.[189] Am beklemmendsten ist die Tatsache, dass weibliche Entführungsopfer immer wieder davon sprechen, von den unheimlichen Besuchern für regelrechte Zuchtzwecke missbraucht worden zu sein. Und dies ohne vorher gefragt worden zu sein. Die ungeheuerlichen Eingriffe sollen stets über einen längeren Zeitraum hinweg erfolgt sein – im Rahmen einer ganzen Serie fortgesetzter Entführungen.

Der erste, der sich bereits vor über 25 Jahren intensiv mit den offenbar systematisch vorgenommenen Eingriffen beschäftigt hat, ist der im August 2011 verstorbene amerikanische Forscher und Autor Budd Hopkins. Er legte 1987 (die dt. Übersetzung erschien 1991) die Ergebnisse seiner Untersuchungen vor, bei denen ihn Ärzte, Psychologen und Spezialisten anderer Fakultäten unterstützt und beraten hatten.[189] Schützenhilfe bekam Hopkins von Professor David Jacobs, einem Geschichtswissenschaftler an der Temple-Universität New York, der sich gleichfalls mit den unheimlichen Vorfällen befasste. Jener sieht in den künstlichen Befruchtungen die eigentliche Motivation für die Entführungen: Die Züchtung einer völlig neuen Spezies, welche halb menschlichen und halb außerirdischen Ursprungs ist.[190] Die bis dato fundierteste Arbeit zum Thema der Entführungen durch Außerirdische lieferte Professor Dr. John E. Mack ab. Er war Professor für Psychiatrie am Cambridge-Hospital der renommierten Harvard-Universität, Doktor der Medizin und Träger des Pulitzer-Preises für herausragende journalistische Leistungen. Also eine Persönlichkeit, der man beim besten Willen keine unseriöse Arbeitsweise oder gar Spinnerei und Phantastereien unterstellen könnte.

Mack hatte seine Untersuchungen an Personen, die behaupteten, von fremden Intelligenzen in deren Flugobjekte entführt worden zu sein, mit der vorgefassten Meinung begonnen, dass diese verrückt seien. Es konnte gar keine andere Erklärung dafür geben. Im Laufe seiner klinischen Untersuchungen änderte sich seine Einstellung jedoch grundlegend. Die Ergebnisse seiner Arbeit legte er als Buch vor, in dem er bereits einleitend zu folgender Feststellung kommt: »Die Erfahrungen, die ich aus meiner Arbeit mit Entführten gewonnen habe, haben mich sehr beeindruckt. Die Intensität und Emotionalität, mit denen Entführte ihre Erfahrung durchleben, sind mit nichts anderem aus meiner klinischen Tätigkeit zu vergleichen. Das unmittelbare Miterleben sowie die Unterstützung und das Verständnis, die dafür erforderlich waren, haben meine Methoden der psychotherapeutischen Arbeit im Allgemeinen beeinflusst (…). Mehr als jede andere Forschung, die ich je unternommen habe, hat mich diese Arbeit veranlasst, die herrschende Weltsicht oder den Realitätskonsens infrage zu stellen, an die ich zeit meines Lebens geglaubt und die ich in meiner klinisch-wissenschaftlichen Arbeit stets angewandt hatte.«[191]

Entnommen und inkubiert

Dass sich hier durch die intensive Beschäftigung mit dieser ungewöhnlichen Materie – obwohl mit einer vorgefassten Meinung begonnen – buchstäblich ein Saulus zum Paulus gewandelt hatte, wird auch an anderen Stellen seines Buches offensichtlich. Bezug nehmend auf die Vorarbeit, die Budd Hopkins und David Jacobs geleistet haben, fasste Professor Mack seine Erkenntnisse zu den Hybriden zwischen Menschen und Aliens in einem glasklaren Statement zusammen: »Die Pionierarbeit von Budd Hopkins und David Jacobs hat – was in meinen Fällen reichlich bekräftigt wird – gezeigt, dass das Entführungsphänomen auf zentrale Weise in ein Züchtungsprogramm eingebunden ist, das in die Erschaffung von außerirdisch-menschlichen Mischlingsnachkommen mündet. Wenn man die Erfahrungen verschiedener Entführter vergleicht, dann scheint es so zu sein, dass während der Entführungen unter Zwang Sperma von Männern und Eizellen von Frauen nicht nur entnommen, sondern anschließend auch zusammengebracht und verändert werden. Dieser Prozess wird von Entführten und Untersuchenden als ›genetisch‹ bezeichnet, aber wir haben kein wirkliches Indiz dafür. Diese veränderte Eizelle wird während einer darauffolgenden Entführung in den Uterus zurückgepflanzt und nach einigen Wochen der Schwangerschaft möglicherweise wieder entfernt. Danach werden die Mischlingsföten in Tanks oder Zylindern ›inkubiert‹ (…), bis sie alt genug sind, um in einem bestimmten Raum in diesen Raumschiffen zu leben.

Von Zeit zu Zeit werden die Mütter und Väter geholt, um die Mischlingsnachkommen zu sehen, und ermutigt, sie zu halten und zu liebkosen, was einen der beunruhigendsten Aspekte des ganzen Prozesses darstellt. Denn die Entführten fühlen sich bei der Aussicht, eine tiefe Bindung zu so einem seltsamen Sprössling einzugehen, den sie nur selten und nach Belieben der außerirdischen Wesen sehen können, innerlich zerrissen.«[191]

Dieses »Präsentationsszenario« – ich werde gleich noch einmal darauf zurückkommen – stellt so etwas wie eine »Konstante« dar im traumatischen Entführungssyndrom und den damit verbundenen künstlich verursachten Schwangerschaften.[192] Denn die meisten der unfreiwilligen Leihmütter schildern ganz explizit, wie ihnen diese Kinder zugeführt wurden. Als Psychologe gelangte Mack zu der Erkenntnis, dass die Erlebnisse erschreckend real waren. Sie beruhten weder auf psychischen Fehlfunktionen noch auf Schwindel. Anders gesagt: Die Opfer waren weder verrückt, noch haben sie sich ihre abgefahrenen Geschichten aus den Fingern gesogen.

Es ist eigentlich vollkommen überflüssig zu erwähnen, dass die Resultate von Professor Macks Untersuchungen die akademischen Kollegen nicht gerade zu Begeisterungsstürmen hingerissen haben. Lautete doch seine Botschaft, dass Außerirdische bereits unter uns leben, mehr noch: künstliche Befruchtungen durchführen und die Embryonen nach einer gewissen Zeitspanne wieder entnehmen.

John Macks Werk, das er gegen teilweise erbitterten Widerstand aus den Reihen seiner verehrten Kollegenschaft verteidigen musste, überdauerte den mutigen Pionier. Denn der Kämpfer gegen Vorurteile in den Wissenschaften wurde am 27. September 2004 auf dem Heimweg vom Abendessen nach einem Vortrag in London auf einem Fußgängerüberweg angefahren. Professor Mack erlag noch an der Unfallstelle seinen Verletzungen.[193]

Dem Vernehmen nach war der Autofahrer alkoholisiert. Trotz der recht bald brodelnden Gerüchteküche und munter ins Kraut schießenden Verschwörungstheorien handelte es sich ziemlich sicher um einen tragischen Unglücksfall und nicht um einen gezielten Anschlag.

Erforschung anomaler Traumata

Mit dem »Heranzüchten« von Hybridwesen, der Entnahme dieser Embryonen wie auch der späteren Konfrontation der unfreiwilligen Mütter mit den Kindern befasste sich Ende der 1980er-Jahre in den USA auch eine spezielle Forschungsorganisation. Die aus Medizinern und Psychologen bestehende Gruppe *TREAT* (»Treatment and Research on Experienced Anomalous Trauma« – »Behandlung und Erforschung erlebter anomaler Traumata«) wurde von der Psychologin Dr. Rima Laibow geleitet. Die Spezialisten vermochten eine Art Muster herauszuarbeiten, das typisch für all jene Vorgänge zu sein scheint, welche sich im Rahmen wiederholter Entführungen abspielen.

Die Frauen werden in den unterschiedlichsten Situationen – häufig aus dem Bett, manchmal sogar aus dem fahrenden Auto heraus – entführt; dabei sind sie zu keiner Gegenwehr fähig. Bei Anwendung regressiver Hypnose können sie sich daran erinnern, auf einem Behandlungstisch gelegen zu sein, um den herum kleine, graue Wesen mit riesigen, dunklen, schräg angeordneten Augen standen. Dann wird an ihren Unterleibsorganen manipuliert, was stets als unangenehm empfunden wird. Und auf demselben Weg, wie sie dorthin gelangten, kamen die »Leihmütter für den kosmischen Nachwuchs« nach vollbrachter Schwängerung wieder zurück.

Die erwähnte Gruppe *TREAT* untersuchte zahlreiche Frauen, bei denen eine Schwangerschaft eindeutig nachgewiesen werden konnte. Doch ungefähr in der zwölften Schwangerschaftswoche – kein irdischer Arzt könnte den Fötus in diesem Stadium außerhalb des Mutterleibes am Leben erhalten – verschwinden die Embryos buchstäblich über Nacht, ohne dass es zu Blutungen oder Gewebeausstoßungen kommt, wie es bei Fehlgeburten oder Abtreibungen der Fall wäre.[194] Das alles ge-

schieht während einer weiteren unheimlichen Begegnung der
4. Art, wie Entführungen auch genannt werden.

Einige Zeit später werden die Betroffenen ein weiteres Mal aus
ihrer vertrauten Umgebung geholt. Dabei präsentieren ihnen
die Fremden Neugeborene, häufig auch kleine und größere
Kinder, die sich in einem speziellen Raum befinden. Es sind die
schon kurz erwähnten Mischlingskinder: Ihr Aussehen wird
meist beschrieben als »halb wie Menschen, halb wie die kleinen
Grauen«, welche in den letzten Jahren das Entführungsphänomen beherrschen. Die Kinder haben weiße Haare, und ihre Lip-
pen sind voller als auf den bekannten Darstellungen der kleinwüchsigen Eindringlinge. Einige der Frauen bekamen hybride
Säuglinge an die Brust gelegt, wohl um diese zu stillen. Schier
unglaublich daran war, dass mehrere von ihnen nach der Rückkehr feststellen mussten, dass ihre Brüste tatsächlich Mutter-
milch absonderten.[194]
Zuweilen spielt die Psyche des Menschen ja perfide Streiche.
Die Forschungsergebnisse des verstorbenen Professor John E.
Mack aber sprechen eine ganz andere Sprache![191]

Verdeckte Erinnerungen

Der erste Entführungsfall in Verknüpfung mit Hybridkindern,
der einer breiteren Öffentlichkeit bekannt gemacht wurde,
drehte sich um die Amerikanerin *Kathie Davis* (der Name
wurde geändert). Dank der akribischen Untersuchung durch
den Forscher Budd Hopkins wurde dieser Fall zu einem Para-
debeispiel für traumatisierende Übergriffe in den intimsten Bereich der Abduktionsopfer.

Vieles spricht dafür, dass Entführungen schon seit der frühen
Kindheit Kathies stattgefunden hatten, die als »Träume« verar-
beitet wurden. Wie der, in dem die Mutter das Kind in einem

Kleiderschrank versteckte, um es vor einer »Bedrohung aus dem Himmel« zu beschützen. Bei einer weiteren Gelegenheit erinnerte Kathie sich vage an ein seltsames Haus, in welchem sie einen »kleinen Jungen« getroffen hatte.

Die zu einer jungen Frau herangewachsene Kathie entführte man im Dezember 1977 aus einem Auto heraus, während die übrigen Fahrzeuginsassen irgendwie »ruhig gestellt« wurden. Damals erfolgte offenbar der erste gynäkologische Eingriff: Es fand eine künstliche Befruchtung statt. Doch es sollte nicht die letzte gewesen sein, die an der bedauernswerten Frau ausgeführt wurde.

Zwölf Wochen später, im März 1978, wurde Kathie erneut entführt, wobei ihr der Embryo wieder entnommen wurde. Am 30. Juni 1983 mussten die medizinischen Manipulationen an ihr zu einer wahren Tortur ausgeartet sein. Mit nichts als ihrem Nachthemd bekleidet, erwachte Kathie blutüberströmt im Hinterhof ihres Hauses in Copley Woods (Ohio). Nun reichte es ihr, und sie wandte sich an den UFO-Forscher Budd Hopkins. Der fand im Lauf einer hypnotischen Rückführung heraus, dass die Frau auch eine Begegnung mit einem zartgliedrigen Geschöpf hatte, das zur einen Hälfte menschlich und zur anderen außerirdisch war. Kathie bezeichnete es als ihre Tochter, die aus der erwähnten Entführung und der künstlichen Befruchtung vom Dezember 1977 stammen sollte.

Im April 1986 wurden Davis zwei hybride Babys präsentiert, denen sie Namen geben durfte. Im Verlauf seiner Untersuchungen zu diesem Fall kam Budd Hopkins zur Überzeugung, dass Kathie Davis während der über einige Jahre fortdauernden Entführungsserie insgesamt neun dieser Mischwesen ausgetragen oder besser gesagt, »ausgebrütet« hat.[189]

Eine rätselhafte Nebenerscheinung der albtraumhaften Szenarien betrifft die sogenannten »Screen Memories«, auch als »Deckerinnerungen« bezeichnet. Die Betroffenen erinnern sich an ganz andere Dinge als das, was ihnen zugestoßen war, wie etwa an »seltsame Tiere mit großen Augen«, die sie irgendwo hingeführt hatten.[192] Bei Whitley Strieber, der wiederholte Male aus einer Blockhütte in einem abgelegenen Waldgebiet des Staates New York entführt wurde, ist es eine große Eule, an die er sich erinnern kann.[26]

In der klinischen Psychologie kennen wir das Phänomen der Deckerinnerungen aus einem anderen Zusammenhang. Jene treten überwiegend nach Situationen auf, in denen die Betroffenen unter besonders heftigen Traumata leiden, welche nicht anders bewältigt werden können. Das Unterbewusstsein konstruiert sich dann eine völlig andere Erinnerung, damit das Opfer nicht an seinen Erlebnissen zerbricht. Konkret kommt dies etwa bei Fällen von schwerem sexuellen Missbrauch vor, ebenso in Kriegsgebieten wie im ehemaligen Jugoslawien, wo die Zivilbevölkerung oftmals hilflos den Gräueltaten der Milizen ausgeliefert war.

Bei Entführungen durch Aliens, die in die beschriebenen medizinischen Eingriffe samt Befruchtung und Embryoentnahme münden, werden solche Deckerinnerungen vermutlich mit Absicht von den Fremden eingepflanzt. Durch regressive Hypnose gelingt es, zumindest in vielen der Fälle, das Geschehene wieder ans Licht des Bewusstseins zu bringen. So auch im Fall der jungen Russin Larissa, den ich in einem vorangegangenen Buch über das UFO-Phänomen im beginnenden 21. Jahrhundert vorgestellt habe.[195]

Spontanmutation im Lamin-A-Gen

Ähnlich wie ihre amerikanische Leidensgenossin Kathie Davis muss auch Larissa aus Russland mehr als nur einmal geholt worden sein. Am Abend des 12. Dezember 1999 fuhren sie und ihr Vater auf einer abgelegenen Straße in der Umgebung von Wolgograd nach Hause. Es war gegen 21.30 Uhr, als sie plötzlich zwei unheimliche, schwarz gekleidete Gestalten auf dem freien Feld am Rande der Straße stehen sahen. Im nächsten Augenblick breitete sich ein dichter gelber Nebel um den Wagen herum aus. Der Vater, der am Steuer saß, reagierte nicht – er starrte einfach nur geradeaus. Wenige Augenblicke später hörte Larissa ein lautes, metallisches Geräusch. Noch immer blieb der Vater stumm sitzen und ignorierte seine Tochter, als diese ihn darauf ansprach.

Nachdem die junge Frau eine Stimme in ihrem Kopf zu vernehmen glaubte, die ihnen befahl, weiterzufahren, fanden sie sich unweit eines Ortes mit Namen Khimkompleksa am Rand der Straße. Noch immer im Auto, konnten beide sich bruchstückhaft an blitzende Lichter erinnern. Und an zwei riesige Köpfe mit schrägen Augen, die sie angestarrt hatten. Nachdem sie deutlich später als üblich daheim eingetroffen waren, bemerkten sie, dass eine beträchtliche Zeitlücke in ihrer Erinnerung klaffte. Am folgenden Morgen spürte der Vater einen starken Druck in seinem Kopf. Aber noch weitaus unangenehmer waren die Nachwirkungen bei Larissa selbst. Sie litt mit einem Mal unter einem unnatürlichen vaginalen Ausfluss, der blutigem Schleim ähnelte.

In einer später vorgenommenen hypnotischen Regression erinnerten sich beide übereinstimmend, ein großes, schwarzglänzendes Flugobjekt von dreieckiger Form gesehen zu haben, das über ihrem Wagen niederging und dann vor ihnen auf der Straße landete. Hierauf befanden sie sich im Inneren des Objektes, wo zwei humanoide Wesen sie mit riesigen Augen anstarrten. Larissa erinnerte sich darüber hinaus, telepathische Anweisungen erhalten zu haben, als sie, umgeben von vier kleinen Humanoiden, in einem runden Raum auf einem Stuhl saß. Dort wurde ihr ein Kleinkind präsentiert, an dem ihr der sehr große Schädel mit großen blauen Augen und ungewöhnlich kurze Gliedmaßen ins Auge fielen. Außerdem litt Larissa unter heftigen Magenschmerzen. Ihr Vater erinnerte sich, dass er in einem bequemen Stuhl saß, und eines der Wesen irgendetwas auf seiner Stirn anbrachte. Im selbem Raum überwachten kleine roboterhafte Kreaturen Kontrollinstrumente. Seine nächste Erinnerung war, wie er mit Larissa zusammen wieder am Rand der Straße im Wagen saß.[196]

Wohl wissend, dass ich damit sicher keine ungeteilte Zustimmung ernte, wende ich mich nun einem in der Literatur der Entführungsproblematik bisher so gut wie nicht behandelten Aspekt zu. Diese Überlegung wurde von einer offenbar betroffenen Frau an mich herangetragen. Und obwohl es ein heikles Thema mit der Notwendigkeit zu großem Fingerspitzengefühl ist, möchte ich es hier doch zur Diskussion stellen.

Es ist schon eine ganze Weile her, als mich eine Betroffene anrief, deren Fall von einem leider viel zu früh von uns gegangenen Freund und Forscherkollegen vor Jahren untersucht worden war. Ihren Namen nenne ich hier nicht, um sie vor möglichen negativen Reaktionen zu schützen. Kurz und gut: Die Dame eröffnete mir, dass unter der seltenen Krankheit *Progerie* leidende Kinder nichts anderes als Hybriden seien, die nicht wie bei Entführungen üblich nach zwölf Wochen wieder entnommen werden konnten. Sei es, weil man der Mutter aus irgendeinem Grunde nicht habhaft werden konnte, um sie erneut zu abduzieren, oder weil »sie« schlicht einen Fehler machten. Es käme zu dieser Krankheit, würde man ein Hybridkind wie einen normalen menschlichen Fötus 38 Wochen lang austragen, erklärte mir die Frau.

Progerie, in der Medizin auch unter der Bezeichnung »Hutchinson-Gilford-Syndrom« bekannt, führt zu einer bereits im Kindesalter beginnenden, vorzeitigen Vergreisung. Von den Medizinern Jonathan Hutchinson und Hastings Gilford erstmals im Jahr 1886 beschrieben, tritt sie extrem selten auf. Die Wahrscheinlichkeit, dass ein Kind damit geboren wird, liegt ungefähr bei 1 : 8 000 000. Weltweit leben derzeit an die 40 Kinder mit Progerie. Sie kommen zunächst ohne irgendwelche Auffälligkeiten zur Welt, erst im Alter zwischen sechs und zwölf Monaten treten die ersten Symptome auf. In der Regel sind das Haarausfall und Arterienverkalkung, Osteoporose und Verzögerung des Wachstums, bis dieses mit etwa drei Jahren gänzlich zum Stillstand kommt. Auch Form und Proportionen des Schädels weichen markant von denen nicht erkrankter Kinder ab.[197] Die Lebenserwartung bei Hutchinson-Gilford liegt im Durchschnitt bei 14 Jahren. Als »Ausreißer«, was das erreichte Alter betrifft, gilt ein Progeriekranker aus Japan, der ein für dieses Leiden wahrhaft »biblisches« Alter von 45 Jahren erreichte.[198] Am häufigsten tritt der Tod durch Herzinfarkt oder Schlaganfall ein – wie bei Hochbetagten.

Als Ursache wird heute eine Spontanmutation im Lamin-A-Gen angenommen. Lamin A ist Bestandteil einer Proteinkette, die im Zellkern eine stabilisierende Funktion erfüllt und unter anderem auch für die Aktivierung von Genen verantwortlich zeichnet. Kommt es hier zu einer Mutation, bei der sich das Trinucleotid GGC in GGT ändert, wird das Protein Lamin A um 50 Aminosäuren verkürzt und ist somit nicht mehr in der Lage, seine regulierenden Funktionen wahrzunehmen. Die Veränderung von GGC in GGT bedeutet, dass statt der Kombination Guanin-Guanin-Cytosin die Kombination Guanin-Guanin-Thymin entsteht (vgl. die Ausführungen über den Aufbau der »Doppelhelix« in Kap. 5).

Was bedeutet das aber für unsere Betrachtungen? Ist es denkbar, dass an dem eingangs zitierten Statement der vom Entführungssyndrom betroffenen Frau etwas dran ist oder vergleichen wir hier Äpfel mit Zitronen, um es einmal etwas salopp auszudrücken?

Verblüffende Übereinstimmungen

Wenn die moderne Gentechnik es auch geschafft hat, den Auslöser des Hutchinson-Gilford-Syndroms auf eine »schuldige« Gen-Sequenz einzugrenzen, liegen die Ursachen dafür doch weiterhin im Dunkeln. Was sagt der Begriff »Gen-Defekt« *an sich* aus? Ist es denkbar, dass es bei der Hybridisierung zweier unterschiedlicher Spezies zu fehlerhaften Sequenzen im »genetischen Code« kommen kann? Am Beispiel der Autoimmunkrankheiten habe ich bereits aufgezeigt, dass der Körper zuweilen unfähig ist, eigene Proteine als solche zu erkennen.[124]

Denkbar wäre aber auch ein ganz anderes Problem, das – wenn zutreffend – eine ungeheure Bedrohung der nicht irdischen Protagonisten des Entführungsphänomens darstellen würde. Was bisher nie ausreichend betrachtet wurde, ist eine Reihe frappierender Übereinstimmungen zwischen den als »kleine Graue« bezeichneten Fremden und jenen bedauernswerten Individuen, deren Lebenserwartung durch die Progerie so massiv eingeschränkt wird. So besitzen Menschen mit dem Hutchinson-Gilford-Syndrom meist übergroße Köpfe, bei denen der Gehirnschädel im Verhältnis zum Gesichtsschädel deutlich überproportioniert ist. Dagegen sind die Nasen sehr klein und schmal, ebenso die Ohrläppchen, die mitunter auch ganz fehlen.[199] Dies wäre eine völlige Übereinstimmung in der Kopfform sowie im Großen und Ganzen bei der Nase, während bei den »kleinen Grauen« überhaupt keine außen liegenden Ohren bemerkt wurden.

Nicht minder deutlich sind die Übereinstimmungen beim Größenwachstum. Die durchschnittliche Körpergröße der Eindringlinge wird in etwa mit 1,20 Metern angegeben, was ziemlich genau der maximal erreichbaren Körpergröße der unter Progerie leidenden Menschen entspricht. So maß der bereits erwähnte Japaner etwa 1,30 Meter[198], derweil Meg Casey, die

29 Jahre alt wurde, exakt 1,20 Meter groß und etwa 20 Kilogramm schwer war.[200] Auch das Gewicht der Grauen soll sich in diesem Rahmen bewegen.[201]

Das ganze Erscheinungsbild progeriekranker Menschen vermittelt einen dünnen, ja zerbrechlichen Eindruck, was in besonderem Maße auf die Arme und Beine zutrifft.[199, 202] Der Entführte Steven Kilburn, dessen Fall ebenfalls von Budd Hopkins dokumentiert wurde, beschrieb die Beine der »Greys« wie folgt: »Magere Knöchel und Beine, nur wie mit etwas Haut überzogen. (…) Ihre dünnen Knochen waren bedeckt mit weißem, wie Marshmallows aussehendem Fleisch.«[203]

Auch wenn solche Aussagen oftmals erst unter regressiver Hypnose zustande kommen, ist die Übereinstimmung doch mehr als verblüffend. Und auch, dass die Haut der jungen, unter Hutchinson-Gilford leidenden Menschen trocken und runzlig aussieht wie bei Greisen, deckt sich mit den Beschreibungen dieser kleinen, grauen Entführer. Die Liste der seltsamen Übereinstimmungen ist damit natürlich noch lange nicht erschöpft, jedoch möchte ich es hierbei bewenden lassen.

Ein Recht auf Leben

Leiden die Fremden möglicherweise kollektiv unter Progerie, und das in einer noch schwereren Form, als wir sie von der vergleichsweise geringen Anzahl an Fällen kennen, die in allen Kulturkreisen, bei allen Rassen auf diesem Planeten vorkommen? Gesetzt diesen Fall, dann wäre deren gesamte Zivilisation akut vom Aussterben bedroht, da die Nachkommen bereits im jugendlichen Alter dem Tode geweiht sind.

Der Bericht der Entführten Lucille aus den Unterlagen von Budd Hopkins scheint in diese Richtung zu deuten. Lucille gab an, dass diese außerirdische Zivilisation »Millionen Jahre alt«

sei. Sie hätte das Gefühl gehabt, eine aussterbende Rasse vor sich zu haben, deren Kinder nicht einmal das Erwachsenenalter erleben würden. Da sei »ein verzweifelter Wunsch zu überleben, die Art zu erhalten (...). Irgendetwas lief da genetisch falsch.«[189]

Auch bei der Untersuchung des Langzeit-Entführungsfalls von Kathie Davis ergaben sich Anhaltspunkte, welche für dieses, die komplette Spezies gefährdende Szenario sprechen. Sie charakterisierte eines der Hybridkinder, das ihr von den Fremden gezeigt wurde, mit den Worten: »Sie ist so winzig. Ganz dünn und mit weißen Haaren.« Die Haare beschrieb sie auch als schütter und dünn, hier und da zeigten sich zudem Flecken auf der Kopfhaut des Hybridkindes. »Sie hat winzige, wirklich winzige Ohren, die niedriger am Kopf sitzen, als sie es sollten (...) und die Stirn ist etwas groß geraten.«[189]

Eine andere Entführte sagte über die Hybriden, dass sie »irgendwie alt« aussähen.[190] Bei unvoreingenommener Betrachtung – jedoch mit der gebotenen Vorsicht – könnte man tatsächlich auf die Idee kommen, dass das Krankheitsbild der Progerie auf eine geheimnisvolle Weise mit den »Little Greys« verbunden scheint. Sollte es sich bei ihnen tatsächlich um eine sehr alte Spezies handeln, könnte sich ihre DNS-Replikation verschlechtert haben, was die Häufigkeit ungünstiger Mutationen und von Gen-Defekten dramatisch erhöhen würde. Vielleicht sind sie auch unfruchtbar geworden und pflanzen sich durch Klonen fort. In diesem Fall würde die Krankheit zu 100 Prozent weitergegeben, denn ein Klon ist bekanntlich die getreue Kopie eines Organismus inklusive all seiner Eigenschaften.

Spinnen wir diesen Gedankengang weiter und ziehen zudem in Betracht, dass es sich bei den Entführungsberichten keineswegs um Ausgeburten der blühenden Phantasie einiger durchgedrehter Psychopathen handelt, kommen wir an nachstehender Schlussfolgerung kaum vorbei. Das ganze Entführungs- und

Hybridisierungsprogramm würde einzig der Gen-Auffrischung einer Spezies dienen, die auf unsere Hilfe angewiesen ist. Der 2004 verstorbene Professor John Mack sorgte mit genau dieser Überlegung seinerzeit für Aufregung: Er zog das Resümee, dass »das Entführungsphänomen auf zentrale Weise in ein Züchtungsprogramm eingebunden ist, das in die Erschaffung von außerirdisch-menschlichen Mischlingsnachkommen mündet.«[191] Immer vorausgesetzt, dass alle diese Folgerungen zutreffen, würden die Außerirdischen mit ihrer Vorgehensweise, so traumatisch es für die Betroffenen auch immer ist, ihr Recht auf Leben, auf ihr Überleben als Spezies einfordern. Sehr interessant in diesem Zusammenhang ist, dass viele der Entführten die Selbstverständlichkeit betonen, mit der die Fremden ihrem Tun nachgehen. Der erwähnte Whitley Strieber etwa berichtete: »Mir fiel mein Protest ein, als sie mir versicherten, dass die Operation keine Schmerzen verursachen würde. Das Gefühl der Hilflosigkeit war schwer zu ertragen: ›Ihr habt kein Recht dazu‹, hatte ich gesagt. ›Wir haben das Recht.‹ Vier große Worte. Niederschmetternde Worte. ›Wir haben das Recht.‹ Wer gab es ihnen? Mit welcher ethischen Begründung? Ich fragte mich noch, ob sie es manchmal hinterfragten oder ob es völlig selbstverständlich für sie war.«[26]

Embryonen-Transfer im Altertum

Ob diese kleinen Grauen die Nachfahren jener kosmischen Besucher sind, die vor Tausenden von Jahren hier auftauchten und uns zu dem machten, was wir heute sind, das kann ich nicht sagen. Vielleicht hatten wir schon Besuch von vielen Intelligenzen aus dem All. Ich will mich auch nicht endgültig festlegen, ob die Aussage der entführten Frau zur Ursache des Hutchinson-Gilford-Syndroms den Nagel auf den Kopf trifft oder aber vollkommen danebenliegt. Vieles spricht zwar dafür, aber trotzdem rate ich hier zur Vorsicht. Zu schnell ist Porzellan zerschlagen, was dem Thema schadet. Ist es möglich, dass die Krankheit bei verkürzter Schwangerschaft nicht zum Ausbruch kommt, weil durch die Embryoentnahme rechtzeitige Gegenmaßnahmen ergriffen werden können? Unsere limitierte Vorstellungskraft dürfte kaum ausreichen, um über medizinische Möglichkeiten zu spekulieren, die einer bedeutend älteren Zivilisation zur Verfügung stehen.

Doch sind, andersherum gedacht, solche uralten Gesellschaften bedroht von degenerativen Veränderungen, und versuchen sie daher, im Universum durch Züchtung neue »Genpools« zu schaffen, derer sie sich bei Bedarf bedienen können? Stehen womöglich ganz andere Intentionen am Anfang unserer Menschwerdung, die die »Götter« in einem nicht ganz uneigennützigen Licht erscheinen lassen?

Weil ich persönlich eine Verknüpfung des neuzeitlichen UFO- und Entführungsphänomens mit den vorzeitlichen Besuchern nicht nur für möglich, sondern sogar für wahrscheinlich halte, plädiere ich schon längere Zeit dafür, beide Themenbereiche nicht mehr isoliert voneinander zu untersuchen. Vorgängen rund um das Verschwinden von Embryonen im Rahmen langjähriger Entführungsserien begegnen wir bereits in grauer Vergangenheit. Im alten Indien wurden vor über 2500 Jahren Föten-Transfers praktiziert – nachzulesen in den heiligen Überlieferungen der Jaina-Religion.

Demnach beschloss der Rat der Götter, einer der ihren solle zur Erde herabsteigen, um eine neue Religion zu gründen. Dafür nahm Mahavira (altind. »großer Held«) die Form eines Fötus an. Ein anderer »Kollege«, Harinaigamesin, wurde mit der Verpflanzung der göttlichen Leibesfrucht in die Gebärmutter einer irdischen Frau beauftragt. Auf einem prächtigen »Pfau« ritt er zur Erde hernieder, wo er in der Stadt Kundagrama auf die schwangere Brahmanin Devananda stieß. Ohne Zögern traf er seine Vorbereitungen für den Eingriff.

»Er legte sie in tiefen Schlaf, aber ihre Augen waren offen und er tat es ihr ohne Schmerzen, denn sie befand sich in einem Zustand des Traumes«, heißt es da. Eingriffe unter lokaler Anästhesie in modernen Zeiten ließen sich wohl kaum treffender beschreiben. Mit den Worten,»möge die Erhabene mir erlauben«, nahm Harinaigamesin den Embryo aus dem Bauch der Devananda und setzte an dessen Stelle den des Gottes Mahavira ein. Nach ausgeführtem Auftrag flog er in den Himmel zurück und erstattete der versammelten Götterrunde ausführlich Bericht. Diesen kam jedoch – o Schreck! – die plötzliche Erkenntnis, dass ein Gott nur von einer Königin geboren werden könne. Doch die jetzige Leihmutter gehörte nur der Priesterkaste an. Harinaigamesin blieb deshalb nichts anderes übrig, als nochmals zur Erde herniederzufahren. Dort traf er die Königin Trisala, welche sich (was für ein Zufall!) im selben Stadium der Schwangerschaft befand wie Devananda. Der Reisende in Sachen kniffliger medizinischer Eingriffe tauschte nun die Föten der beiden Frauen untereinander aus und entschwand wieder in seine himmlischen Gefilde. Immerhin verstand er sein Handwerk, denn nach der komplikationslos verlaufenen Austauschaktion kam die königliche Trisala im Jahr 549 v. Chr. mit einem gesunden Sohn nieder. Dieser sollte später unter dem Namen Mahavira die Jaina-Religion begründen.[204]

Wechselbalg und Großkopfkind

Aus den Mythen verschiedener Völker kennen wir ein weiteres Element, das möglicherweise mit dem Embryonendiebstahl unserer Tage zu vergleichen ist. Es geht um den sogenannten »Wechselbalg«. Der Volksglaube bezeichnet damit ein kränkliches, nicht selten missgestaltetes Kind, das der Wöchnerin durch Kobolde, Zwerge oder andere Kreaturen der Nacht anstelle ihres eigenen untergeschoben wird.[6] Das leibliche Kind bleibt dann häufig verschwunden.

Den zahlreichen Schilderungen zufolge fand das Phänomen vorwiegend auf den britischen Inseln, in Skandinavien und im deutschsprachigen Raum weite Verbreitung. Die englischen Autoren Michell und Rickard zitierten den aus der ersten Hälfte des 19. Jahrhunderts stammenden Fall einer Frau von der Isle of Man, deren Nachwuchs stets kurz nach der Geburt auf mysteriöse Weise zu verschwinden pflegte. Das Verschwinden der ersten beiden Kinder ging mit solchem Lärm und Tumult im Hause einher, dass die ganze Nachbarschaft zusammenlief. Die Neugeborenen wurden jeweils in einiger Entfernung von ihren Bettchen aufgefunden – fallen gelassen von Kobolden, wie Eltern und Nachbarn glaubten. Kurz nach der Geburt ihres dritten Kindes sah die Frau, wie es durch eine unsichtbare Kraft bewegt aus dem Raum fortschwebte. Als sie aufschrie, stürzte ihr Mann herein und deutete auf den Säugling neben ihr. Dort aber lag ein blasses, runzliges Kind, das keine Ähnlichkeit mit dem ihren hatte. Der Wechselbalg lag neben den zu einem Bündel zusammengeschnürten Kleidungsstücken, die das Neugeborene getragen hatte. Das Wesen lebte noch einige Jahre, in denen es weder sprach noch Stuhlgang hatte sowie nur ein paar Kräuter zu sich nahm.[205]

Aus der chinesischen Provinz Zhejiang stammt eine Geschichte, die in einer Sammlung alter Volkssagen und Märchen, gesammelt von dem deutschen Ethnologen Wolfram Eberhard, den Weg zu uns fand. Darin geht es um ein Kind mit einem deutlich überdimensionierten Kopf – ebenfalls ein typisches Merkmal der kleinen grauen Eindringlinge –, das in unbekannte Gefilde entführt wurde. Jedoch nicht als Embryo, sondern nach einer ganz normalen Schwangerschaft und Geburt:

»Eine Familie baute ein Haus. Weil sie schlechtes Essen gegeben haben, verabredeten sich die Zimmerleute und Maurer, den Leuten einen Schabernack zu spielen. Der Schabernack der Zimmerer war, auf Holz ein Großkopfgespenst zu malen und das Holz mitten ins Gebälk zu stellen. Der Schabernack der Maurer war, die übriggebliebenen Nudeln in die Mauer einzubauen. Nach einem Jahr sah man die Wirkung. Nun gebar die Frau ein Großkopfkind, doch nachts gab es noch viele kleine Gespenster, die den Großkopf auf das Dach trugen. Da erschraken die Eltern und liefen wie der Wind zu den Nachbarn. Mit zitternden Beinen und offenem Mund erzählten sie: ›Unser Kind ist durch Himmelsgespenster geraubt worden.‹ Da riefen die Nachbarn: ›Da ist es ja!‹ Und nun half das halbe Dorf, das Kind in der Nacht zu retten. Sie retteten es auch, aber es war schon tot. Was noch geschah, das habe ich vergessen. Von dem Gespenst war keine Spur mehr da, und das Haus war ruhig.«[206]

Wäre die Geschichte nicht aus einer alten Sammlung chinesischer Sagen und Erzählungen entnommen, könnte man sie durchaus für einen Vorfall aus neuerer Zeit halten. Auch hier steht ein ungewöhnliches Kind im Mittelpunkt, das von seltsamen Geschöpfen entführt wird. Die Bezeichnung »Himmelsgespenster« könnte sehr wohl eine Anspielung auf deren Herkunft sein.

Seit langer Zeit hinterlassen nicht von dieser Welt kommende Wesen unübersehbare Spuren auf unserem Planeten, in unseren Mythen und Traditionen und sogar in uns selbst. Ihr offenkundiges und lebhaftes Interesse an unserer Fortpflanzung und Genetik könnte der stärkste Hinweis darauf sein, dass sie unsere Evolution gezielt beeinflusst und gesteuert haben.

10 Kulturschock und Aufbruch

Von den Sternen, zu den Sternen

»Now it's been ten thousand years,
man has cried a billion tears.
For what he never knew,
now man's reign is through.
But through eternal night,
the twinkling of starlight,
so very far away,
maybe it's only yesterday.«

ZAGER & EVANS,
IN THE YEAR 2525 (1969)

Zu dem, was wir heute sind, wurden wir nicht alleine durch unsere eigenen, irdischen Wurzeln. Irgendwer von außen muss da kräftig mitgemischt haben; die Indizien hierfür wiegen einfach zu schwer. Möglicherweise waren es sogar mehrere außerirdische Spezies, die mit den Primaten dieses Planeten genetische Versuche unternahmen. Sollte meine Annahme aus dem vorangegangenen Kapitel zutreffen, dass eine Rasse dieser Fremden wegen fortschreitender Degeneration unserer dringenden Hilfe bedarf, um an eine »genetische Auffrischung« zu kommen, so befindet sich diese in doppelter Hinsicht in einer gewaltigen Zwickmühle. Zu ihrem ursprünglichen Problem gesellt sich auch noch die bange Frage, ob die Außerirdischen ihre Aktionen weiterhin in aller Heimlichkeit durchziehen müssen oder ob sie es endlich wagen können, offiziell Präsenz zu zeigen.

Das wäre problematisch bis fatal. Zwar geben wir uns in der zweiten Dekade des 21. Jahrhunderts fortschrittlich und weltoffen wie nie zuvor, doch der Eindruck täuscht gehörig. Es sind zwei Mächte, die unser Denken beherrschen: Wissenschaft und Religion.[207] Die beiden auf den ersten Blick so ungleichen »Brüder« fordern im Grunde genau dasselbe von uns. Und zwar zu glauben, ohne lästige Fragen zu stellen – auf der einen Seite den religiösen Dogmen und auf der anderen den oft nicht weniger dogmatischen »Erkenntnissen« der sich selbst als exakt bezeichnenden Naturwissenschaften. Hier wie dort aber haben Außerirdische so gut wie keinen Platz. Sie werden abgeschoben in jene Randbereiche, die man im besten Fall als Grenzwissenschaften oder weit weniger schmeichelhaft als parawissenschaftlichen Nonsens bezeichnet. Die Vertreter der etablierten Wissenschaften wie auch der großen Religionen haben nämlich panische Angst davor, sich mit lautem Nachdenken über die möglichen Eingriffe fremder Intelligenzen lächerlich zu machen. Welches Szenario würde uns erwarten, wenn plötzlich von einem fremden Planeten stammende Wesen auf dem »Roten Platz« in Moskau oder auf der grünen Wiese vor dem Weißen Haus in Washington landeten?

Super-GAU für die »Hüter der Wahrheit«

Die Folgen ihres Auftauchens könnten unsere Zivilisation in den Grundfesten erschüttern. Eine Autoritätskrise unübersehbaren Ausmaßes, die sich nicht allein auf Wissenschaft und Religion beschränkte, würde unser Leben verändern. Deren Auswirkungen würden nämlich nicht minder heftig auch auf politische und soziale Strukturen übergreifen.[208]

Im Klartext: Die Militärs wären in heller Aufregung so wie Ameisen, in deren Bau herumgestochert wird. Jahrzehntelang haben sie Billiarden US-Dollar, die man viel besser hätte verwenden können, in Hightech-Waffensysteme und Aufklärungs-elektronik gebuttert, die sich in diesem Moment als nutzlos erweisen würden. Mit den Militärs würde die politische Kaste untergehen, deren Vertreter sich enorm wichtig nehmen und doch unfähig sind, auch nur die geringsten Probleme auf Erden zu lösen. Der Kulturschock träfe auch Pharma-Konzerne und Öl-Multis, denn die Grundlagen ihrer Geschäfte wären mit einem Schlag veraltet. Wer seinen Weg durch die Weiten des Weltraums findet, der muss weder fossile Energieträger verheizen, noch braucht er Krankheiten zu fürchten, die unsere Menschheit seit Urzeiten geißeln.

Am schlimmsten jedoch würde es die beiden anfangs erwähnten Mächte beuteln: Die Religionen, welche sich alle im Besitz der einzigen, allumfassenden Wahrheit wähnen und den Menschen als unangefochtene »Krone der Schöpfung« preisen. Und die Wissenschaften, für die wir die Spitze der Evolution darstellen, was auf exakt dasselbe hinausläuft. In ihrer Nabelschau – wir sind die Einzigen, die Größten und die Besten – haben sie einfach verdrängt oder vergessen, dass wir nur die Bewohner des dritten Planeten einer relativ unbedeutenden Sonne mittlerer Lichtstärke in einem Spiralarm einer Galaxie von vielen im unendlichen Universum sind.[42] Aufgrund der nur zu schätzenden Anzahl der Sterne im Weltall wäre es mittelalterlich zu glauben, dass wir die *große* Ausnahme seien.

Für die selbst ernannten »Gralshüter« der Wahrheit wäre das Szenario einer offiziellen Kontaktaufnahme wirklich der Super-GAU, somit das Schlimmste, was ihnen und der von ihnen vertretenen Weltsicht geschehen könnte. Man darf sich wirklich nicht wundern, wenn für diese Kreise das Thema außerirdischen Lebens ein rotes Tuch bedeutet.

Dabei machen es ihnen ein paar unvoreingenommene Astronomen und Astrophysiker in den letzten Jahren vor, dass es auch ganz anders geht.

Auf der Suche nach einer zweiten Erde

Seit die NASA am 7. März 2009 das Weltraumteleskop »Kepler«
in eine Erdumlaufbahn geschossen hat, läuft eine intensive Suche nach Planeten, die um ferne Sterne kreisen – die sogenannten *Exoplaneten*. Astronomen schätzen die Anzahl der Sterne
allein in unserer Galaxie derzeit auf mindestens 100 Milliarden,
sodass die statistische Wahrscheinlichkeit sehr hoch ist, auf
Himmelskörper mit erdähnlichen Voraussetzungen für organisches Leben zu stoßen. Die Suche nach solchen Planeten wird
mithilfe der »Transit-Methode« durchgeführt, weil diese zu
weit von uns entfernt sind, um auf herkömmliche Weise beobachtet zu werden. Zieht ein Planet vor seiner Sonne vorbei, so
verringert dieser durch seine Masse vorübergehend die Hellig-
keit des Sterns. Das Weltraumteleskop registriert mit extrem
lichtempfindlichen Digitalkameras jede minimale Veränderung. So können später Größe und Beschaffenheit des Planeten
bestimmt werden.[209]

Das erwähnte Weltraumteleskop »Kepler« hat mittlerweile den
ersten erdähnlichen Planeten in der bewohnbaren Zone eines
unserer Sonne ähnlichen Sterns aufgespürt. Im Verlauf einer
Konferenz, die am 5. Dezember 2011 im AMES Research Cen-
ter im kalifornischen Moffet Field stattfand, gab die NASA
diese sensationelle Neuigkeit bekannt. Auf diesem Planeten, der
unter der Bezeichnung »Kepler 22-b« gelistet wird, herrschen
demnach optimale 22 Grad Celsius. Sollte dort Wasser existieren, so wäre es flüssig – mit eine der wichtigsten Voraussetzungen für organisches Leben, wie wir es kennen.

Die Forscher sind begeistert: »Diese neue Entdeckung stützt die
wachsende Überzeugung, dass wir in einem Universum leben,
in dem es vor Leben nur so wimmelt«, freute sich einer der Astronomen aus dem Entdeckerteam, Alan Boss von der Carnegie
Institution. Auch Douglas Hudgins, einer der Mitarbeiter aus

dem Kepler-Team, meinte: »Das ist ein wesentlicher Meilenstein bei der Suche nach einem Zwilling der Erde.«
Laut NASA ist der ferne Planet der bislang kleinste, der in der bewohnbaren Zone eines sonnenähnlichen Sterns gefunden wurde. Sein Durchmesser ist nur etwa 2,4 Mal größer als derjenige unseres Heimatplaneten. Kepler 22-b umrundet seine Sonne, die etwas kleiner und nicht ganz so heiß ist wie unsere, innerhalb von 290 Tagen. Inzwischen konnten zwei Umläufe des Planeten um seine Sonne beobachtet werden; hierbei ist er dreimal, von der Erde aus gesehen, vor dem Zentralgestirn vorbeigezogen.
Dies ist nicht einmal der erste Nachweis eines Planeten innerhalb der lebensfreundlichen Zone eines fremden Sterns, aber der erste, der mit dem Weltraumteleskop »Kepler« gelang. Zudem bei einem sonnenähnlichen Stern.[210] Bis heute haben Astronomen schon mehr als 700 Planeten in fernen Sonnensystemen gefunden, wobei »Kepler 22-b« eine große Ausnahme darstellt. Die meisten Exoplaneten sind entweder Gas-Riesen wie Jupiter oder Himmelskörper, die zu heiß oder zu kalt sind, um Leben hervorzubringen, wie wir es kennen. Sie umkreisen ihre Sonnen auf zu engen oder zu weit entfernten Bahnen – wie Merkur, der sonnennächste Planet, oder Uranus, der seine Kreise sehr weit draußen zieht. Doch die Suche nach lebensfreundlichen Planeten geht unvermindert weiter. Gut möglich, dass es bereits brandneue Entdeckungen gibt, wenn Sie dieses Buch in Händen halten.
Mittlerweile ist auch ein »alter Bekannter« in unserer planetaren Nachbarschaft für die Forscher wieder interessant geworden. Schon lange wissen wir, dass der Mars an seinen Polkappen über reichlich Wasser in gefrorenem Zustand verfügt. Ob auch an anderen Stellen im Marsboden Wasser existiert, darüber wurde und wird viel gestritten. Ganz aktuell wurde der kleine Mars-Rover »Opportunity« mit seinem automatischen Labor an Bord fündig und zwar im Krater »Endeavour«. Astro-

nomen gaben auf einer NASA-Pressekonferenz am 1. September 2011 eine kleine Sensation bekannt. Demzufolge registrierte der Rover in einem Brocken Felsgestein an der Oberfläche jenes im Durchmesser 22 Kilometer großen Kraters einen hohen Zinkgehalt, der auf hydrothermale Aktivitäten schließen lässt. Zum Beispiel auf Wasser, das nach einem Meteoriteneinschlag an die Oberfläche gedrungen ist. »Dieser Fels sieht vollkommen anders aus als alles, was wir bisher gesehen haben«, konstatierte Steve Squyres von der Cornell-Universität in Ithaka (New York). Der Krater »Endeavour« ist erheblich älter als jene Gebiete, die das Labor auf Rädern auf seinen bisherigen Erkundungsfahrten erforscht hat.[211]

Sie schufen auch Himmel und Erde

Vielleicht trug unser roter Nachbarplanet früher eine Fülle von Leben und möglicherweise ist er auch heute nicht jene lebensfeindliche Wüstenei, als die er meist dargestellt wird. Im Rahmen dreier Experimente zum Nachweis von Leben, die bereits Mitte der 1970er-Jahre vom Viking-Projekt der NASA unternommen wurden, erbrachten zwei ein positives Ergebnis.[212] Seitdem hat man weit mehr Anzeichen *für* als gegen die Existenz von Lebensbausteinen auf dem Mars gefunden.

Unser Nachbar, der die Sonne innerhalb von 687 Tagen in einer Entfernung zwischen 204 und 240 Millionen Kilometern umrundet, könnte zu einer zweiten Erde in unserem Sonnensystem werden. Unter dem Titel *Über die Bewohnbarkeit des Mars* stellte die NASA schon 1976 eine Studie zu dessen Besiedlung vor, wenn die gute alte Erde dereinst zu klein für die stetig zunehmende Bevölkerung geworden ist. Natürlich müsste hierfür ein enormer Aufwand getrieben werden. Nach derzeitigem Kenntnisstand steigen die Temperaturen am Marsäquator auf

16 bis 24 Grad Celsius, um in der Nacht auf bis zu -80 Grad zu fallen. An den Polkappen, die aus Wasser- und Kohlendioxyd-Eis bestehen, fallen sie gar bis -130 Grad. Die Atmosphäre enthält 95 Prozent Kohlendioxyd, etwas Stickstoff, aber kaum Sauerstoff.[6] Dies sind nicht gerade ideale Voraussetzungen für die Ansiedlung einer Population irdischer Auswanderer!

Was also tun? Das Zauberwort heißt »Terraforming« und wurde in der erwähnten NASA-Studie aus dem Jahr 1976 ausführlich beschrieben. Es geht um nicht mehr und nicht weniger, als durch drastische Maßnahmen einen lebensfeindlichen Planeten in einen lebensfreundlichen umzuwandeln. Durch riesige, im Orbit um den Mars stationierte Sonnenreflektoren ließe sich das Eis der Pole schmelzen. Auf diese Weise stiege der atmosphärische Druck, der aktuell nicht mehr als fünf Millibar beträgt, und der Planet würde sich erwärmen. Ein weiterer Effekt wäre die Freisetzung großer Mengen an Sauerstoff. Noch einfacher wäre es, die Polkappen durch Schwärzung zum Schmelzen zu bringen, denn eine dunklere Färbung lässt sie mehr Sonnenlicht absorbieren und sich dadurch aufheizen. Der massive Abwurf von bestimmten Algen wiederum würde die Fotosynthese von Sauerstoff in Gang bringen und die Atmosphäre erdähnlich umgestalten, was sie für eine dauerhafte Besiedlung des roten Planeten geeignet macht.[212, 213]

Zukunftsmusik? Im Augenblick ohne Frage. Aber der Zeitpunkt wird kommen, da die Menschheit keine andere Option haben wird, als diesen Schritt in Angriff zu nehmen.

»Alles schon da gewesen!« Bei allen Gelegenheiten gab Rabbi Ben Akiba, eine der Hauptpersonen im Stück *Uriel Acosta* des Schriftstellers und Dramaturgen Karl Gutzkow (1811–1878), diese ausgesprochene Binsenweisheit zum Besten. Gut möglich, dass dies sogar auf das Verfahren des Terraforming zutrifft. In den Überlieferungen vieler Völker werden die Schöpfungsgottheiten, welche den Menschen schufen, auch für die Erschaffung von Himmel und Erde verantwortlich gemacht.[149] Wird damit auf Aktivitäten fremder Intelligenzen in sehr weit zurückliegenden Epochen angespielt, die das Ziel verfolgten, auf unserem Planeten die Voraussetzung für eine Fülle von Lebensformen zu schaffen? Setzte man ein »Experiment Erde« in Gang, dessen langfristiges Ziel die Schaffung einer Biosphäre war?[42, 71] Ein Versuch, der schon begann, lange bevor die ersten Säugetiere aus dem Schatten der Saurier traten und den langen Weg zu den Primaten vorzeichneten?

Rätsel gelöst oder verschleiert?

Verweilen wir noch einmal ein wenig bei unserem roten Nachbarplaneten, der bis vor ein paar Jahren die Gemüter mit einem höchst spektakulären Mysterium erhitzte und Fachleute wie Laien zu kühnen Spekulationen verleitete. Alles begann mit ein paar Fotos, die 1976 von den Viking-Sonden der NASA über der Cydonia-Region gemacht worden waren. Diese ist ein Landstrich auf dem Mars, der sich im Grenzbereich zwischen dem südlichen Hochland und der nördlichen Tiefebene erstreckt. Aufnahmen der Viking-Sonden präsentierten seltsame, ja unglaublich anmutende Einzelheiten. Wie etwa die »City« genannte Ansammlung pyramidenartiger Erhebungen, deren Präzision eindeutig an künstliche Strukturen erinnerte. Die eigentliche Sensation aber war das wenige Kilometer östlich davon gelegene, sogenannte »Marsgesicht« – das ist eine etwa 1,5 Kilometer lange Bergformation, die schon auf den ersten Blick an ein menschliches Gesicht erinnert.[212, 214] Nur eine Laune der Natur, das verblüffende Resultat des oft trügerischen Spiels von Licht und Schatten – oder aber wirklich vor langer Zeit von außerirdischen Intelligenzen errichtete künstliche Monumentalbauten?

Mehrere engagierte Forscher versuchten auf unterschiedliche Art und Weise, das Geheimnis in der Cydonia-Region zu enträtseln. Aufgrund verschiedener Methoden der Computerbearbeitung des Bildmaterials kamen sie zu der Überzeugung, die Hinterlassenschaften fremder Intelligenzen vor sich zu haben, die einst ihren Fuß auf den Mars gesetzt hatten.[215, 216] Für die Medien war dies natürlich eine Sensation.

Die Ernüchterung folgte im Jahr 1998, als die amerikanische Raumsonde Mars Global Surveyor neuere Fotos von der Cydonia-Region zur Erde funkte. Diese Sonde, die sich seit August 1997 in einer anfangs stark elliptischen Umlaufbahn um den Planeten befand, wurde durch komplizierte Steuerungsmanöver immer näher an einen kreisförmigen Orbit herangeführt. Dann begann ein umfangreiches Programm zur Kartografierung des Mars. Was auf den neuen Bildern zu erkennen war, hatte mit einem Gesicht nurmehr wenig zu tun. Die ganze Struktur scheint natürlichen Ursprungs zu sein.[217] Ein klein wenig mehr blieb von den Pyramiden übrig: Auch wenn diese gleichfalls an natürliche Marsberge denken lassen, erkennt man doch noch immer einigermaßen regelmäßige Seitenflächen. Doch seit ich selbst auf einer Fahrt mit der Andenbahn in der Ferne einen Berg erblickte, der einer gigantischen Pyramide glich, weiß ich, dass auch die Natur oft sehr gleichmäßige Formen zu erschaffen vermag.

Gibt es eine befriedigende Erklärung für den so signifikanten Unterschied auf den Bildern von der Marsoberfläche, welche in einem Abstand von 20 Jahren gemacht wurden? Ich möchte keine wilden Spekulationen über konspirative Verschleierungs- und Geheimhaltungsmaßnahmen lostreten, angezettelt von den Geheimdiensten, der US-Regierung und der NASA. Die Erklärung jedoch, alles sei nur auf zufälliges Zusammentreffen bestimmter Licht- und Schattenverhältnisse zurückzuführen, überzeugt mich nicht bis in die letzte Faser. Endgültige Sicherheit kann einzig eine bemannte Marsexpedition bringen. Das ehrgeizige Projekt wird zwar noch ein paar Jahre auf sich warten lassen, doch die Pläne liegen bereit.

Aufbruch ins Ungewisse

Auch wenn die aktuelle Schuldenkrise vor keinem Land der Erde Halt macht und die USA im Sommer 2011 haarscharf am Staatsbankrott vorbeigeschrammt sind, denkt die NASA über neue Raumfahrtprogramme nach. Was den Mars betrifft, favorisiert man in Houston das Jahr 2019 für eine erste bemannte Mission, da Erde und Mars dann in einer nahen und günstigen Position zueinander stehen. Der Start müsste bereits 2018 erfolgen, da die Piloten deutlich länger als ein Jahr unterwegs wären. Natürlich erfordert der bemannte Flug zum Mars weitaus größere Anstrengungen als das Abschießen unbemannter Robotersonden: Er verschlingt ein Vielfaches der Kosten der Apollo-Mondlandeunternehmungen, verlangt weit ausgereiftere technische Lösungen, ist vor allem in medizinischer Hinsicht eine gewaltige Herausforderung.[214] Die Erfahrungen bei Langzeitaufenthalten auf der Internationalen Raumstation ISS haben gezeigt, dass ein längerer Einfluss der Schwerelosigkeit zum Abbau von Muskeln führt. Was noch schwerer wiegt: Da die Raumfahrer ungewöhnlich lange den Strahlungen im Weltraum ausgesetzt sein werden, befürchtet man Krebserkrankungen bei der Crew. Das Projekt birgt darüber hinaus vielfältige gesundheitliche Risiken für alle Beteiligten.
Und doch spricht ein unwiderlegbares Argument dafür, diesen Aufbruch ins Ungewisse zu wagen. Selbst wenn man noch so viele technisch raffinierte Rover und Roboter mit ihren Mini-Laboren an Bord hinaufschickt, können nur Menschen direkt vor Ort entscheiden, ob beispielsweise Gesteine Fossilien ent-

halten oder ob sich sogar noch immer organisches Leben auf unserem Nachbarplaneten regt.[214]

Als Zwischenschritt und unter anderem als »Brückenkopf« für weitere Marsflüge plant die US-Weltraumbehörde, bis zum Jahr 2024 eine dauernd bemannte Station auf dem Mond zu errichten. Wie der NASA-Mitarbeiter für Programmplanung Doug Cooke mitteilte, werde vermutlich der Südpol des Erdtrabanten als Standort gewählt, weil die Sonnenscheindauer dort sehr groß ist. Dadurch kann man leicht Solarenergie nutzen, zudem vermutet man in der Umgebung verschiedene Bodenschätze.

Fürs Erste sollen die Astronauten jeweils nur kurze Zeit auf dem Mond verbringen. Bis 2024 aber soll der Vorposten so weit ausgebaut werden, dass Aufenthalte von ungefähr einem halben Jahr möglich sein werden.[218] Da die Anziehungskraft auf dem Mond immerhin ein Sechstel der auf der Erde herrschenden Gravitation beträgt, dürften die Belastungen für die Astronauten sicher deutlich geringer ausfallen, als bei einem vergleichbar langen Aufenthalt in vollkommener Schwerelosigkeit. Das Fehlen jeglicher Gravitation stellt ein ernstes Problem für längere Weltraumflüge dar. Und es liefert ein nicht leicht zu entkräftendes Argument für jene Skeptiker, für die Flüge, die weiter als bis zum Mond oder zum Mars gehen, für alle Zeiten mit dem Siegel »unmöglich« gekennzeichnet sind.

Der Griff nach dem Strohhalm

Flüge in der Schwerelosigkeit, wie wir sie von den bisherigen, vergleichsweise primitiven Raumfahrtversuchen vor unserer Haustür kennen, stellen ganz sicher nicht der Weisheit letzten Schluss dar. Will der Mensch in die Weite des Alls vorstoßen, bleibt ihm gar nichts anderes übrig, als für künstliche Gravitation zu sorgen. Das kann beispielsweise geschehen, indem man ein Raumschiff in Form eines riesigen Rades konstruiert. Dreht sich dieses langsam um die eigene Längsachse, sorgt die Zentrifugalkraft zuverlässig dafür, dass die Füße der Astronauten am Boden bleiben. Auf das Prinzip komme ich noch einmal im Zusammenhang mit sogenannten »Generationenraumschiffen« beziehungsweise »Weltraumhabitaten« zu sprechen.

Da wäre dann auch noch das Problem mit der kosmischen Strahlung, der Langzeit-Reisende ausgesetzt wären – ganz gleich, ob außerirdische Besucher oder menschliche Weltraumfahrer. Dieses Menetekel, so argumentieren Skeptiker, würde Vorstöße ins All von vornherein ausschließen.

Umgekehrt könne auch die Erde in früheren Zeiten keine Besuche aus dem Weltraum bekommen haben. Fans der Science-Fiction-Serie »Raumschiff Enterprise« wissen, dass selbiges über einen wirkungsvollen Schutzschirm verfügte, der es vor kosmischer Strahlung ebenso schützte wie vor den Angriffen der bösen Klingonen und anderer Feinde. Fiction meets Fact: Diesem Ziel ist vor wenigen Jahren ein Forschungsteam der Universität des Staates Washington in Seattle unter der Leitung von John Slough nähergekommen. Die Forscher erarbeiteten im Auftrag der NASA ein Konzept, bei dem vermittels einer Hochspannungsquelle über einem leichten, supraleitenden Metallgitter, welches das Raumfahrzeug umgibt, Wasserstoffgas in geladene Elektronen und Protonen zerlegt wird. Hierdurch entsteht ein Plasma, das die Strahlungen abschirmt und das Schiff buchstäblich wie in einer Blase schützt. Es bedarf also keiner tonnenschweren Schutzpanzer aus Metall, mit welchen man das Weltraumvehikel verkleiden müsste. Es wäre sogar optimal, wenn das Raumschiff mit Plasma-Antrieb arbeitete, denn dann wären die Astronauten gewissermaßen durch ihre eigenen Abgase geschützt.[219]

Absoluter Spitzenreiter in der Hitliste der Raumfahrtgegner aber sind die unvorstellbaren Distanzen im Universum. Rang die Phalanx der Mutlosen und Erbsenzähler sich zumindest zum halbherzigen Statement durch, dass es sehr wahrscheinlich im Weltall von intelligentem Leben nur so wimmelt, so folgt mit einer gebetsmühlenartigen Permanenz das obligate »ja, aber«. Die Distanzen, so lässt sich vernehmen, sind so gewaltig, dass wir sogar den nächstgelegenen Stern – Proxima Centauri in 4,3 Lichtjahren Entfernung – niemals würden erreichen können. Natürlich seien auch außerirdische Intelligenzen, so die glasklare Folgerung, niemals im Stande, uns zu besuchen. Welche Anmaßung! In meinem Buch über das UFO-Phänomen im 21. Jahrhundert stellte ich dieser dogmatischen Assertion ein Beispiel aus unserer eigenen technologischen Entwicklung entgegen. Von den ersten ungelenken Flugversuchen, die die amerikanischen Flugpioniere Wilbur und Orville Wright im Jahre 1903 unternahmen, vergingen gerade einmal 66 Jahre, bis mit der Concorde das erste Überschallflugzeug der Welt den regelmäßigen Linienverkehr über den Atlantik aufnahm.[195] Unsere Phantasie mag schon kläglich versagen, wenn wir uns nur vorzustellen versuchen, was in vergleichsweise bescheidenen 200 Jahren alles möglich sein wird. Über Zivilisationen, die uns Jahrtausende voraus sind, möchte ich erst gar nicht spekulieren.

Die Geschwindigkeit des Lichts zu erreichen, das pro Sekunde 299 792,458 Kilometer zurücklegt, wäre ein wichtiger Meilenstein. Doch wäre ein Raumschiff noch immer mehr als vier Jahre zu unserer Nachbarsonne unterwegs. Hoffnung kommt aus dem Bereich der Atomphysik. Dort hält man es für durchaus möglich, dass entgegen der Einstein'schen Lehrsätze die Lichtgeschwindigkeit nicht die oberste Geschwindigkeitsgrenze im Universum ist. Und vor Kurzem sah es schon fast so aus, als wäre der Nachweis geglückt.

Im Herbst 2011 machte sich unter den Physikern des europäischen Teilchenforschungszentrums CERN in Genf grenzenlose

Verblüffung breit. Denn in einem Experiment bewegten sich winzige Elementarteilchen allem Anschein nach schneller als das Licht. Wie CERN am 23. September 2011 mitteilte, übertrafen Neutrinos – das sind ultraleichte, ungeladene Teilchen – die Geschwindigkeit des Lichts um rund 0,025 Promille. Das wären zwar nur unspektakuläre 7,4948 Kilometer in der Sekunde, doch sie würden Einsteins Postulat der Lichtgeschwindigkeit als oberstes »Tempolimit« im Universum glatt infrage stellen.

Die Beobachtung stammte vom sogenannten »Opera-Experiment«, das in einem unterirdischen Labor in den Abruzzen nach Neutrinos späht, die im 750 Kilometer entfernten Genf auf die Reise geschickt werden. Deren Flugstrecke ist bis auf 20 Zentimeter genau vermessen. Ihre Flugzeit, die nur 2,4 Tausendstel Sekunden beträgt, lässt sich auf 10 Nanosekunden – also Milliardstel Sekunden – bestimmen. Mittlerweile haben die Forscher die Flugzeit von über 15 000 Neutrinos gestoppt und somit eine sehr hohe statistische Sicherheit erreicht. Jene mysteriösen Teilchen tauchen im Durchschnitt 60 Nanosekunden früher auf, als erwartet. Sie seien, so die erste Einschätzung, schneller als das Licht![220]

Bald darauf folgte leider die Ernüchterung. Ende Februar 2012 erklärten CERN-Forscher, bei ihren Messungen Fehlerquellen aufgesessen zu sein. Unter anderem sei ein defektes Glasfaserkabel schuld gewesen. Somit gelte Einsteins Relativitästheorie auch weiterhin.[221]

Es wäre schön gewesen, aber es ist ja noch nicht aller Tage Abend. Die Physiker forschen weiter. Und selbst wenn man eines Tages fündig werden sollte, wäre noch ein weiter Weg bis zur Nutzung überlichtschneller Teilchen für die interstellare Weltraumfahrt zurückzulegen.

Beinahe »ein alter Hut« bei den Physikern sind indes die »Wurmlöcher«. Schon 1935 vermuteten Albert Einstein und sein Forscherkollege Nathan Rosen zeitlose Passagen, durch die weit entfernte Teile des Universums miteinander verbunden seien. Daraus schloss der US-amerikanische Physiker John A. Wheeler auf ein von »Wurmlöchern« durchzogenes Universum. Als Konsequenz würde sich ergeben, dass sich dank jener »Einstein-Rosen-Brücken« Raumschiffe ohne Zeitverlust von einer Ecke des Universums zu einer anderen begeben könnten. Zeitliche Begriffe wie »vorher« und »nachher« hätten ihre Bedeutung verloren, denn die Zeit im uns bekannten Sinn existiert dort nicht mehr.[222, 223]

Zeit, zur Erde zurückzukehren, denn es gäbe auch einfachere Methoden, die weite Reise ins All anzutreten. Aber festhalten möchte ich, dass die Raumfahrtgegner sich verzweifelt an jeden Strohhalm klammern, um das Dogma der Unmöglichkeit interstellarer Reisen aufrechtzuerhalten. Die Zukunft wird zeigen, dass sie unrecht hatten. »Nicht den Erbsenzählern, sondern den Phantasten gehört die Zukunft.« (Erich von Däniken)

Städte am Firmament

Hätten wir immer auf die Skeptiker und Kleingeister gehört, dann würden wir wahrscheinlich noch heute auf dem Esel reiten. Und doch müssen es nicht unbedingt Wurmlöcher, Nullzeit-Versetzungen und Überlichtgeschwindigkeit sein, um die Reise in die unendlichen Weiten des Alls anzutreten.

Professor Gerard O'Neill von der Princeton-Universität, New Jersey, erarbeitete bereits in den 1970er-Jahren revolutionäre Konzepte, deren Grundlagen Planspiele und Überlegungen zur Kolonisierung des Weltalls waren. Er entwarf »Weltraum-Habitate«, regelrechte Städte im Weltraum, die Zehntausende oder gar Hunderttausende Menschen beherbergen sollen. In der Erdumlaufbahn oder auf dem Mond montiert, würden sie einem gewaltigen Rad (Torus) oder einem Zylinder gleichen.

Bereits 1952 skizzierte der deutsche Weltraumpionier Wernher von Braun (1912–1977) ein »Weltraumrad«, welches die Erde in 1730 Kilometern Höhe in einem Zweistundentakt umkreisen sollte. Dieses war im Gegensatz zu den »Weltraum-Habitaten« nur für den Einsatz im erdnahen Raum vorgesehen.[224] Da diese Habitate in eine ständige Drehung versetzt werden, herrscht in ihnen eine Anziehungskraft, die sich von jener auf der Erde kaum unterscheidet. Die Menschen an Bord leben in einer erdähnlichen Umgebung, in der die Wohneinheiten in Wälder, Parks und zwischen Wasserläufe und künstliche Seen eingestreut sind. Professor O'Neill skizzierte mehrere Varianten, die als »Insel I« bis »Insel III« bezeichnet wurden. Die Letztgenannte käme auf eine Länge von 32 Kilometern bei einem Durchmesser von 6,5 Kilometern und böte bei einer Nutzfläche von 1000 Quadratkilometern Lebensraum für eine Million Menschen.[225] Diese Weltrauminseln könnte man in einem Orbit um die Erde, beispielsweise in den sogenannten Lagrange-Punkten, an welchen sich die Gravitationen von Erde und Mond gegenseitig aufheben, verankern.[226] Oder man schickt sie auf eine unendliche Reise, funktioniert sie zu sogenannten »Generationenraumschiffen« um. Ein Rechenexempel hierzu hat Erich von Däniken in die Diskussion eingebracht. Ein Generationenraumschiff, das nur zwei Prozent der Lichtgeschwindigkeit erreicht, wäre zum Beispiel 500 Jahre unterwegs. In dieser Zeit sind an Bord Generationen vergangen, bis es in einer Entfernung von zehn Lichtjahren auf einen Planeten trifft, auf dem erdähnliche Bedingungen herrschen. Aus der Umlaufbahn heraus – wegen seiner immensen Dimensionen wäre es unmöglich, das Schiff auf der Planetenoberfläche zu landen – werden Expeditionen mit kleinen Zubringerraumschiffen hinuntergeschickt. Da der Planet ideale Voraussetzungen aufweist, beschließt ein Teil der Exilanten, sich dort anzusiedeln. In der

Folge lässt man sich weitere 500 Jahre Zeit, um ein zweites Generationenraumschiff zu bauen, und nach Ablauf dieser Spanne können bereits zwei Habitate auf die große Reise gehen. Außerdem wird eine neue Welt besiedelt.

Der Clou an der ganzen Aktion ist ein Schneeballsystem, bei dem im Laufe der Zeit immer mehr dieser Vehikel durchs Universum ziehen. Berechnungen ergaben, dass auf diese Weise spätestens nach zehn Millionen Jahren unsere gesamte Galaxis kolonisiert wäre. Das klingt zwar nach einer ganzen Ewigkeit, jedoch ist es nichts im Verhältnis zum Alter unseres Universums, das auf 20 *Milliarden* Jahre geschätzt wird.[227]

Vielleicht waren auch die »Götter« unserer Vergangenheit in solchen Habitaten unterwegs. Dazu braucht es keine Licht- oder Überlichtgeschwindigkeit, denn die notwendige Technologie wäre der Unsrigen nur um ein paar Jahrzehnte voraus. Uralte Mythen aus allen Teilen der Welt sprechen von gewaltigen »Städten am Himmel«.[228] Zum Beispiel Überlieferungen aus Tibet und Indien: Sie wissen von furchtbaren Götterkriegen zu berichten, in welche die himmlischen Städte verwickelt waren. So ist von Sudarsoma die Rede, die auch die »Stadt der 33 Götter« genannt wurde. Sie kreuzte im Weltraum und war von sieben Kreisen goldener Mauern umgeben. In diesem technischen Meisterstück besaßen die Götter neben anderen magischen Fähigkeiten auch die, Dinge zu materialisieren. Was immer sie sich auch wünschten, pflückten sie einfach von den Bäumen. Eines Tages jedoch war es vorbei mit dem süßen Leben auf Sudarsoma.

Nachdem König Mandhotar, der Beherrscher dieser Himmelsfestung, die ganze Welt erobert hatte, gedachte er auch noch, den Himmel zu unterwerfen. Damit hatte er sich wohl etwas übernommen, denn sein ungezügelter Ehrgeiz kostete ihn alles, zuletzt sogar das Leben. Als er sich im Weltraum aufhielt, wurde seine »Stadt der 33 Götter« von den Asuras angegriffen. Im

Laufe einer grausamen Schlacht, bei der unvorstellbare Waffen zum Einsatz kamen, gelang es ihnen, Sudarsoma zu besiegen und in die Weiten des Kosmos zurückzuwerfen.[229] Die »Götter«, die einst auf die Erde herniederkamen, schufen den Menschen »nach ihrem Ebenbilde«. Sie hinterließen die Spuren ihrer Eingriffe in unserem Erbgut. Höchstwahrscheinlich programmierten sie auch den unbändigen Drang zu den Sternen in unsere Gene ein. Der Aufbruch ins All: Ob hierzu überlichtschnelle Boliden an den Start gehen oder vergleichsweise langsame Generationenraumschiffe – im Endeffekt ist dies nicht entscheidend. Die Menschheit wird das große Abenteuer wagen. Den ersten Schritt einer unvorstellbar weiten Reise antreten, den Intelligenzen aus dem All schon ungezählte Jahrtausende zuvor getan und uns zu dem gemacht haben, was wir heute sind. Fremde Welten werden sich öffnen, und vielleicht gibt es dort Wesen, in deren Evolution unsere eigenen künftigen Weltraumfahrer göttergleich eingreifen werden. Dann hat sich ein großer Kreis geschlossen.

Begriffserklärungen

Aborigines (auch Aboriginals). Die dunkelhäutigen, ursprünglichen Bewohner Australiens. Heute leben sie größtenteils in Reservaten in abgelegenen Gebieten Westaustraliens und in den Northern Territories. Die Überlieferungen der Aborigines erzählen von einer weit zurückliegenden »Traumzeit« – eine genauere Bezeichnung wäre »Götterzeit« –, in der ihre Götter als Kulturbringer zur Erde herabkamen. Jüngste Forschungen haben ergeben, dass sich die australischen Ureinwohner seit mindestens 50 000 Jahren nicht mehr mit anderen Völkern vermischt haben.

Anthropologie. Die Wissenschaft vom Menschen, vorwiegend unter biologischen Aspekten. Sie widmet sich der Erforschung seiner Entstehung (»Humanisation«), seiner Stellung innerhalb der Welt der Organismen sowie seiner historischen Entwicklung und Differenzierung (Stammesgeschichte). Ein in jüngster Zeit an Bedeutung gewinnender Bereich ist die Humangenetik, welche die im Erbgut des Menschen enthaltenen Informationen – die Gene – zu entschlüsseln versucht.

Cargo-Kulte (von der englischen Bezeichnung für Ware, Fracht). Weltweit anzutreffende, jedoch besonders häufig im asiatisch-pazifischen Raum registrierte Handlungsweisen eingeborener Populationen nach der Konfrontation mit Vertretern höher zivilisierter Kulturen. In den 1940er-Jahren waren dies überwiegend Kontakte mit Truppenteilen der alliierten Kriegsparteien, vorwiegend im Zuge der Kampfhandlungen des Zweiten Weltkriegs. Es führte dazu, dass die noch auf einer viel einfacheren Entwicklungsstufe stehenden Eingeborenen die Fremden imitierten. Sie bauten die Ausrüstung der Soldaten, zum Beispiel Funkanlagen, Antennen und sogar Flugzeuge, aus Holz und Stroh nach. Das geschah in der Hoffnung, dass auch ihnen die Reichtümer der fremden Wesen – das *Cargo* – zuteil würde.

Wenn nun unsere Vorfahren in grauer Vorzeit mögliche Begegnungen mit Vertretern hoch entwickelter, außerirdischer Zivilisationen ebenso falsch interpretiert hätten? Dann ließe sich die Entstehung scheinbar sinnloser Rituale, die ihre Fortsetzung bis in die Liturgien der großen Religionen fanden, auf höchst reale Begebenheiten zurückführen: Nämlich auf die Konfrontationen mit einer nicht von dieser Welt stammenden Technologie sowie die völlige Missdeutung derselben.

CERN (für Conseil Européen pour la Recherche Nucléaire). Europäische Kernforschungsorganisation mit dem Ziel einer gemeinsamen kernphysikalischen Grundlagenforschung. Die 1952 gegründete Organisation hat ihren Sitz in Genf, das teils unterirdisch angelegte Forschungszentrum ist im nahen Meyrin untergebracht. Immer wieder werden am CERN spektakuläre Entdeckungen gemacht wie etwa Antimaterieteilchen, die im Protonensynchroton-Beschleuniger relativ lange stabil blieben.

Chromosomen (von griech. »Farbkörper«). Wegen ihrer leichten Anfärbbarkeit sogenannte Bestandteile der Zellen jedes Organismus und Träger der Erbanlagen, der ➤ Desoxyribonukleinsäure, der DNS. Die Keimzellen des Menschen enthalten 23, die Körperzellen 46 Chromosomen; sie setzen sich aus 22 Autosomen-Paaren und zwei Geschlechtschromosomen zusammen. Der männliche Chromosomensatz wird mit »46.XY«, der weibliche hingegen mit »46.XX« bezeichnet.

Cro-Magnon-Mensch. Nach der gleichnamigen Höhle im Tal der Vézère bei Les Eyzies (Dordogne) benannter moderner Menschentyp. Im Jahre 1868 wurden in der Cro-Magnon-Höhle Reste einer Siedlung und fünf Skelette – drei Männer, eine Frau und ein Fötus – gefunden, deren Alter auf 25 000 bis 30 000 Jahre datiert wurde. Der Cro-Magnon-Mensch gilt als erster Vertreter des heutigen *Homo sapiens sapiens* und soll den schon länger existierenden Neandertaler verdrängt haben. Neuere Funde lassen aber die Vermutung zu, dass beide Menschentypen nicht nur friedlich zusammengelebt, sondern sich auch untereinander vermischt haben.

Desoxyribonukleinsäure (DNS). DNS ist die Trägersubstanz aller genetischen Informationen. Phosphorsäure, Zucker und daran angekoppelte Phosphorsäurebasen bilden gemeinsam eine Struktur, die einer zur Doppelspirale (»Doppel-Helix«) verdrehten Strickleiter ähnelt. Die beiden »Stricke« der Leiter sind abwechselnd aus Phosphatgruppen und Zuckermolekülen aufgebaut. Die »Sprossen« bestehen dagegen aus organischen Basen und verbinden die sich jeweils gegenüberliegenden Zuckermoleküle. Es gibt vier unterschiedliche Basenarten – Adenin, Guanin, Cytosin und Thymin, von denen je zwei zur Paarbildung tendieren. Ihre Abfolge liefert den »genetischen Code«, in dem sämtliche Informationen für den Aufbau und die Entwicklung des betreffenden Lebewesens gespeichert sind.

Dinosaurier (von griech. deinos: schrecklich, gewaltig). Nach offizieller Lehrmeinung am Ende der Kreidezeit, vor etwa 60 Millionen Jahren ausgestorbene Reptilien des Erdmittelalters, die teilweise gigantische Dimensionen erreichten. Man unterscheidet für gewöhnlich zwei Ordnungen:
1. *Saurischia* mit den Fleisch und Aas fressenden Raubsauriern, den *Theropoden*, die sich auf den Hinterbeinen fortbewegten,

z. B. *Tyrannosaurus rex*, sowie den vierbeinig schreitenden Pflanzenfressern (*Sauropoden*), die Längen von bis zu 38 Metern erreichten (Bsp.: *Argentinosaurus huinculensis*, der im Jahr 2008 entdeckt wurde).

2. *Ornithischia*, Pflanzen fressende Saurier wie das *Iguanodon* oder der *Triceratops*.

Es gibt Spekulationen, wonach einige Saurier ein größeres Gehirn, aufrechten Gang und Intelligenz entwickelt hätten, wären sie nicht gegen Ende der Kreidezeit ausgestorben.

Entführungen (auch Unheimliche Begegnungen der 4. Art oder CE4-Erlebnisse). Im Gegensatz zu bloßen Begegnungen mit Außerirdischen handelt es sich hier um vollendet ausgeführte Entführungen durch offenbar nichtirdische Wesen. Diese werden in der Regel als grauhäutige und kleinwüchsige Humanoiden beschrieben, nicht größer als ca. 1,20 bis 1,50 Meter. Derartige Entführungen erleben meist einzelne Personen, seltenen Berichten zufolge wurden auch mehrere Personen (Familien) gleichzeitig in ein offenbar außerirdisches Flugobjekt verschleppt. Symptomatisch für alle diese Abduktions-Traumata sind medizinische Experimente, in deren Mittelpunkt häufig künstlich durchgeführte Befruchtungen stehen, die zur Schaffung einer Hybrid-(=Misch-) Rasse zwischen Außerirdischen und Menschen führen sollen.

Da bei vielen Frauen tatsächlich Anzeichen einer vorzeitig beendeten Schwangerschaft festgestellt wurden, ist man zwischenzeitlich davon abgerückt, solche Erfahrungen einfach ins Reich der Phantasie zu verweisen. Immer mehr Ärzte, Psychologen und Wissenschaftler anderer Gebiete billigen diesen traumatischen Erfahrungen einen realen Charakter zu.

Evolutionstheorie. Die wichtigste Theorie in der Biologie, die die Entwicklung der Organismen im Verlauf der Erdgeschichte zu erklären versucht. Untrennbar mit ihrem Begründer Charles

Darwin (1809–1882) verbunden, wird sie ebenso auf die Entwicklung des Menschen aus dem Affen angewandt. Doch sie besitzt zahlreiche Ungereimtheiten; so suchen Anthropologen noch immer das sogenannte »missing link«, das fehlende Bindeglied in der Ahnenreihe vom Affen über den Hominiden zum Menschen. Hier kann die ➤ Paläo-SETI-Forschung die Lücke füllen, indem Einflussnahmen außerirdischer Intelligenzen die Widersprüche erklären und ein schlüssiges Bild der Menschheitsentwicklung liefern.

Fossilien (von lat. fossilis = ausgegraben). Die Reste zumeist ausgestorbener Pflanzen und Tiere, in Gesteinsschichten eingebettet. Fossilien können in vielfältigen Formen auftreten, wie etwa als unverändert erhaltene Hartteile (wie Knochen oder Zähne), durch Mineralien ersetzte Teile (Versteinerungen) wie auch ausgefüllte Hohlräume sowie Abdrücke von Lebewesen. Bei Fossilien menschlicher Vorfahren handelt es sich regelmäßig um mehr oder minder versteinerte Schädel- und Skelettreste.

Herrentiere (gebräuchlicher: Primaten). Ordnung der Säugetiere in Afrika (mit Madagaskar), Asien und Amerika. Die Größe jener meist als gesellig auf den Bäumen lebenden Tiere kann von der einer Maus bis zu der des Gorillas reichen. Eines der gemeinsamen Merkmale sind die geschlossenen Knochenringe, welche ihre Augen umgeben. Daumen und Innenzehen sind meist entgegenstellbar. Aus ihren Vorfahren soll sich das Menschengeschlecht entwickelt haben. Heute zählen zu den Herrentieren die Halbaffen, Affen und im zoologischen Sinne auch der Mensch.

Immunreaktionen. In der Transplantations-Chirurgie regelmäßig auftretendes Problem der Unverträglichkeit körperfremden Gewebes. Wird ein fremdes Organ wie etwa ein Herz über-tragen, so kann durch Immunreaktionen die Abstoßung dieses Spenderorganes ausgelöst werden. An dieser Unverträglichkeit scheiterten erste Organverpflanzungen in den 1960er-Jahren. Heute werden diese Reaktionen durch die Gabe hoher Medika-mentendosen nahezu ausgeschaltet, wodurch jedoch das Im-munsystem geschwächt wird.

Große Rätsel geben den Medizinern die sogenannten »Autoim-munkrankheiten« auf, bei denen der Körper sein eigenes Ge-webe als fremd einstuft und entsprechend dagegen reagiert. Eine denkbare Erklärung wäre, dass einst von außerirdischen Intelligenzen künstlich eingeschleuste Gene für diese unerklär-lichen Immunreaktionen verantwortlich sind.

Jaina-Religion (Jainismus). Indische Religion, die im 6. Jahr-hundert v. Chr. begründet wurde. Sie ist benannt nach dem Eh-rentitel der 24 Tirtankaras – »Jainah«, im Sanskrit »Sieger« – deren letzter Mahavira war. Die Geburt Mahaviras war äußerst mysteriös: Sie wurde von dem Gott Harinaigamesin durch re-gelrechten Embryonentransfer vorbereitet. Die Jaina-Religion beinhaltet den Glauben an die Seelenwanderung (Reinkarna-tion), Askese und sittliches Handeln sowie Läuterung durch gute Taten. Heute noch gibt es etwa drei Millionen Anhänger des Jainismus in Indien, die trotz ihrer geringen Anzahl in der Gesamtbevölkerung einen großen Einfluss ausüben.

Keilschrift. Die im alten Vorderasien, besonders in Assyrien, in Babylon und auch bei den Hethitern verwendete Schrift, deren keilförmigen Striche mit einem Rohrgriffel in den weichen Ton eingedrückt wurden. Sie besteht aus ursprünglich bildlichen, später stark vereinfachten Wort- und Silbenzeichen, welche nicht den Wortsinn, sondern ihren Lautwert angeben. Die Keil-schrift kam um 3000 v. Chr. bei den Sumerern auf und wurde bald von den anderen Völkern ➤ Mesopotamiens wie auch von den Hethitern übernommen.

Kryptozoologie. Dieser Begriff wurde bereits 1959 von Bernard Heuvelmans (1916–2001) geprägt und bezeichnet die Suche nach bislang unbekannten, meist verborgen lebenden Tierarten. Unbestreitbare Rechtfertigung erhielt die junge Wissenschaft durch die Entdeckung neuer, noch unbekannter Spezies, hierunter das Vu-Quang-Rind in Vietnam oder das Java-Nashorn. Es kommt aber auch immer wieder zur Entdeckung von Tieren, die man lange für ausgestorben hielt. Im Jahre 1982 wurde die »International Society of Cryptozoology« gegründet, der etliche namhafte, aufgeschlossene Biologen und Zoologen angehören.

Luftschiffwelle. Das seltsamste Phänomen des sich zu Ende neigenden 19. Jahrhunderts spielte sich vorwiegend in den USA ab. Dort erschienen seltsame »Luftschiffe«. Um was es sich hierbei wirklich handelte, ist unklar. Fakt ist, dass – wie beim modernen UFO-Phänomen – fliegende Objekte am Himmel und auch am Boden beobachtet wurden, deren Flugverhalten und Konstruktionsmerkmale von keinem damals verfügbaren irdischen Luftfahrzeug dargestellt werden konnte. Viele Forscher sehen deshalb diese »große amerikanische Luftschiffwelle« als Vorläufer des modernen UFO-Phänomens an. Sie hatte ihren Höhepunkt in den Jahren 1896 und 1897 und ebbte danach ab.

Mesopotamien (griech. Zwischenstromland). Der Begriff bezeichnet das Land zwischen den Strömen Euphrat und Tigris, das vom armenischen Hochland über Nordost-Syrien und den Irak bis zum Persischen Golf reicht. Mesopotamien gilt als die Wiege der Hochkulturen: Im Altertum entstanden plötzlich und beinahe wie aus dem Nichts Stadtstaaten der Sumerer sowie die babylonische und die assyrische Kultur. Kleine, tönerne Figuren, die man in der Ausgrabungsstätte Tell-el-Obed fand, zeigen seltsame weibliche Gestalten mit Reptilienköpfen auf menschlichem Körper.

Mumifizierungen. Die Erhaltung von Leichen entweder durch eine natürliche Austrocknung oder durch entsprechende Behandlungen mit verschiedenen chemischen Substanzen, um deren Verwesung zu verhindern. Mumifizierungen waren bei vielen Völkern weltweit verbreitet, speziell bei den Ägyptern, aber auch bei den Inkas in Südamerika, den alten Chinesen und sogar bei den ➤ Aborigines, den Ureinwohnern von Australien.

Mutation (lat. Veränderung). In der Genetik versteht man hierunter eine erbliche Veränderung, der eine Änderung der ➤ Desoxyribonukleinsäure in Informationsgehalt, Struktur oder Quantität zugrunde liegt. Das wiederholte Auftreten von Mutationen ist auch die Grundlage der ➤ Evolutionstheorie; für den Darwinismus besteht die ganze Evolution de facto aus einer Aneinanderreihung zahlloser Veränderungen, die von einer ursprünglichen zu einer veränderten Spezies führen sollen. Jedoch vermag die Evolutionstheorie nicht die Widersprüche zu erklären, welche sich aus der Tatsache ergeben, dass die überwiegende Mehrzahl der Mutationen ungünstiger Natur sind.
Als Auslöser für Mutationen nimmt man Strahlungen an und chemische Stoffe (Gifte), aber auch Temperaturänderungen. Man kennt sogar spezielle Gene – »Mutator-Gene« –, welche die Mutationshäufigkeit anderer Gene erhöhen.
Die moderne Genforschung bietet immer mehr Möglichkeiten, Mutationen gezielt und künstlich zu erzeugen, sodass wir Pflanzen und Tiere erschaffen können, die nicht natürlich vorkommen. Es gibt zahlreiche Ungereimtheiten bei der Entwicklung vom Primaten zum *Homo sapiens*, welche die Frage nahelegen,

ob wir nicht in grauer Vorzeit von fremden Intelligenzen durch gezielte Mutationen geschaffen worden sind.

Outback. In Australien die allgemein verbreitete Bezeichnung für Buschland und urwaldähnliche sowie Steppenregionen. Diese Wildnis ist bekannt für ihre Vielfalt an gefährlichen Tieren, vor allem Schlangen, Spinnen und Skorpione, im Norden Australiens auch riesige Krokodile. Andererseits existieren noch urtümliche Lebensformen, die sich seit dem Ende des Erdmittelalters nicht mehr weiterentwickelt haben.

»Out-of-Africa-Hypothese«. In der Anthropologie lange favorisierte Annahme der Herkunft des Menschen aus Afrika, aufgrund der Funde verschiedener Vormenschen in Ostafrika. Seit jedoch in anderen Weltgegenden gleichfalls Fossilien von Vormenschen gefunden wurden, hält man es für möglich, dass sich der Mensch gleichzeitig in mehreren Weltteilen entwickelt hat.

Paläontologie. Die Wissenschaft vom Leben der Urzeit. Sie beschäftigt sich anhand der Überreste von ausgestorbenen (fossilen) Lebewesen aus vergangenen Erdzeitaltern mit der Geschichte des Lebens auf der Erde. Dadurch bietet sie einen profunden Einblick in das Leben und dessen Entwicklung in den verschiedenen geologischen Zeitaltern.

Paläo-SETI-Forschung (SETI von »Search for Extraterrestrial Intelligence«). Damit wird die Suche nach Indizien und letztlich nach Beweisen bezeichnet, die den Besuch oder sogar steuernde Eingriffe von außerirdischen Intelligenzen in vor-, früh- oder sogar schon in erdgeschichtlicher Zeit belegen. Die Einflussnahme der Fremden soll sich hierbei sowohl auf die Entwicklung verschiedener Spezies als auch auf die kulturgeschichtliche Entwicklung des Menschen fokussiert haben.

Als prominentester Vertreter der Paläo-SETI-Forschung gilt unangefochten der Schweizer Bestsellerautor Erich von Däniken. In der Vergangenheit wurde zwar gelegentlich in spekulativer Weise die Möglichkeit vorzeitlicher Besuche von Außerirdischen in Betracht gezogen. Doch gebührt Erich von Däniken ohne Zweifel das Verdienst, diese in keinem Widerspruch zu gültigen Naturgesetzen stehende Theorie weltweit einem breiten Publikum bekannt und akademisch diskussionsfähig gemacht zu haben.

Quiche-Maya. Eine Sprachgruppe des in viele Untergruppen aufgesplitterten Volkes der Maya in Mittelamerika. Sie leben in Guatemala; ihre Anzahl beträgt in etwa 300 000 Personen. Das heilige Buch der Quiche-Maya – das Popol Vuh – zählt zu den wenigen Zeugnissen der Mayawelt, die der Vernichtung durch die Zwangschristianisierung durch die katholische Kirche entgangen sind. Es wurde im 16. Jahrhundert in lateinischer Schrift aufgezeichnet und so der Nachwelt erhalten.

Steinzeit. In der konservativen Archäologie die Zeit der vorgeschichtlichen Kulturen vor der Entdeckung der Metalle. Man unterteilt die Steinzeit in drei Hauptabschnitte: Paläolithikum (Altsteinzeit), Mesolithikum (Mittelsteinzeit) und Neolithikum (Jungsteinzeit). Der Beginn der Altsteinzeit wird etwa auf zwischen 1 Million und 600 000 Jahre v. Chr. datiert, das Ende der Jungsteinzeit in Europa um etwa 1800 v. Chr. Die Grenzen sind jedoch fließend und werden mit jedem neuen Fund, der Überreste unserer Vorfahren zutage bringt, infrage gestellt. Zudem lassen zahlreiche, nicht ins traditionelle Geschichtsbild passende Funde aus dieser Epoche Zweifel an der konservativen Betrachtungsweise angeraten sein. Nach den Erkenntnissen der ➤ Paläo-SETI-Forschung dürften mehrere genetische Manipulationen in diesen Zeitraum fallen, deren Ziel die Schaffung des *Homo sapiens* aus den Frühhominiden war.

Terraforming. Durch aufwendige technische Mittel bewirkte Umwandlung eines lebensfeindlichen Himmelskörpers in einen für organisches Leben geeigneten nach dem Vorbild unseres eigenen Planeten. Im Umkreis der Erde käme nach dem aktuellen Wissensstand nur der »Rote Planet« Mars für solche Maßnahmen infrage. Diese müssten hauptsächlich eine Veränderung der Temperaturen sowie der Zusammensetzung der Atmosphäre bewirken, um zum Beispiel als Standort für spätere Aussiedler von der übervölkerten Erde dienen zu können. Bereits 1976 ließ die US-Weltraumbehörde NASA eine Studie hierüber ausarbeiten.

Überlichtgeschwindigkeit. Nach der Allgemeinen Relativitätstheorie nach Albert Einstein (1879–1955) stellt die Lichtgeschwindigkeit ($c = 299\,792{,}458$ Kilometer in der Sekunde) die höchste in unserem Universum erreichbare Geschwindigkeit dar. Trotzdem wird an vielen Einrichtungen mit Teilchen experimentiert, mit dem Ziel, diese auf Geschwindigkeiten jenseits der Lichtgeschwindigkeit zu beschleunigen.

Viking. Amerikanisches Raumfahrtprogramm mit zwei unbemannten Raumsonden – Viking 1 und Viking 2 – zur Erforschung des Mars. Viking 1 wurde am 20. August, Viking 2 am 9. September 1975 gestartet. Beide Sonden erreichten im Sommer 1976 elliptische Umlaufbahnen um den Mars. Am 20. Juli und am 4. September 1976 trennten sich Landegeräte von den Sonden im Orbit und setzten weich auf der Planetenoberfläche auf. Sie absolvierten umfangreiche Messungen und fanden in zwei von drei Fällen sogar Hinweise auf Leben, die von den Wissenschaftlern allerdings kontrovers diskutiert werden. Viking 2 beendete seine Datenübermittlung am 11. April 1980, Viking 1 am 13. November 1982.

Wurmlöcher. Nach der Theorie des amerikanischen Physikers John Archibald Wheeler weist die Raum-Zeit-Struktur unzählige Löcher auf, die er »Wurmlöcher« genannt hat. Sie sollen zeit- und entfernungslos jeden Punkt im Universum mit jedem anderen verbinden. Wheeler zufolge könnten sich zwischen den Wurmlöchern, die ständig auftauchen und wieder verschwinden, Signale bewegen, die eine sofortige, verzögerungsfreie Kommunikation zwischen allen Teilen des Weltraums erlauben. Stabile Wurmlöcher könnten es außerirdischen Zivilisationen ermöglichen, das Universum praktisch in Nullzeit zu durchqueren, was das Argument widerlegen könnte, dass aufgrund der gewaltigen Entfernungen im Universum interstellare Raumfahrt für alle Zeiten unmöglich sein solle.

Zelle. Grundstruktur aller lebenden Organismen, aber auch – in Form von Einzellern – selbst ein einfaches Lebewesen. Eine Zelle besteht aus Membranen (nur bei Pflanzen gibt es Zellwände), Zytoplasma mit Einschlüssen sowie einem Zellkern mit den ➝ Chromosomen, welche die ➝ Desoxyribonukleinsäure mit den Erbanlagen des Lebewesens enthalten. Nach den verschiedenen Aufgaben unterscheidet man zwischen Muskel-, Nerven-, Drüsen-, Ei- und Samenzellen. Das Baugefüge sowie die stoffliche Zusammensetzung der Zellen sind trotz ihrer unterschiedlichen Funktionen sehr ähnlich.

Danksagung

Bei kaum einem Buch zuvor war mir so bewusst, was es bedeutet, sich etwas von der Seele zu schreiben. Der Kopf war voll, für andere Gedanken fast kein Platz. Ich habe, kann man sagen, regelrecht in der Thematik *gelebt*. Jetzt, da das Werk endlich vollbracht ist, darf ich nicht versäumen, Dank an alle jene zu richten, ohne deren Hilfe, Ideen und Anregungen das vorliegende Projekt nie eine Chance gehabt hätte, letztendlich auch realisiert zu werden.

Dabei stimmt mich sehr traurig, dass zwei Freunde und Autorenkollegen, denen ich viel zu verdanken habe, schon gar nicht mehr unter uns weilen: Johannes Fiebag und Peter Krassa begleiteten mich nicht nur auf meinem literarischen Weg, sondern waren auch auf einigen Reisen mit von der Partie.

Besonderer Dank gebührt Erich von Däniken: Nicht nur, da er das spannende Thema rund um unsere außerirdische Herkunft vielen Menschen näherbrachte. Ohne seine »Initialzündung« gäbe es heute, das ist gewiss, auch keinen Buchautor Hartwig Hausdorf! Ebenso danke ich Johannes von Buttlar, der bereits vor geraumer Zeit das Thema »Terraforming« in die Diskussion einbrachte. Großer Dank gebührt auch Freunden und Forscherkollegen wie Reinhard Habeck und Peter Fiebag, Walter-Jörg Langbein und Rex Gilroy, welchen ich zahlreiche Anregungen verdanke.

Herzlicher Dank geht an Frau Hildegard Kirner für die phantastischen Fotos aus dem Hethitermuseum in Ankara wie auch an Olaf Bordun, der mich auf die unglaublichen Funde rund um den mysteriösen »Homme de Mouillans« brachte. Ohne Internet-Arbeit scheint man heute wohl nicht mehr auszukommen, daher geht mein Dank auch an Josef Schedel (vfgp) und Andrea Benschig.

Last but not least danke ich meiner rührigen Verlegerin des Verlagshauses Langen*Müller* Herbig nymphenburger, Frau Brigitte Fleissner-Mikorey, meiner Lektorin, Frau Dagmar von Keller, und dem ganzen bewährten Verlagsteam meiner »literarischen Heimat«, die mir seit den Tagen der »Weißen Pyramide« schon richtig ans Herz gewachsen ist.

Habe ich noch jemanden vergessen? Oh ja: Der Autor wäre auf einsamem Posten ohne seine immer größer werdende Leserschar in aller Welt, die ihm nun seit bald zwei Jahrzehnten die Treue hält. Auch hier ein herzliches Dankeschön für das Durchhaltevermögen und große Interesse an Themen, in deren Natur es liegt, oft emotional und kontrovers diskutiert zu werden.

Hartwig Hausdorf

Quellenverzeichnis

[1] Darwin, Charles: »Die Entstehung der Arten.« Stuttgart 1875

[2] Sänger-Bredt, Irene: »Spuren der Vorzeit. Ungelöste Rätsel der Schöpfung.« Düsseldorf 1972

[3] Cole, S.: »The Prehistory of East Africa.« London 1963

[4] o. V.: »Hinten Affe, vorne Mensch«, in: »Sagenhafte Zeiten« Nr. 5/2002

[5] Broom, R.: »Finding the Missing Link.« London 1950

[6] dtv-Lexikon in 20 Bänden, Mannheim und München 1997

[7] Wilder-Smith, A. E.: »Herkunft und Zukunft des Menschen.« Stuttgart 1975

[8] Däniken, Erich von: »Die Steinzeit war ganz anders.« München 1991

[9] Lamarck, Jean-Baptiste: »Recherches sur l'organisation des corps vivantes.« Paris 1802

[10] Lamarck, Jean-Baptiste: »Philosophie zoologique.« Paris 1809

[11] Vollmert, Bruno: »Das Molekül und das Leben.« Reinbek bei Hamburg 1985

[12] Stadler, Beda: »Haben wir außerirdische Gene?« Vortrag auf der Weltkonferenz der Forschungsgesellschaft für Archäologie, Astronautik und SETI am 4. Oktober 1985 in Interlaken (Schweiz)

[13] Bölsche, Wilhelm: »Das Leben der Urwelt. Aus den Tagen der großen Saurier.« Hannover 1931

[14] Sanderson, Ivan T.: »Investigating the Unexplained.« Englewood Cliffs/NJ (USA) 1972

[15] Keller, Werner: »Was gestern noch als Wunder galt.« Zürich und München 1973

[16] Bylinski, Gene: »Life in Darwin's Universe. Evolution in the Cosmos.« New York 1981

[17] o. V.: »Forscher entdecken neuen Riesen-Dinosaurier«, in: »Münchner Merkur« vom 17. Oktober 2007

[18] o. V.: »Bislang unbekannten Dinosaurier entdeckt«, in: »Passauer Neue Presse« vom 19. Dezember 2008

[19] Russell, Dale Alan und Tucker, Wallace: »Supernovae and the Extinction of the Dinosaurs«, in: »Nature«, August 1971

[20] »NASA-News«, Nr. 71 vom 9. Mai 1991

[21] Wendt, Herbert: »Ehe die Sintflut kam. Forscher entdecken die Urwelt.« Oldenburg 1965

[22] Däniken, Erich von: »Der jüngste Tag hat längst begonnen.« München 1995

[23] Brookesmith, Peter (Hrsg.): »Lost and Found.« London 1987

[24] Carpenter, John: »Reptilians and other Unmentionables«, in: »MUFON UFO Journal«, Nr. 300, 1993

[25] Wiedemann, C. Louis: »Difficulties of tracking the Lizardman«, in: »Vestigia Newsletter«, Nr. 3

[26] Strieber, Whitley: »Die Besucher.« Wien und München 1988

[27] Jeremias, A.: »Handbuch der altorientalischen Geisteskultur.« Berlin und Leipzig 1929

[28] Fiebag, Peter: »Phänomen Sprache«, in: »Sagenhafte Zeiten«, Nr. 5/2009

[29] Zimmer, D. E.: »Sprache in Zeiten ihrer Unverbesserlichkeit.« Hamburg 2005

[30] Bickerton, Derek: »Language & Species.« Chicago/IL 1990

[31] Enard, Wolfgang et al: »A humanized Version of FOXP2 affects cortico-basal Ganglia Circuits in Mice«, in: »CELL«, Bd. 137, Heft 5 vom 29. Mai 2009

[32] Callaway, E.: »Neanderthals speak out after 30 000 Years«, in: »New Scientist« vom 15. Mai 2008

[33] Fiebag, Peter: »Der kreative Urknall des Menschen«, in: »Sagenhafte Zeiten«, Nr. 2/2010

[34] Ewe, Th.: »Durch Mutation in die Moderne«, in: »bild der wissenschaft«, Nr. 7/2002

[35] Hausdorf, Hartwig: »Wenn Götter Gott spielen. Unsere Evolution kam aus dem All.« München 1997

[36] Gore, Rick: »Leute wie wir«, in: »National Geographic«, Juli 2000

[37] White, Randall: »Production Complexity and Standarization in early Aurignacian Bead and Pedant Manufacture: Evolutionary Implications«, in: Mellers, P. und Stringer, C.: »The Human Revolution. Behavioral and Siological Perspectives in the Origins of modern Humans.« Edinburgh 1989

[38] Krause, Johannes: »Der Alien vom Altai. Der kleine Finger der Evolution«, in: »Nature«, Bd. 464, Dezember 2010

[39] Pääbo, Svante: »Molecular Cloning of ancient Egyptian Mummy DNA«, in: »Nature«, Vol. 314 vom 18. April 1985

[40] Seifert, M.: »Weder Neandertaler noch moderner Mensch«, in: »Informationsdienst Wissenschaft«, Universität Tübingen vom 22. Dezember 2010

[41] Schmitt, Jakob: »Die Blut- und Serumgruppen der Primaten«, in: »Humangenetik«, Nr. 8/1970

[42] Hausdorf, Hartwig: »Experiment: Erde. Die Zukunft, die schon gestern war.« München 2001

[43] Cuvier, Georges: »Discours sur les revolutions du globe.« Paris 1824

[44] Fuhlrott, Johann Carl: »Der fossile Mensch aus dem Neanderthal und sein Verhältnis zum Alter des Menschengeschlechts.« Duisburg 1865

[45] o. V.: »Phänomene. Die Welt des Unerklärlichen.« Erlangen 1993

[46] Solecki, Ralph S.: »Shanidar. The Humanity of Neanderthal Man.« London 1972

[47] Solecki, Ralph S., Solecki, Rose L. und Agelaraxakis, Anagnostis P.: »The Proto-Neolithic Cemetary in Shanidar Cave.« College Station/TX 2004

[48] o. V.: »Pflege von Verletzten«, auf: »http://www.planet-wissen.de/neandertaler alltag.jsp, Abrufdatum 05.03.2011

[49] Habeck, Reinhard: »Präzisionswaffen in der Urzeit«, in: »Sagenhafte Zeiten«, Nr. 3/2008

[50] Gooch, Stan: »The Neanderthal Question.« London 1977

[51] Appleton, Tom: »Klonen wir den Neandertaler«, auf: »www.heise.de«, Abrufdatum 05.03.2011

[52] Buttlar, Johannes von: »Adams Planet. Das Paradies lag auf Phaethon.« München 1991

[53] o. V.: »Der entschlüsselte Neandertaler«, in: »Sagenhafte Zeiten«, Nr. 2/2007

[54] Kolosimo, Peter: »Viel Dinge zwischen Himmel und Erde.« Wiesbaden 1970

[55] Homet, Marcel: »Azzo: Homme vivant du neanderthal.« Im Selbstverlag, 1942

[56] Homet, Marcel: »Die Söhne der Sonne.« Olten (Schweiz) und Freiburg i. Br. 1958

[57] Kolosimo, Peter: »Unbekanntes Universum. Rätsel – Entdeckungen – Neue Spuren.« Wiesbaden und München 1976

[58] Hausdorf, Hartwig: »Die Rückkehr der Drachen. Den letzten lebenden Dinosauriern auf der Spur.« München 2003

[59] O'Connell, John F. und Allen, Jim: »Dating the Colonization of Sahul (Pleistocene Australia-New Guinea)«, in: »Journal of Archeological Science«, Nr. 31/2004

[60] o. V.: »Frühe Australier«, in: »Sagenhafte Zeiten«, Nr. 4/1999

[61] o. V.: »Genetische Spur der Aborigines«, in: »Frankfurter Allgemeine Zeitung« vom 5. Juni 2007

[62] Strehlow, Carl: »Mythen, Sagen und Märchen des Aranda-Stammes in Zentralaustralien.« Frankfurt/Main 1904

[63] Dodson, Frederick: »Die Regenbogenschlangen«, in: »Sagenhafte Zeiten«, Nr. 3/2009

[64] Gilroy, Rex: »Mysterious Australia.« Mapleton/Qld. 1995

[65] Chalker, Bill: »The OZ Files: The Australian UFO Story.« Sydney 1996

[66] Guariglia, Guglielmo: »Prophetismus und Heilserwartungsbewegung als völkerkundliches und religionsgeschichtliches Problem«, in: »Wiener Beiträge für Kulturgeschichte und Linguistik.« Wien 1959

67 Hausdorf, Hartwig: »Begegnungen mit dem Unfassbaren. Reiseführer zu phantastischen Phänomenen.« München 2008

68 o. V.: »Das Dorf der Zwerge – Umweltgifte schuld?«, in: »BILD« vom 9. November 1995

69 Williams, L.: »Für Experten ein Rätsel: Das chinesische Dorf der Zwerge«, in: »Täglich alles« (Wien) vom 9. November 1995

70 o. V.: »Ärztestreit um das Dorf der Zwerge«, in: »BILD« vom 27. Januar 1997

71 Hausdorf, Hartwig: »Nicht von dieser Welt. Dinge, die es nicht geben dürfte.« München 2008

72 o. V.: »UFOs in der Vorzeit?«, in: »Das vegetarische Universum«, Ausgabe Juli 1962

73 Wiener-v. Segesser, Sibylle: »Die Zwergmenschen von Flores. Spektakulärer Fossilienfund in Indonesien«, in: »Neue Zürcher Zeitung« vom 28. Oktober 2004

74 Fiebag, Peter: »Die Minimenschen von Flores«, in: »Sagenhafte Zeiten«, Nr. 3/2006

75 o. V.: »Neue Menschenart entdeckt«, in: »Sagenhafte Zeiten«, Nr. 2/2005

76 Verrengia, Joseph: »Mensch oder Nicht-Mensch«, in: »Der Bund« (Bern/Schweiz) vom 28. Oktober 2004

77 Hawks, J.: »Stalking the wild Ebu Gogo«, auf: http://john hawks.net/weblog/fossils/flores/forth 2005 ebu gogo.html, Abrufdatum 16.12.2009

78 o. V.: »Villagers speak of the small, hairy Ebu Gogo«, in: »Daily Telegraph« vom 28. Oktober 2004

79 Abel, Othenio: »Geschichte und Methoden der Rekonstruktion vorzeitlicher Wirbeltiere.« Jena 1926

80 »Die Bibel oder die ganze Heilige Schrift des Alten und Neuen Testaments« (Nach der deutschen Übersetzung Martin Luthers). Württembergische Bibelanstalt Stuttgart 1968

81 »Riesen« auf http://www.wiki.grenzwissen.de, Abrufdatum 26.03.2011

82 Dougherty, C. N.: »Valley of Giants.« Cleburne/Texas 1971

83 »Riesen: Und was ist mit den anderen Funden?«, auf http://www.infoschmiede.de, Abdrufdatum 26.03.2011

84 »Ehrendoktorwürde an Bochumer Mediziner Prof. Dr. Holger Preuschoft«, auf: http://www.uni-protokolle.de/nachrichten vom 19. Juli 2006

85 Baugh, C.: »Dinosaur. Scientific Evidence that Dinosaurs and Men walked together.« Orange/NSW 1991

86 o. V.: »Ancient American Giants«, in: »Scientific American« vom 14. August 1880

87 Howe, Henry: »Historical Collections of Ohio.« Cincinnati/Ohio 1847

[88] Habeck, Reinhard: »Neue Funde aus der Welt des Unerklärlichen«, in: »Sagenhafte Zeiten«, Nr. 6/2004

[89] Kolosimo, Peter: »Woher wir kommen.« Wiesbaden 1972

[90] Däniken, Erich von: »Zurück zu den Sternen. Argumente für das Unmögliche.« Düsseldorf 1969

[91] Fiebag, Johannes: »Die Anderen. Begegnungen mit einer außerirdischen Intelligenz.« München 1993

[92] Goodman, Jeffrey: »Archaeology.« Berkeley/CA 1977

[93] Petratu, Cornelia und Roidinger, Bernard: »Die Steine von Ica. Protokoll einer anderen Menschheit.« Essen 1994

[94] o. V.: »Weltalmanach des Übersinnlichen.« München 1982

[95] o. V.: »Kasachin wird 130 Jahre alt«, auf: http://www.bild.de vom 25. März 2009

[96] o. V.: »Ältester Mann der Welt mit 138 Jahren gestorben«, auf: http://www.welt.online vom 20. August 2008

[97] o. V.: »Älteste Menschen der Welt wohnen in Japan«, auf: http://www.netzeitung.de vom 18. Juni 2007

[98] Briseno, Cinthia: »Wissenschaftler knacken MethusalemGene«, auf: http://www.spiegel.de/wissenschaft vom 1. Juli 2010

[99] o. V.: »Biblisches Alter«, auf: »Wikipedia, die freie Enzyklopädie.« (http://www.wikipedia.de), Abrufdatum 25.04.2011

[100] Woolley, Sir Charles L.: »Ur in Chaldäa.« Wiesbaden 1956

[101] Schmidtke, Friedrich: »Der Aufbau der Babylonischen Chronologie.« Münster 1952

[102] Däniken, Erich von: »Prophet der Vergangenheit.« Düsseldorf 1979

[103] Ferguson, J. G.: »Chinese Mythology.« New York 1964

[104] Riessler, Paul: »Altjüdisches Schrifttum außerhalb der Bibel. Das Henochbuch.« Augsburg 1928

[105] Bonwetsch, N. G.: »Die Bücher der Geheimnisse Henochs. Das sogenannte slawische Henochbuch.« Leipzig 1922

[106] Berdyczewski, M. J. (Bin Gorion): »Die Sagen der Juden von der Urzeit.« Frankfurt/Main 1913

[107] Kautzsch, Emil: »Die Apokryphen und Pseudepigraphen des Alten Testaments. Bd. 1 und 2.« Tübingen 1900

[108] Hoerner, Sebastian von und Schaifer, Karl: »Mayers Handbuch über das Weltall.« Mannheim 1960

[109] Florenz, Karl: »Japanische Mythologie.« Tokyo 1901

[110] Alvey, Gerald R.: »Elf, Elfen«, in: Rank, Kurt (Hrsg.): »Enzyklopädie des Märchens.« Berlin 1981

[111] Agricola, Christiane: »Schottische Sagen.« Berlin 1967

[112] Watson, James D.: »Die Doppel-Helix.« Hamburg 1969

[113] o. V.: »Humangenomprojekt«, auf: »Wikipedia, die freie Enzyklopädie.« (http://www.wikipedia.de), Abrufdatum 02.02.2011

[114] o. V.: »Kritik an Patent auf Sonnenblumen.« Meldung von dpa in: »Passauer Neue Presse« vom 11. Juli 2007

[115] Weiden, Silvia, von der: »Wenn sich der Schrecken im Erbgut festsetzt«, auf: http://www.welt-online.de vom 13. Januar 2010

[116] Kaku, Michio: »Blick in die Zukunft: Was erwartet uns in 100 Jahren?«, in: »mysteries«, Nr. 3 – Ausgabe Mai/Juni 2011

[117] Hornung, E. (Übers.): »Die Unterweltbücher der Ägypter.« Zürich und München 1992

[118] Fuss, Thomas H. A.: »Die geheimnisvolle Hieroglyphe – Die DNS und das Rätsel der Lebenszeit«, in: »Ancient Skies«, Nr. 3/1998

[119] Stadler, Beda M.: »Haben wir außerirdische Gene?« Vortrag auf der Weltkonferenz der A.A.S. am 4. Oktober 2003 in Interlaken (Schweiz)

[120] o. V.: »Sind wir alle Aliens?«, in: »Sagenhafte Zeiten«, Nr. 5/2005

[121] o. V.: »Erstmals geheime Daten in künstlichen Erbmolekülen«, in: »Sagenhafte Zeiten«, Nr. 2/2001

[122] Lunan, Duncan: »Man and Stars.« London 1974

[123] Däniken, Erich von: »Beweise. Lokaltermin in fünf Kontinenten.« Düsseldorf 1977

[124] Steinhardt, Martina: »Autoimmunkrankheiten: Spur prähistorischer Gentechnologie durch Außerirdische?«, in: Däniken, Erich von (Hrsg.): »Neue kosmische Spuren. Sensationelle Entdeckungen der Präastronautik aus fünf Kontinenten.« München 1992

[125] Jones, J. S. und Rouhani, S.: »How small was the Bottleneck?«, in: »Nature«, Vol. 319 vom 6. Feb. 1986

[126] Cann, Rebecca L., Stoneking, Mark und Wilson, Allan C.: »Mitochondrial DNA an Human Evolution«, in: »Nature«, Vol. 325 vom 1. Januar 1987

[127] Däniken, Erich von: »Wir alle sind Kinder der Götter. Wenn Gräber reden könnten.« München 1987

[128] Kehse, U.: »Menschheit nur knapp dem Aussterben entronnen«, in: »Bild der Wissenschaft«, Online-Ausgabe vom 28. April 1999

[129] Fiebag, Peter und Furduy, Rostislav: »Gentechniker der Urzeit«, in: »Sagenhafte Zeiten«, Nr. 5/1999

[130] Hausdorf, Hartwig: »Die weiße Pyramide. Außerirdische Spuren in Ostasien.« München 1994

[131] Burckhardt, Georg: »Gilgamesch – Eine Erzählung aus dem alten Orient.« Wiesbaden 1958

[132] Kramer, Samuel N.: »History begins at Sumer.« London 1959

[133] Däniken, Erich von: »Der Tag an dem die Götter kamen. 11. August 3114 v. Chr.« München 1984

[134] Cordan, Wolfgang: »Das Buch des Rates. Schöpfungsmythos und Wanderung der Quiche-Maya.« Düsseldorf und Köln 1962

[135] Altrup, Ulrich und Specht, Ulrich: »Informationstafeln Epilepsie.« Nürnberg 2006

[136] Däniken, Erich von: »Aussaat und Kosmos. Spuren und Pläne außerirdischer Intelligenzen.« Düsseldorf 1972

[137] Charroux, Robert: »Vergessene Welten.« Düsseldorf 1974

[138] Cabrera Darquea, Javier: »El mensaje de las piedras grabadas de Ica.« Lima (Peru) 1976

[139] Bushe, Karl-August: »Von den Anfängen der Schädeltrepanation bis zur Gehirnchirurgie heute«, in: Information der bayerischen Julius-Maximilians-Universität, Würzburg 1983

[140] Hillrichs, Hans Helmut (Hrsg.): »TERRA-X. Von den Steppen der Mongolen zu den Inseln über dem Regenwald.« München 1991

[141] Hein, Peter: »Häufigkeit, Verbreitung und Lokalisation der Schädeltrepanation in der europäischen Vor- und Frühgeschichte.« Berlin 1959

[142] Brookesmith, Peter (Hrsg.): »Riddles of the Ancient World« dt.: »Rätselhafte Vergangenheit.« Augsburg 1992

[143] Habeck, Reinhard: »Die letzten Geheimnisse. Rätselhafte Funde der Geschichte.« Wien 2003

[144] Ocklitz, Andreas: »Das Mundöffnungsritual der alten Ägypter«, in: »Ancient Skies«, Nr. 1/1995

[145] Jackson, C.: »The Technique of Insertion of intratracheal Insufflation Tubes«, in: »Surgery, Gynecology and Obstetrics«, Nr. 17/1913

[146] Kötter, Katharina und Maleck, Wolfgang: »Versuche mit dem ›Dechsel‹ von Hunefer am Simulator«, in: »Ancient Skies«, Nr. 2/1998

[147] Uhlig, Helmut: »Die Sumerer.« Bergisch-Gladbach 1988

[148] Fu, Juyou und Chen, Songchang: »The Cultural Relics unearthed from the Han Tombs at Ma Wang Dui.« Changsha (Hunan/VR China) 1992

[149] Bellinger, G.: »Lexikon der Mythologie.« Augsburg 1997

[150] o. V.: »Ein Embryo aus Mensch und Kuh.« Meldung der dpa in: »Passauer Neue Presse« vom 3. April 2008

[151] o. V.: »Auf der Spur des Löwenmenschen«, auf: »Archäologie online« vom 15. April 2011, zitiert in: »Sagenhafte Zeiten«, Nr. 3/2011

[152] Langbein, Walter-Jörg: »Das Sphinx-Syndrom. Die Rückkehr der Astronautengötter.« München 1995

[153] o. V.: »Mischwesen der Hongshan«, auf: »People's Daily Online« vom 2. November 2010, zitiert in: »Sagenhafte Zeiten«, Nr. 1/2011

[154] Unger, Georg F.: »Chronologie des Manetho.« Berlin 1867

[155] Karst, Josef: »Eusebius' Werke. 5. Band: Die Chronik.« Leipzig 1911

[156] Däniken, Erich von: »Die Augen der Sphinx. Neue Fragen an das alte Land am Nil.« München 1989

[157] Mond, Robert L.: »The Bucheum, Vol. I.« London 1934

[158] Bockhorni, Reinhard und Latzke, Hans E.: »Polyglott on tour: Türkei.« München 2005

[159] Kirchner, Gottfried (Hrsg.): »Terra X. Von Babylon zum Bernsteinwald.« München 1999

[160] Däniken, Erich von: »Götterdämmerung. Die Rückkehr der Außerirdischen.« Rottenburg 2009

[161] Department of Ancient Near Eastern Art: »The Ubaid Period (5500–4000 B.C.)«, in: »Heilbrunn Timeline of Art History.« The Metropolitan Museum of Art, New York 2000

[162] Adamson, Joy: »The Spotted Sphinx.« London 1969

[163] Furduy, Rostislav: »Die Gene und die Außerirdischen«, in: »Sagenhafte Zeiten«, Nr. 6/1999

[164] Wilmut, Ian, Campbell, Keith und Tudge, Colin: »Dolly.« München 2001

[165] Herodot: »Historia. Bücher I und II.« München 1963

[166] Steinbauer, Friedrich: »Die Cargo-Kulte – als religionsgeschichtliches Problem.« Erlangen 1971

[167] Däniken, Erich von: »Auf den Spuren der All-Mächtigen.« München 1990

[168] Schröter, P.: »Künstlich deformierte Schädel aus dem bajuwarischen Gräberfeld in Straubing-Alburg, Niederbayern«, in: Christlein, R. (Hrsg.): »Das archäologische Jahr in Bayern 1981.« Stuttgart 1982

[169] Trinkaus, Erik: »Artificial Cranial Deformation in the Shanidar 1 and 5 Neanderthals«, in: »Current Anthropology«, Nr. 23/2 von 1982

[170] o. V.: »Turmschädel«, auf: »Wikipedia, die freie Enzyklopädie.« (http://www.wikipedia.de), Abrufdatum 23.06.2011

[171] Däniken, Erich von: »Reise nach Kiribati.« Düsseldorf 1981

[172] Humboldt, Alexander von und Sonplandt, Aime: »Reise in die Aequinoctial-Gegenden des neuen Continents.« Stuttgart und Tübingen 1815

[173] Humboldt, Alexander von: »Auf Steppen und Strömen Südamerikas.« Leipzig 1968

[174] Dingwall, Eric John: »Artificial Cranial Deformation. A Contribution to the Study of Ethnic Mutilations.« London 1931

[175] Delisle, F. : »Contributions à l'étude des déformations artificielles du crâne.« Paris 1880

[176] Knop, Doris: »Reisen in China.« Bremen 1988

177 Knörr, Alexander: »Die Turmschädel der Hunnen«, in: »Sagenhafte Zeiten«, Nr. 3/2000

178 Habeck, Reinhard: »Das Unerklärliche. Mysterien, Mythen, Menschheitsrätsel.« Wien 1997

179 Persönliches Gespräch des Autors mit Dr. P. Schröter in München am 6. März 1998

180 De Laak, Klaus: »Die Langschädligen der 18. Dynastie«, in: »Sagenhafte Zeiten«, Nr. 3/2000

181 Settgast, J. et al.: »Tutanchamun.« Katalog zur Ausstellung im Römisch-Germanischen Museum in Köln. Mainz 1980

182 Fiebag, Peter, Gruber, Elmar und Holbe, Rainer: »Mystica. Die großen Rätsel der Menschheit.« Augsburg 2005

183 Hollinger, Edith: »Schon in der Steinzeit rollten Pillen.« Bern 1972

184 Furduy, Rostislav und Schwaidak, Yuriy: »Die merkwürdigen Schädel der Alten«, in: »Sagenhafte Zeiten«, Nr. 2/2008

185 Däniken, Cornelia von: »Deformierte Schädel – eine globale Erscheinung«, in: »Sagenhafte Zeiten«, Nr. 3/2000

186 o. V.: MUFON Case Nr. 27205: »Australian Man shared his 2010 Alien Abduction Experience.«

187 Archiv Josef Schädel/vfgp: »Alien Abductions in Australia on the Rise.« Entführungen 2010

188 o. V.: »Be warned: Aliens hunt Top Enders«, in: »Northern Territories News« (Australien), 20. Dezember 2010

189 Hopkins, Budd: »Eindringlinge. Die unheimlichen Begegnungen in Copley Woods.« Hamburg 1991

190 Jacobs, David: »Secret Life. Firsthand Accounts of UFO Abductions.« New York 1992

191 Mack, John E.: »Entführt von Außerirdischen.« München 1995

192 Fiebag, Johannes: »Kontakt.« München 1994

193 o. V.: »In Memoriam Dr. John E. Mack«, in: »Sagenhafte Zeiten«, Nr. 6/2004

194 Interview des Gynäkologen Dr. Vladimir Delavre mit Dr. Rima Laibow auf der MUFON-CES-Tagung 1991, in: »Transkommunikation – Zeitschrift für Psychobiotik«, Nr. 1/4, Frankfurt/Main 1992

195 Hausdorf, Hartwig: »UFOs. Sie fliegen noch immer.« München 2010

196 Archiv Josef Schedel/vfgp: Humanoidensichtungen 1999

197 o. V.: »Progerie«, auf: »Wikipedia, die freie Enzyklopädie.« (http://www.wikipedia.de), Abrufdatum 23.06.2011

198 Ogihara, T. et al.: »Hutchinson-Gilford Progeria Syndrome in 45-year-old Man«, in: »American Journal of Medicine«, Vol. 81, o. J.

[199] Brown, W. Ted et al.: »Progeria. A Model Disease for the Study of accelerated Ageing«, in: »Molecular Biology of Ageing«, 1985

[200] Tracey, N.M.: »The Courage of Meg Casey«, in: »Reader's Digest«, Januar 1984

[201] Stringfield, Leonard H.: »Retrievals of the Third Kind«, MUFON Symposium Proceedings, 1978

[202] o. V.: »Hutchinson-Gilford-Syndrome.« Veröffentlichung der »National Organisation for Rare Disorders«, o. J.

[203] Hopkins, Budd: »Missing Time. A documented Study of UFO Abductions.« New York 1981

[204] Däniken, Cornelia von: »Embryo-Transfers im alten Indien«, in. »Ancient Skies«, Nr. 3/1991

[205] Michell, J. und Rickard, R. J. M.: »Phenomena. A Book of Wonders.« London 1977

[206] Dendl, Jörg: »Himmelsgespenster. Die kleinen Grauen in China«, in: »Sagenhafte Zeiten«, Nr. 6/2005

[207] Däniken, Erich von: »Die Götter waren Astronauten! Eine zeitgemäße Betrachtung alter Überlieferungen.« München 2001

[208] Pinotti, Roberto: »ETI, SETI und die Öffentlichkeit heute«, in: »Die Sterne«, Band 67/5, Leipzig 1991

[209] Meinert, Peter: »Suche nach einer zweiten Erde. NASA schickt Weltraumteleskop ›Kepler‹ ins All«, in: »Passauer Neue Presse« vom 12. März 2009

[210] o. V.: »Gibt es doch noch mehr Leben im All?«, in: »Passauer Neue Presse« vom 7. Dezember 2011

[211] o. V.: »Neue Anzeichen für Wasser auf dem Mars«, in: »Passauer Neue Presse« vom 3. September 2011

[212] Buttlar, Johannes von: »Leben auf dem Mars. Die neuesten Entdeckungen der NASA.« München 1997

[213] Buttlar, Johannes von: »Einstein hoch zwei. Der Quantensprung des neuen Wissens.« München 1998

[214] Fiebag, Johannes: »Mission Pathfinder. Der rote Planet rückt näher.« Düsseldorf und München 1997

[215] Di Pietro, V. G. und Molenaar, J.: »Unusual Martian Surface Features.« Glen Dale 1988

[216] Hoagland, Richard C.: »Die Mars-Connection.« Essen 1994

[217] Fiebag, Johannes: »Das Ende einer Illusion. ›Marsgesicht‹ und ›Pyramiden‹ in Cydonia sind natürlichen Ursprungs«, in: »Ancient Skies«, Nr. 3/1998

[218] o. V.: »Mondbasis ab 2024«, aus: »Stern online«, zitiert in: »Sagenhafte Zeiten«, Nr. 1/2007

[219] o. V.: »Schutz vor kosmischer Strahlung bei Raumflügen«, aus: »Bild der Wissenschaft«: wissenschaft.de vom 19. Juli 2006, zitiert in: »Sagenhafte Zeiten«, Nr. 5/2006

[220] o. V.: »Wird Einsteins Teilchen-Theorie überholt?«, in: »Passauer Neue Presse« vom 24. September 2011

[221] o.V.: »Neutrinos nicht schneller als das Licht«, auf www.sueddeutsche.de/wissen, Abrufdatum 20.03.2012

[222] Wheeler, J. A.: »Superspace and the Nature of Quantum Geometrodynamics.« New York 1967

[223] Wheeler, J. A. und Zurek, W. H.: »Quantum Theory and Measurement.« Princeton 1983

[224] Puttkamer, Jesco von: »Projekt Mars. Menschheitstraum und Zukunftsvision.« München 2012

[225] O'Neill, Gerard K.: »Unsere Zukunft im Raum.« Bern und Stuttgart 1978

[226] Däniken, Erich von: »Habe ich mich geirrt? Neue Erinnerungen an die Zukunft.« München 1985

[227] Däniken, Erich von: »Däniken Total.« Multimedia-Vortrag, 2011

[228] Dopatka, Ulrich: »Die große Erich von Däniken Enzyklopädie.« Düsseldorf und München 1997

[229] Drake, Raymond: »Gods and Spacemen in the Ancient East.« London 1968

Register

Die ultimative UFO-Dokumentation

Menschen verschwinden, blutleere Leichen werden gefunden, Vieh wird verstümmelt, UFOs stürzen ab. Einige Zeit war es um das Rätsel der unbekannten Flugobjekte in den Medien still geworden. Doch neuerdings »explodiert« die Anzahl dramatischer Begegnungen mit UFOs und deren Insassen. Parallelen zu den großen Sichtungswellen in den 1950er-Jahren sind mehr als deutlich.

Hartwig Hausdorf belegt in dieser Dokumentation mit einer Vielzahl bislang unveröffentlichter Fälle, dass das UFO-Phänomen auch im 21. Jahrhundert immer noch allgegenwärtig ist. Höchste Zeit, dass wir erkennen, was geschieht – sonst sind wir den Außerirdischen ausgeliefert.

Hartwig Hausdorf
UFOs – sie fliegen noch immer
240 Seiten mit Abb., ISBN 978-3-7766-2634-6

HERBiG   www.herbig-verlag.de